図説テキスト
建築構造
― 構造システムを理解する ―
第二版

建築構造システム研究会編

彰国社

建築構造システム研究会

編集委員

坪井善昭（東京藝術大学名誉教授）

斎藤孝彦（斎藤孝彦建築設計事務所所長）

林田　研（研建築設計事務所代表）

渡辺武信（渡辺武信設計室所長）

執筆者（50音順）

東　武史（元松田平田設計常務取締役）

小見康夫（東京都市大学工学部建築学科教授、小見建築計画室代表）

大浦修二（日栄商会一級建築士事務所）

梶山英幸（N＆C一級建築士事務所代表）

斎藤孝彦（上掲）

坪井善昭（上掲）

納賀雄嗣（Noga & Company代表）

波多野純（日本工業大学名誉教授、波多野純建築設計室代表）

林田　研（上掲）

藤居秀男（藤居設計事務所所長）

松永　務（アトリエMアーキテクツ代表）

三井所清典（芝浦工業大学名誉教授、アルセッド建築研究所所長）

山田周平（元日本建築構造技術者協会専務理事）

渡辺武信（上掲）

●**執筆担当**　ローマ数字は章、アラビア数字は節（構造システム）を表し、目次と対応する。

東　武史　VI-23

小見康夫　IV-16

大浦修二　II-5

梶山英幸　II-3

斎藤孝彦　III-7・8

坪井善昭　I-3、III-9・10・11・12・13、IV-20、V-21・22、VI-24

納賀雄嗣　II-3・5・6

波多野純　II-1・2

林田　研　I-2

藤居秀男　II-4

松永　務　II-6

三井所清典　III-14・15

山田周平　IV-17・18・19

渡辺武信　I-1

装丁　長谷川純雄

本書の使い方

　本書は現在の日本の大学、および工業高校、専門学校の建築学科において行われている構造の教育方法に対する疑問をきっかけにして生まれた。建築を設計するには、当然、さまざまな構造システムの特徴を的確に理解していなければならない。しかし、構造を理解することと、構造そのものを設計することとはあきらかに違う。建築教育を受ける学生のうち、かなりの数の者は設計（建築意匠）、施工、監理の分野に進み、また建築計画、建築史の研究者になる者も少なくない。つまりすべての学生が構造の専門家になるわけではないのである。

　これまでの建築学科の構造教育は、このような現状を認識せず、すべての学生に「構造の専門家になるための初歩」を教えていたように思われる。その結果、建築デザインなどの構造以外の分野を目指す者が、数式が苦手のために構造嫌いになり、あげくのはてには建築の道に進むことを断念したりすることも起こりかねないのが現状である。

　本書の編集委員（コア・スタッフ）は建築家（建築設計者）3名と構造設計者1名から成り立っているが、建築家3人は自分たちが学校で受けた教育を振り返って、学んだことが実務ではあまり役に立たない一方で、本当に役立つ肝心のことを学ばなかったということを実感している。また構造設計者であるコア・スタッフは、一人前の建築家がしばしば構造の基本的理解に欠けていることを感じていた。

　コア・スタッフはいずれも常勤または非常勤で建築教育に携わっているが、そうした経験の中で、もし心ある建築教育者が現在の構造教育の弊害を認識したとしても、望ましい形、つまり構造の専門家になるためではない構造教育の教科書として使いやすいテキストは存在しないことも感じている。

　私たちコア・スタッフの考えるところでは、建築の構造システムは単に設計のために必要な技術にとどまらず、さまざまな専門的技術がそれぞれに含んでいる驚きや不思議に満ちたものであり、それを学ぶことは本来、もっと楽しいことであるはずなのだ。そこで私たちは知的な驚きや楽しみをもたらすテキストを作ろうと企てたのである。

　本書は主として「これから建築構造を学ぼうとする人」を読者に想定し、構造の専門家でなくても「このくらいは心得ておきたい」領域に内容をしぼって、広く浅く、そして楽しみながら建築の構造を理解するためのテキストとして構成されている。しかしながら、本書はまた建築を学び終えて既に実務についている方にとっても、構造に関する知識を確認し整理しなおす「構造再入門」としても役立つであろう。そのことはコア・スタッフの建築家たちが「これは自分にも役立つのではないか」と思う、という形で確認しつつあるところである。本書は各章が構造システムごとに独立し完結する形で記述され、必ずしも順を追って通読しなくてもよいように構成されている。したがって例えば、さまざまな構造システムの全体像を概観したい場合は、各章の初めの二段組の頁だけを飛ばし読みしてもよい。その後、必要や興味に応じて2頁目からの詳しい説明を特定箇所だけ読んでもよいだろう。

　さらに理解を深める工夫として、関連する章はSS（Structural Systemsの略）で表示して関係性を示しており、分類チャートはすべてこの表記にならっている。各章ごとの構造システムでは、基本語・重要語は「キーワード」としてまとめ、太字の単語は用語解説として巻末に簡単な説明を付している。なお、当用漢字にない専門用語にはルビをふって、理解を深める一助としている。

　また本書の構造システムごとの取扱いは、日本の建築の現状に対応してウエイト付けがされている。すなわち、もっとも広く使われている木構造や鉄筋コンクリート構造については、2頁目からかなり専門に踏み込んだ記述をしている一方、シェルなど大きな空間やスパンに適用される構造システムについては、特徴の概要を記して、「そういう構造もある」ことに読者の興味と好奇心を呼び起こす程度にとどめた。

　本書は、各章は各分野の専門家によって執筆されたが、その原稿を4名のコア・スタッフがすべて目を通して協議し、執筆者の了解も得て「構造の専門家にならない人」にとって分かりやすく、また楽しく学べるように調整を図った。したがって、あり得べき用語の不適切さなど、表層の文責はコア・スタッフが負うべきものである。

1997年11月

建築構造システム研究会
坪井善昭・斎藤孝彦・林田研・渡辺武信

第二版にあたって

　『図説テキスト建築構造』の編集作業が中断していた頃、阪神・淡路大震災（兵庫県南部地震、1995年）が発生した。高密度の現代都市を襲った直下型地震により、都市や建築への安全神話が崩壊し、建築構造の重要性を再確認する機会となり、出版への意欲が増したことを覚えている。今回の改訂に際し、奇しくも東日本大震災（東北地方太平洋沖地震、2011年）が発生してしまった。安全神話の呪縛から抜け出せない現代社会への警鐘ともなったが、建設行為に携わる者にとっても他人事ではないだろう。

　本書は「これから構造を学ぼうとする人」「かつて構造を学んだが理解不能で興味を失った人」、さらに「構造計画の重要性を理解できない人」にとって、平易な指南書となることを編集方針としていた。つまり、安心・安全を担保する建築構造の重要性を分かってもらいたい一念で著された「全く新しい視点の教科書」であった。

　改訂にあたり、当初の編集方針に準じた構成・内容については変えることは避け、現状に合わない単位や耐震規準に関わる内容の見直しに留めることにした。大変なことが起こってしまった今、本書の存在意義はますます高まったと思われる。

2011年7月

建築構造システム研究会
坪井善昭・斎藤孝彦・林田研・渡辺武信

目 次

本書の使い方 …………………………………………… 3

I 建築の構造システム

1. 建築構造を学ぶ人たちへ …………………………… 8
   - 材料の違いより、考え方の違いを理解する
   - 力のコントロールのしかたによる分け方
   - 構造部材の形による分け方
   - 建物の広がる方向による分け方
2. 建築の構造素材を理解する ………………………… 10
   - 構造素材の特性を理解する
   - 木材系構造素材の特性
   - コンクリート系構造素材の特性
   - 鋼材系構造素材の特性
   - 膜材系構造素材の特性
   - 力をどう流すか
3. 構造システムのいろいろ …………………………… 14
   - 構造の役割
   - 構造を二つの系に分けて理解する
   - 重層構造システム・鉛直方向に展開する構造システム
   - 単層構造システム・水平方向に展開する構造システム
   - 構造システムの分類チャートⅠ（重層構造システム）
   - 構造システムの分類チャートⅡ（単層構造システム）

II 木材系の構造システム

1. 軸組木構造（木造在来構法）……………………… 24
   - 軸組の基本
   - 小屋組の構造
   - 地震に対する工夫
   - 壁と床の構造
   - 基準尺度と真々設計・内法設計
2. 軸組木構造（木造伝統構法）……………………… 28
   - 軸組と屋根の構造
   - 古代建築の軸部
   - 斗栱
   - 屋根の構造
   - 和様と禅宗様
3. 枠組壁構造（ツー・バイ・フォー構法）……… 32
   - 枠組壁構造の組立順序
   - 枠組壁構造の床組と壁組
   - 枠組壁構造の小屋組
   - □ コーヒーブレーク
4. 丸太組構造（ログハウス）………………………… 36
   - 丸太組のからくり
   - 壁材の樹種と断面形状
   - 壁材の収縮と建物の納まり
   - 丸太組構造の構造計画
5. ヘビーティンバー構造（集成材構造）………… 40
   - 構造用集成材と接合金物
   - 技術基準および防火設計法
   - 耐震要素・床・小屋組
   - ヘビーティンバー構造の二つの事例
6. 木造大スパン構造 …………………………………… 44
   - 木造大スパン構造の接合部
   - 木造大スパン構造のいろいろ
   - 木造大スパンの可能性―ハイブリッド構造
   - □ コーヒーブレーク

III コンクリート系の構造システム

7. 補強コンクリートブロック構造 ………………… 50
   - □ コーヒーブレーク
8. 型枠コンクリートブロック構造 ………………… 51
9. 壁式鉄筋コンクリート構造 ………………………… 52
   - 耐力壁の壁量と壁の厚さ
   - 耐力壁の配筋の原理
   - 耐力壁の鉄筋の名称と役割
   - 壁梁・基礎梁・基礎
   - □ コーヒーブレーク
10. 鉄筋コンクリートラーメン構造 ………………… 56
    - 単純梁の応力と初期の鉄筋コンクリート梁
    - 鉄筋の配し方の原理
    - 梁の鉄筋の名称と役割
    - 柱の鉄筋の名称と役割

　　　　□コーヒーブレーク
11　鉄骨鉄筋コンクリートラーメン構造……………60
　　　鉄骨鉄筋コンクリート梁のタイプ
　　　鉄骨鉄筋コンクリート柱のタイプ
　　　柱・梁接合部と柱脚
　　　　□コーヒーブレーク
12　鉄筋コンクリートシェル構造………………64
　　　シェル構造のいろいろ
　　　　□コーヒーブレーク
13　鉄筋コンクリート折板構造………………66
　　　折板構造のいろいろ
14　プレキャストコンクリート構造………………68
　　　大型パネル工法の構造計画
　　　大型パネル構造の応力の流れ
　　　大型パネルの接合部の種類
　　　　□コーヒーブレーク
15　プレストレストコンクリート構造……………72
　　　プレストレストコンクリートの工法
　　　プレストレストコンクリートの応用
　　　無柱空間と耐久性を期待した事例
　　　　□コーヒーブレーク

IV　鋼材系の構造システム

16　軽量鉄骨系プレハブ構造………………78
　　　軽量鉄骨の種類と構造原理
　　　軽量鉄骨を用いた一般構法
　　　軽量鉄骨系プレハブ構造の主体構法
　　　各部構法（屋根・外壁）
　　　　□コーヒーブレーク
17　鉄骨ラーメン構造………………82
　　　柱・梁の接合部
　　　柱・梁の断面形
　　　柱・梁の座屈
　　　鉄骨造の接合法
　　　　□コーヒーブレーク
18　鉄骨平面トラス構造………………86
　　　平面トラスの構造原理

　　　平面トラスのタイプ
19　鉄骨立体トラス構造(スペースフレーム構造)…88
　　　立体トラスの接合法
20　ケーブル構造（吊り構造）………………90
　　　1方向吊り屋根の特性
　　　2方向吊り屋根の特性
　　　放射式吊り屋根の特性
　　　ビーム式吊り屋根の特性
　　　複合式吊り屋根の特性
　　　吊り床の特性

V　膜材系の構造システム

21　テント構造（膜構造）………………96
　　　吊り膜方式の特性
　　　ケーブル膜方式の特性
　　　骨組膜方式の特性
　　　　□コーヒーブレーク
22　空気膜構造（ニューマチック構造）………98
　　　空気支持膜構造の特性
　　　空気膨張膜構造の特性
　　　　□コーヒーブレーク

VI　建物を支える構造システム

23　基礎と地盤………………102
　　　地盤を調べる
　　　建物を支える二つの方法
　　　地盤を掘削する工法
　　　地盤を不安定にする地下水の作用
24　制振（制震）構造と免震構造……………106
　　　制振（制震）構造の原理と特徴
　　　免震構造の原理と特徴
　　　　□コーヒーブレーク

用語解説………………109
あとがき………………112

I 建築の構造システム
STRUCTURAL SYSTEMS FOR ARCHITECTURE

1　建築構造を学ぶ人たちへ ……………8
　　材料の違いより、考え方の違いを理解する
　　力のコントロールのしかたによる分け方
　　構造部材の形による分け方
　　建物の広がる方向による分け方

2　建築の構造素材を理解する ……………10
　　構造素材の特性を理解する
　　木材系構造素材の特性
　　コンクリート系構造素材の特性
　　鋼材系構造素材の特性
　　膜材系構造素材の特性
　　力をどう流すか

3　構造システムのいろいろ ……………14
　　構造の役割
　　構造を二つの系に分けて理解する
　　重層構造システム・鉛直方向に展開する構造システム
　　単層構造システム・水平方向に展開する構造システム
　　重層構造システムの分類チャート
　　単層構造システムの分類チャート

清水寺本堂舞台　日本　1633年　（写真：二川幸夫）

1　建築構造を学ぶ人たちへ

材料の違いより、考え方の違いを理解する
■建築を支える構造体には、先史時代からの木、石、土などから、近代になって普及した鉄、鋼、コンクリートなどまで、さまざまな材料（構造素材）が使われている。また同じ材料でも、それを安定した形に組み立てる考え方はさまざまである。
　私たちは日常的に建築を眺める場合には、材料の違いはすぐわかるが、材料を組み立てる考え方の違いは必ずしもひと目でわかるものではない。
　しかし、専門家として建築の構造を総合的に理解するためには、材料の特徴と、それを組み立てている考え方の双方をきちんと系統だてて見わたすことが必要である。「系統だてる」ということは、数多くの対象を一定の基準にしたがって、分けてみることであるが、その分け方は一つではない。
■一般社会では建築の構造を、木造、コンクリート造、鉄骨造というふうに、材料によって分けて考えるのが普通なので、この本はそうした常識に対応して材料別に記述されている。しかし実は、木造でも在来木構造（⇒ SS-1）と枠組壁構造（ツー・バイ・フォー構法、⇒ SS-3）とは、それぞれ全く違う考え方に基づいてつくられているし、鉄骨のラーメン構造（⇒ SS-17）とトラス構造（⇒ SS-18）のあいだにも基本的な考え方の違いがある。逆に、鉄筋コンクリートラーメン構造（⇒ SS-10）と鉄骨ラーメン構造には、材料の性質による細部の違いはあっても「ラーメン」という同じ考え方でつくられている。
　（ラーメンとは材料のつなぎめを剛に、つまり動かないように固くした構造の名称であるが、詳しくは用語解説および構造システム 10 および 17 を見よ）。
■本書では、材料を組み立てるための考え方が具体的な形に定着したものを〈構造システム〉と呼ぶ。
　建築の構造は、材料の違いに目を奪われるよりも、考え方、およびその具体化としての〈構造システム〉に注目して分けて統一的にとらえたほうがわかりやすい。
　したがって、専門技術者となるために構造を学ぶ者は、材料の種別より、それを組み立てている〈構造システム〉を基準とした分け方で構造をとらえるべきであろう。
　「構造システムのいろいろ」と「構造システムの分類チャート」は、そうした方向での理解を助けるための基本的な手引きとなっている。
　言いかえれば、この「チャート」は専門技術者にとっての第二の目次のようなもので、重要度からすれば、こちらが真の目次であると言ってもさしつかえなかろう。
　本書で構造を学ぶ者の最終的な目的は、この真の目次の意味を理解することにある。そのためには、材料の種別（構造種別ともいう）にしたがう記述で個々の構造を学んだ後で、それが〈構造システム〉として「チャート」のどこに位置するかを、ほかの構造と関係づけつつ確認し、それによって本書の内容を自分の頭の中でいわば「編集しなおす」のがよいだろう。

力のコントロールのしかたによる分け方
■〈構造システム〉の分け方もまた、一つには限られない。
　まず第一に「力」をどのようにコントロールするかという問題がある。
　構造体の中には圧縮、引張り、曲げ、剪断（せんだん）、捩れ（ねじ）など、さまざまな力が目に見えない形で働き、比喩的に言えば一種の流れとなっている。これらの力は建物自身の重さ、そこに入る人や物の重さ、さらには地震や風などによって生まれる。
　できあがった建物が、安定した一定の形を保っているのは、構造体がこれらのさまざまな種類の力の流れを、さまざまな形でコントロールし、最終的には大地に放っているからである。
　したがって〈構造システム〉は、力のコントロールのしかたによって分けることができる。

Structural Systems for Architecture

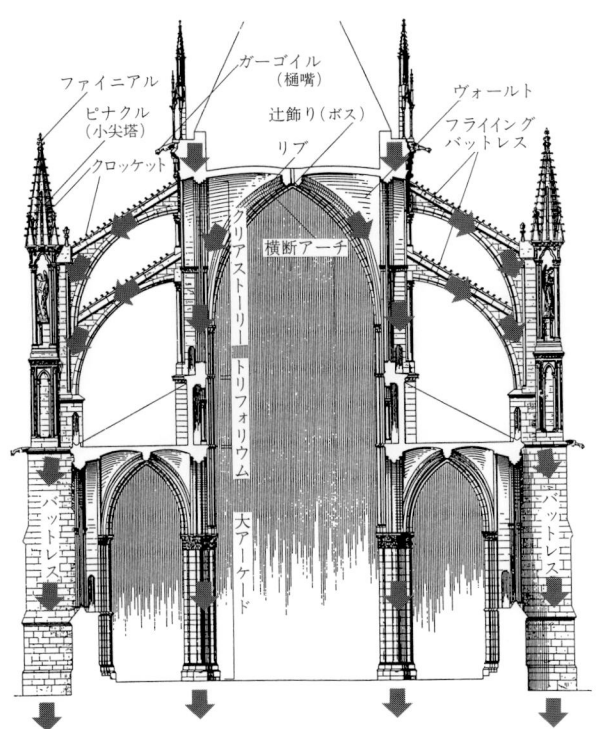

力の流れ方　ランス大聖堂　フランス　14世紀　（図版：彰国社編「建築大辞典」より、写真：フランス政府観光局）

■構造体の内部に働く力は決して一種類ではない。いくつかの力が組み合わさって作用するし、また流れていくうちに部分ごとに種類を変えていくが、ある部分だけを取れば、そこに働く主要な力の種類を限定できる。たとえば、片持ち梁の中に働く力は主として曲げであり、煉瓦の壁やアーチの中に働く力は主として圧縮であり、吊り橋のケーブルの中に働く力は主として引張りである。

　力をコントロールするとは、最終的に大地に放たれる力を、部分ごとにどのような種類の力として受け止め、処理し、ほかの部材へどのように変換して流すか、という方法の選択であると言えよう。

構造部材の形による分け方
■構造体の中の力は流れる方向もさまざまである。線的に一方向の場合も、面的に二方向の場合もあり、さらには立体的に各方向に流れる場合もある。構造体が力をコントロールする方法の選択は、これらの力の流れ方にも深くかかわっている。

　したがって〈構造システム〉は、力を線的、面的あるいは立体的に、どのような形でコントロールするかによっても分けられる。これは同時にその〈構造システム〉を成り立たせる部材の形にかかわってくる。

　たとえば、柱や梁やケーブルは線的であり、コンクリート・スラブやテントのキャンバスは面的である。
■部材の形は当然、材料の特徴とも関係がある。

　そう考えると、さきほど〈構造システム〉の区分より軽くみた材料別の区分も一定の役割を担うことになる。

　したがって、〈構造システム〉との関連で材料の特徴を理解することも大切である。もっともこれは、原材料の性質というよりも、建築に使われるために成型された段階の問題である。

　一般に木材は線的な部材で、柱や梁にはその形で使われるが、枠組壁構造（ツー・バイ・フォー構法）では面的なパネルとして使われる。またコンクリートや鋼材は、具体的な建材を思い浮かべればすぐわかるように、線的にも面的にも使える材料である。

建物の広がる方向による分け方
■〈構造システム〉の第三の分け方として、建物の広がっていく方向による区別がある。構造体には橋のように一方向に伸びていくもの、体育館や野球場のドームのように水平に広がっていくもの、塔や超高層ビルのように垂直に高く延びていくものがあり、それぞれに適した〈構造システム〉があるので、それによる分類も構造全体の理解に役立つ。

　一方向に延び、あるいは水平に広がる建物は、基本的に屋根の重さだけに耐えればよく、大地に達する柱や壁などをなるべく少なくして長く、あるいは広い面積をおおうことが重要になる。一方、垂直に延びる建物では、構造体それ自身の重さの負担が下へいくほど大きくなるし、地震や風による横からの力への耐久性も重要になる。構造原理の選択には当然、これらの要素を考慮しなければならない。
■本書の「チャート」では、この建物の延び方、広がり方を最も基本的な区分とし、分類チャートⅠで鉛直方向に延びることを主眼とする「重層構造システム」を、分類チャートⅡで水平方向に広がることを主眼とした「単層構造システム」を扱っている。分類チャートⅠ、分類チャートⅡは、それぞれをさらに、さきに述べた力のコントロールの選択と、部材の形によって分けている。

＊

　本書で構造を学ぶ者は、各章を読み進めながら、常にこのチャートを参照し、それが構造を理解するための第二の、そして真の目次として頭の中に思い描けるようになっていただきたい。

2　建築の構造素材を理解する

ケネディ国際空港TWAターミナルビル（設計：E. サーリネン　構造：アンマン+ホイットニー　アメリカ　1962年
写真：ローランド・J. メインストン『構造とその形態』山本学治・三上祐三訳　彰国社　1984年）

構造素材の特性を理解する

■建築にとって、フォルムとともに大切なことは素材である。素材は機能性によって選択されるものではなく、フォルムと一体となって建築を表現する大切な要素である。

建築から感じられる安定感、軽快感、柔らかさ、冷たさ、そのほかいろいろな感覚は、フォルムと素材のハーモニーによってかもし出されるものである。

しかも、それは仕上げ材としての素材と同様に、構造の素材と構造形式においてもまったく同じことがいえる。

極論すれば、良い建築と呼ばれている建物はすべて、適切な構造素材（構造種別ともいう）と構造形式を選択している、といっても過言ではない。

構造素材の決定は、単に構造設計者にゆだねるのではなく、建築設計者が意思をもって決定すべき事柄である。

しかし、当然のことながら、構造素材は構造形式および構造原理と密接にかかわっている。単にデザイン上の理由だけで構造素材を決定することは許されず、その建築のもつ形態特性を把握し、複合的な思考の中で、慎重に構造形式と構造素材を決定しなければならない。

そのためにも、建築設計者は構造の原理とともに、構造素材のもつ特性と、その特性を生かした構造形式を正確に理解しておく必要がある。

■構造形式と構造素材が1対1で対応しないことはすでに述べたが、それは素材のもついくつかの構造特性（構造的な長所と短所）をどう活用するかによって、異なった複数の構造形式にも利用することが可能になるからである。

それは木材が、軸組的な在来木造構造（⇒SS-1）や壁的な丸太組構造（⇒SS-4）にも使用されていることからみても明らかである。

また、構造素材の特性とは、単に材料の物理的性能だけを指しているのではなく、施工性、経済性、社会性、地域性なども含まれる。建築の多くは建設現場で加工して組み立てられる。現場加工性の良し悪しや組立てやすさ、つまり材料の扱いやすさは大きな特性の一つである。

実際、狭い現場で大きなクレーンを必要とするような構造組立ては不可能である。さらに素材の入手しやすさ、価格なども特性として理解する必要がある。

次に、素材別にそれぞれの特質を述べていくことにする。本書の構成もまた、それに準じているので、言葉としてわからないところは、個別の章で理解していただきたい。

木材系構造素材の特性

■木材は、入手が容易で現場加工性もよく、しかも軽量で安価であるために、今でも多く用いられている構造素材である。

力学的にも重さの割合で比較すると、圧縮・引張り・曲げともに卓越した性能を誇る。花崗岩、大理石と比較をすれば、単位重量当たり、圧縮強度は約1.2～1.5倍、引張強度が約5～7倍、曲げ強度については約20～30倍にものぼる。比強度（強度/比重）も構造材料の中で最強の値を示す。

構造材として木材がいかに優れているかが理解できるであろう。ただし、含水率が上がると強度は落ちる。また、材が細い場合は、材軸の方向に圧縮力が作用すると、座屈を起こす危険性があるので注意を要する。

木材の最大の欠点は、仕口の固定度が極端に低いことである。それを解決するために、加工の容易さを利用して昔から多くの仕口が考案されてきたが、それも限度がある。

最近は、金物を使って固定度を確保する工法が多く見受けられるが、基本的には仕口はピン接合と考えるべきである。

■木材は火に弱い、ということは常識的に理解されてきた。ある意味では正しい理解ではあるが、火が燃える条件を考えると

イリノイ工科大学クラウンホール(設計：ミース・ファン・デル・ローエ　アメリカ　1952年、写真：佐々木龍一)

果たしてそうであろうか。

　太い木材が燃え始めると、表面から炭化が始まり、内部が燃えるための酸素の供給を妨げ、大断面の木材が燃えつきるには、相当の時間と火力を必要とする。火災が起きても、人が避難する間だけ構造が崩壊しなければよい、と考えるならば、木材もある程度は耐火性がある、ということができる。

　わが国の建築基準法では、耐火性能上、高層や大規模な木造建築は禁止されているが、諸外国では7階建ての木造建築などを見ることができる。

■材質としては、繊維が一方向で、繊維方向とその直交方向で性質が大きく異なっているのが特徴である。強度・亀裂・収縮などにその特徴が現れる。

　また、材質が不均一であることも他の素材には見られない特徴である。材種による性能の違い、材の切り取られた部位（表面に近い所か心持ち材か）、節のあるなしなど、自然の素材であるための宿命をもっている。そのため、設計上は安全率を大きくとって、許容応力度は低く抑えている。材木を一度粉々に砕き、再度成形し直した新木材やスライスして張り合わせた集成材などは、材質を均一にして強度を高めるために考え出した構造素材である。

　さらに木材の特性としてあげられるのは、収縮・割れ・撓み・腐食などの、経年変化が激しいことであり、素材としての欠点とされている。

　しかし、他の素材にはない長所である、木のもつ柔らかさや暖かみとともに、経年変化による愛着というものを捨て去るわけにはいかないであろう。

コンクリート系構造素材の特性

■コンクリートは、圧縮には強いが引張りには極端に弱く、引張強度は圧縮強度の10分の1ほどしかない。そのためにコンクリート単独で使用されることは少なく、多くは弱点を補完しあうために鉄筋と併用される。堅固であるが脆性が高く、強い力が瞬間的に加わると、爆裂することもある。

　現場打ち鉄筋コンクリートは現場成形であるために、仕口が一体となり固定度は非常に高く、剛接合となる。プレキャストコンクリートのような工場成形品の場合は、ポストテンションケーブルなどを使って固定度を確保する手法が用いられている。

　コンクリートは、重量は重いが現場で固形化するので施工性はよい。材質も比較的均一であるが、均一性を確保するための技術的努力が必要である。セメント、骨材、水の調合配分管理、温度、湿度、天候、型枠の精度と清掃、配筋の精度、コンクリート打設方法、養生など、気を遣わなければならないことが多い。コンクリート造の普及に伴い、安易な気持ちでコンクリートを使用する傾向があるが、油断すると大きなミスにつながるので注意が必要である。

　コンクリート、鉄筋ともに酸化に弱いので、耐久性を高めるには酸化しないような対策が必要である。

　骨材の塩分含有量を抑えるとともに、コンクリートの表面を仕上げ材で保護し、雨中の亜硫酸ガスや大気中の二酸化炭素から守ることが大切である。

鋼材系構造素材の特性

■比強度では木材に及ばないものの、圧縮にも引張りにも強く、曲げに対してはヤング率が高いので、撓みは大きいが粘り強い。木材と同様、細いと座屈を起こす危険性がある。

　仕口は剛接合でもピン接合でも可能である。現場での部材接合はボルト接合が多く、溶接接合は主要な構造部位ではあまり行われない。

　工場製作加工がほとんどで、現場加工性は悪い。現場施工性も大型重機を必要とするため、決してよいとは言いがたい。工

モントリオール万国博覧会西ドイツ館（設計：F. オットー、R. グートブロート　カナダ　1967年）

場生産品のため、材質は均一で性能も安定しているが、溶接は熟練技能を必要とし、十分な品質管理を要求される。

熱に弱く、摂氏500度くらいで強度が半減し変形が始まる。熱膨張、曲げによる変形も大きく、超高層ビルなどの場合には無視できない変形量になる。この弱点を克服するために、クロムやモリブデンなどの元素を微量に添加し、耐火性能を向上させた耐火鋼材「FR鋼」なるものもある。

経年変化としては、腐食（錆）があげられる。重量鉄骨の場合はさほど問題にはならないが、肉厚の薄い軽量鉄骨の場合は注意する必要がある。

非鉄金属では、アルミニウムは軽量であり、比強度で鋼を上回るが、膨張係数が高いことと、鋼材より高価なことで構造材料としてはほとんど用いられていない。

膜材系構造素材の特性

■膜構造（テント構造⇒SS-21）の歴史は意外に古く、紀元59年につくられた可動サスペンション膜構造のポンペイ円形劇場にさかのぼる。

その後膜構造は、遊牧民テント、サーカステント、軍隊の野営用テントなど、人間の生活に密着した構造システムとして存在してきた。当時の膜の材質は、動物の皮革、羊毛、植物の亜麻、綿が主であった。

近代膜構造の幕開けは20世紀半ばに入ってからである。熱気球、飛行船に利用されていた空気膜構造（⇒SS-22）が建築物として出現し、さらに1950年頃には、鞍形曲面に初期張力を導入した新しいサスペンション膜構造が誕生、それまで多く用いられていた骨組膜構造も含めて、膜構造は大きく発展を遂げることになる。

一方、膜材料において特筆すべきことは、1972年、アメリカで四ふっ化エチレン樹脂をコーティングしたガラス繊維布による恒久的な建築が出現したことである。このガラス繊維布の出現は、膜構造の耐候性、防火性、防汚性を大幅に向上させ、主に仮設構造物に利用されていた膜構造を一般建築物にも普及させる原動力となった。

■膜の最大の長所は軽いことである。空間$1m^2$をおおう重量がわずか1 kgにしかならないので、東京ドームに見られるような大空間をおおう構造には最適である。ほかにも長所としては、半透明性、デザインの多様性、可動性、移動性などがあげられる。

一方、短所としては四ふっ化エチレン樹脂をコーティングしたガラス繊維布の出現によって大分解決されてきたとはいえ、他の建築材料と比較すれば耐候性、防火性、防汚性での劣性をあげざるをえない。さらに、断熱性、遮音性、耐飛来物性にも問題が残る。

■膜構造はおもしろい構造システムである。建築がますます巨大化し、一つの建築物が都市的要素を備える時代に入りつつある今日、メガ・ストラクチャーとしての膜構造は、膜材料の進歩と相まって、さらに大きく飛躍していくことであろう。

力をどう流すか

■都心の道路渋滞を緩和するために道路を拡幅すると、広くすればするほど以前にも増して車が集まってきて、また渋滞が起こる、といわれている。

力の流れもそれに似たところがあり、構造的に強い部位に力が集まってくる。この性質を利用して、「力がどう流れるか」ではなく、「力をどう流すか」を考えるところに構造計画の妙味がある。素材を知り、力学を修得し、構造システムを理解することは、建築デザインの第一歩であるとともに、建築がさらに面白くなる第一歩でもある。

Structural Systems for Architecture

薬師寺三重塔正面全景

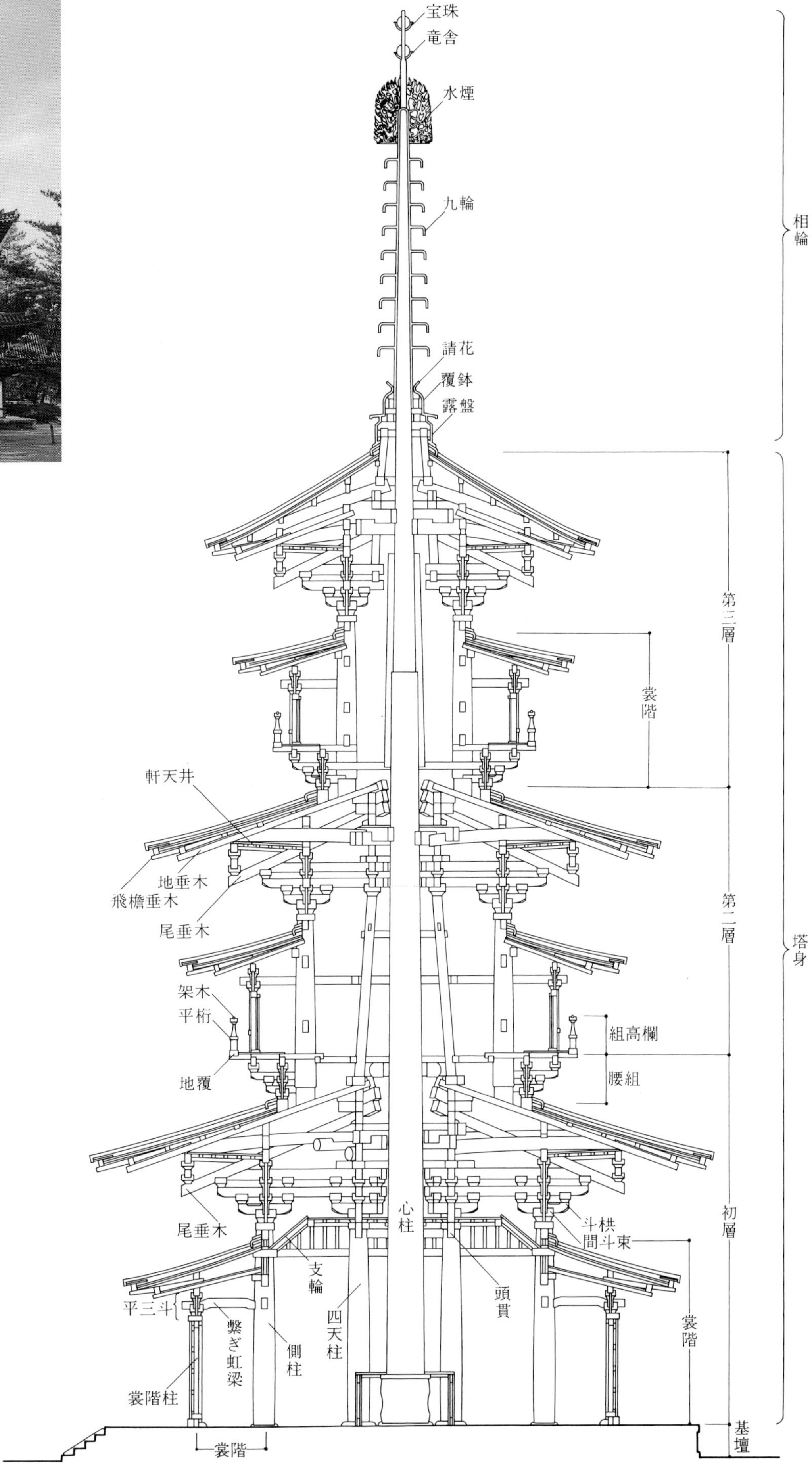

薬師寺三重塔断面図（彰国社編「建築大辞典」より）

相輪: 宝珠、竜舎、水煙、九輪、請花、覆鉢、露盤

塔身:
- 第三層（裳階）
- 第二層（組高欄、腰組）
- 初層（斗栱、間斗束、頭貫、裳階）

部材名: 軒天井、地垂木、飛檐垂木、尾垂木、架木、平桁、地覆、尾垂木、平三斗、繋ぎ虹梁、裳階柱、支輪、四天柱、側柱、心柱

基壇

3 構造システムのいろいろ

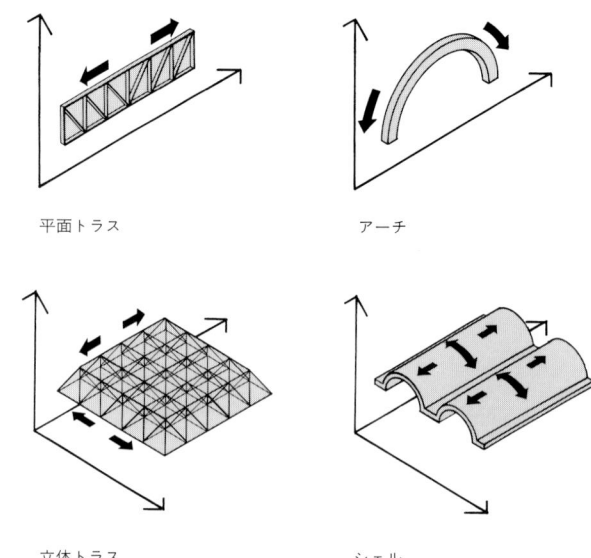

図-1　平面的な骨組(平面架構)と立体的な骨組(立体架構)

構造の役割

■《構造》(structure)とは、人間が快適な生活を営むためのシェルターを、地上や地下に安全に支える要素である。

最近では、構造の使われ方の幅も広がり、動く構造（開閉式屋根）、広がる構造（展開構造）、浮かぶ構造（海洋構造）、揺れにくい構造（制振構造・免震構造）、さらに惑星基地やスペース・コロニーといった宇宙構造物も含むようになってきている。

来世紀には、軟体動物のようなフニャフニャ構造、触覚や知覚をもったインテリジェント構造や自己崩壊して自然の生態系に輪廻するエコロジー構造なども実現するかもしれない。

■もし、地球に重力や空気がなければ、シェルターを支える構造は不要である。宇宙空間のシェルターでは、重力が少なく、真空に近い状態であれば、私たちが日頃目にするような構造がなくても自立する。シェルターの気密性や断熱性を保ち、宇宙線や太陽光の圧力を防ぐ仕掛けがあればよい。

しかし地球上には、重力をはじめ地殻の変動による地震力、大気の乱れによる風圧力、あるいは大気の温度変化による膨脹・収縮、といったさまざまな自然現象がある。

■これらの自然現象（外乱という）はさまざまな荷重や外力となりシェルターに影響を及ぼし、圧縮力や引張力、剪断力、曲げモーメントや捩りモーメントなどの応力が生じる要因となる。

そこでシェルターには、応力を滞りなく分散して地盤に伝える〈仕掛け〉が必要になる。

この仕掛けが《構造》である。構造はシェルターの安全性・利便性・快適性を保つための要となり、さらにシェルターの規模(volume)や機能(function)、形態(form)や材料(material)を決める、という重要な役割をもっている。

構造を二つの系に分けて理解する

■構造には、骨組の中の力の流れ方、骨組の形や材料や架構のつくられ方によっていろいろなバリエーションがあり、これらの要素をすべて含んだものを、ここでは《構造システム》(structural systems) と呼ぶことにする。

■構造システムをわかりやすく整理する場合、骨組の中の力の流れ方（応力の伝達機構）によって分類する方法がある。

つまり、平面トラス（構造システム18、以下 SS-18 と表示）やアーチ（分類チャートG）のように、二次元方向に力が流れるものを平面的な骨組（平面架構）、立体トラス（SS-19）やシェル（SS-12）のように三次元方向に力が流れるものを立体的な骨組（立体架構）として区別する方法である（図-1）。

ところがこの分け方では、力の流れ方が三次元的であるはずのラーメン構造（SS-10,11,17）や壁式構造（SS-9）が、応力解析の手順から二次元的な構造として扱われる、という矛盾が出てくる。

■そこで、構造システムが建物のどの部分にどう使われるのかという機能的な視点から捉え直してみると、単純で理解しやすい二つの系へ分けることができる。

一つ目の系は〈床を支えるための構造システム〉で、もう一つは〈屋根を支えるための構造システム〉である。

言いかえれば、前者は〈空間を鉛直方向に積み重ねたり延ばしたりするための構造システム〉で、後者は〈空間を水平方向に広げたり延ばすための構造システム〉である。

20、21頁に示した分類チャートでは、[重層構造システム・鉛直方向に展開するシステム] と [単層構造システム・水平方向に展開するシステム] の系として区分されている。

■荷重や外力が骨組に作用したとき、部材に生じる主な応力は、重層構造システムでは曲げ応力と剪断応力、単層構造システムでは圧縮応力と引張応力である。つまり、力学的特性から区分すると、二つの系は〈曲げ・剪断応力系の構造システム〉と〈圧縮・引張応力系の構造システム〉と言いかえることもできる。そして次の理由から、重層構造よりも単層構造のほうが効率良く力が流れ、大きなスパンの骨組に適していることがわかる。

Structural Systems for Architecture

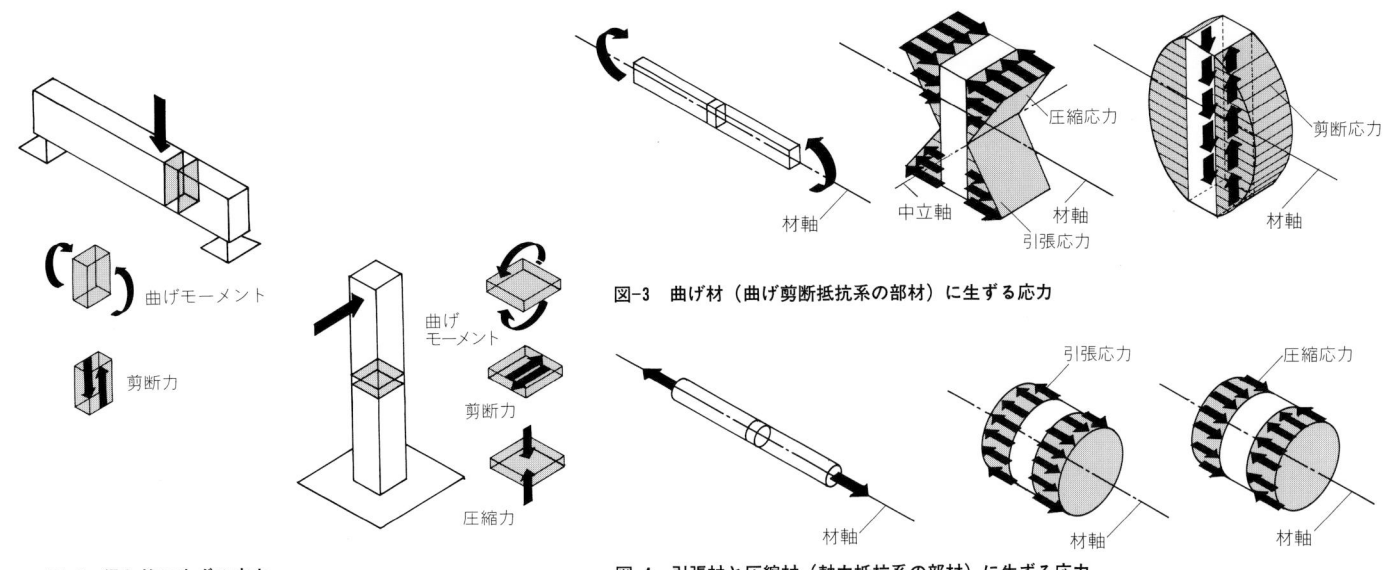

図-2　梁と柱に生ずる応力

図-3　曲げ材（曲げ剪断抵抗系の部材）に生ずる応力

図-4　引張材と圧縮材（軸力抵抗系の部材）に生ずる応力

■〈重層構造システム〉の重要な構造要素となる梁材の一部（任意の微小部分）を取り出してみると、その部分に生じている応力は、一対の曲げモーメントと剪断力である（図-2）。

図3に示したように、曲げモーメントにより梁に生じた圧縮応力と引張応力は、矩形断面の梁では、部材の上下の縁で最大になり、部材の中立軸に向かって0に近づく。ところが、剪断応力は部材の上下の縁で0になり、部材の中立軸に向かって大きくなる。つまり梁のような曲げ材では、曲げモーメントや剪断力に対して、部材の断面全体が効率よく働いていないことが分かる。

■〈単層構造システム〉のトラス構造は圧縮材と引張材のみで構成されているが、両者の部材応力はどうであろう。

図4に示したように圧縮材と引張材は、ともに部材断面にほぼ等しく応力が分布しているので、断面全体が無駄なく働いていることになる。ただ圧縮材では、座屈を起こさないように断面を大きくすることもあるが、曲げ材よりも応力を伝える効率ははるかに優れている。そのうえ、部材断面に生ずる最大応力は、曲げ材ではスパンlの2乗に比例するのに対し、引張材ではlに比例するので、スパンが大きくなるに従い、曲げ材はますます不利になる。

こういった理由から、曲げ材で構成された構造システムよりも圧縮材や引張材で構成された構造システムのほうが、力の流れ方の効率が良く、部材断面を小さくすることが可能である。

■〈重層構造システム〉は、もともと高さを可能にする構造システムとして考案され、主に多層建築に用いられて発展した。

たとえば、多層建築にはなくてはならないラーメン構造は、解析理論が進歩したり構造材料や部材同士の接合法が改良されて実現が可能になった構造システムである。

耐力壁だけで構成された壁式構造は、2～3階建ての住宅や4～5階建ての共同住宅用として、耐力壁を建物の一部に集めたコア構造（分類チャートE-7）は中高層建築用として開発された。外殻構造（分類チャートE-8）は建物の外周や中央に柱を密に配して巨大な筒（チューブ）を構成するもので、超高層建築に構造上の合理性を与え、しかもラーメン構造やコア構造よりも経済性をもつ構造システムとして普及している。

■〈重層構造システム〉に作用する主な応力は、曲げ応力と剪断応力で、分類チャートのA～D群は［曲げ剪断抵抗系の構造システム］、E群は［剪断抵抗系の構造システム］である。荷重が増えたりスパンが大きくなる場合は、部材断面を増したり材料強度を高めることで抵抗するもので、［量塊抵抗構造・ボリュームの構造システム］と言いかえてもよい。

■〈単層構造システム〉は、広さや長さを可能にする構造システムとして考案され、巨大な構築物に用いられ発展してきた。

古くは、組積造のアーチやヴォールトやドーム、古代ローマの闘技場をおおった天幕、紀元前から中国にあったと伝えられる鋳鉄製のチェーン吊り橋、などが代表的な例である。

これらの古典的な構造システムは、後に近代的な構造システムへと発展していった。たとえば、組積造のヴォールトやドームは鉄筋コンクリート造やプレキャストコンクリート造のシェル構造（⇒ SS-12）へ、天幕はテント構造（⇒ SS-21）へと発展し、草木や鋳鉄製の吊り橋は鋼のケーブル構造（⇒ SS 20）や2,000m近い吊り橋などの大スパンの橋（長大橋）を可能にする構造システムとして生まれ変わった。

■〈単層構造システム〉に作用する主な応力は、部材断面の垂直方向に作用する応力で、分類チャートのF～L群は曲げ応力はほとんど作用しない構造システムである。線材で構成された［軸力抵抗系の構造システム］と面材で構成された［直応力抵抗系の構造システム］がある。

荷重が増えたり、スパンが大きな場合は、シェルや折板（⇒ SS-13）のように変形しにくい形態をとったり、トラス（⇒ SS -18,19）のように安定した構成をなすことで抵抗するもので、［形態抵抗構造・フォルムの構造システム］と言いかえてもよい。

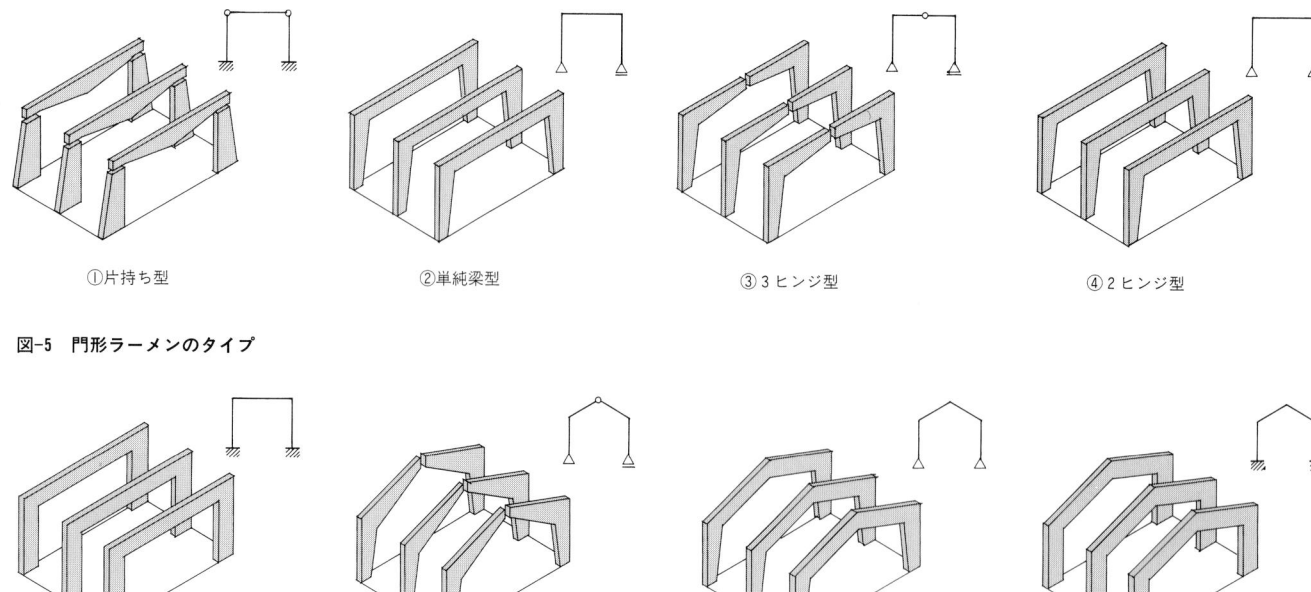

図-5 門形ラーメンのタイプ

図-6 山形ラーメンのタイプ

重層構造システム・鉛直方向に展開する構造システム

■〈重層構造システム〉は床を支えることを目的にしており、骨組の形は直線的な部材（直線材）と平面的な部材（平面材）の組合せが基本になる。

〈重層構造システム〉の計画にあたっては、地震力や風力などの水平方向に作用する力（水平荷重）に対する配慮が必要である。コンクリート系の硬くて重たい骨組は地震力、鋼材系の細長く高い骨組では地震力や風力、木材系や鋼材系の軽くて低い骨組は風力の影響を受けやすい。

■ I 群　柱と梁による構造システム

基本的に直線材で構成された骨組（skeleton structures）で、量塊抵抗系の構造システムである。部材端部の支持や接合の仕方によりA～C群の三つの構造システム群に分けられる。

【A群：柱と梁構造】（Post and beam systems）

A-1 柱：鉛直方向に用いる棒上の部材で、滑節系のB群と剛節系のC群の構成要素となる

A-2 単純梁・片持ち梁：静定構造の梁。単純梁はB群、片持ち梁はB・C・D群の構成要素となる

A-3 連続梁（ゲルバー梁）：単純梁をピンでつないだ静定構造の梁で、橋梁の事例が多い

A-4 連続梁（不静定梁）：C群とD群の構成要素となる

【B群：滑節構造】（Hinged-frame systems）

柱と梁の接合部がピン接合の系。

B-1 滑節系の軸組構造：木材系の軸組木構造と鋼材系の軽量鉄骨系プレハブ構造に使われる

　　（詳しくは構造システム1および16を見よ）

B-2 ハーフティンバー構造：ヨーロッパの民家に多いタイプ
　　柱・梁・斜材の間の壁を土や石や煉瓦で充塡した構造システムで、構造特性は耐力壁で構成されたE群に近い

【C群：剛節構造】（Rigid frame systems）

柱と梁の接合部が剛接合の系（⇒ SS-10, 11, 17）

C-1 門形ラーメン（portal frame）：静定ラーメン①～③と不静定ラーメン④⑤の五つのタイプがあり（図-5）、柱脚の曲げモーメントが0になるタイプ④の2ヒンジ系が柱脚接合部の納まりが簡便で鋼構造で多用される

①片持ち構造の柱頭に単純梁を乗せた片持ち梁系

②単純梁をコの字型に折り曲げた単純梁系

③梁の中央にピンを設けた3ヒンジ系

④柱脚ピンの2ヒンジ系

⑤柱脚が剛接合された柱脚固定系

門形ラーメンの水平な梁を山形に折り曲げたタイプを山形ラーメン（gebled roof frame，図-6）という。傾斜梁で構成された異形ラーメン（C-7）の一種と考えてもよい。

⑥門形ラーメンのタイプ③に対応する3ヒンジ系
　応力や変形がやや大きいが、屋根の頂部と柱脚に向かって断面が小さくなるので意匠的に明快に

⑦門形ラーメンのタイプ④に対応する2ヒンジ系
　応力や変形が門形ラーメンより小さい

⑧門形ラーメンのタイプ⑤に対応する柱脚固定系

C-2 π形ラーメン・方杖ラーメン：梁の両端が方持ち梁のラーメンで、垂直柱形式をπ形、傾斜柱形式を方杖ラーメンという。片持ち梁の先端が支持されたタイプは高速道路をまたぐ跨道橋に多く見られる

C-3 純ラーメン：柱と梁を主要な構造要素とした重層構造用のラーメンで、壁材や斜材がないのでプランニングの自由度は高い。水平荷重で塑性変形を起こしやすく、靱性の高い鉄骨造や鉄骨鉄筋コンクリート造が好ましい

C-4 ブレース付きラーメン，C-5 耐力壁付きラーメン：水平荷重を吸収するブレースや耐力壁を骨組の中に組み込んだラーメンで、純ラーメンよりも耐震性に優れ、地震の多いわが国では最も普及している構造システム

C-6 壁式ラーメン：板状の壁梁と壁柱でラーメンを構成するタ

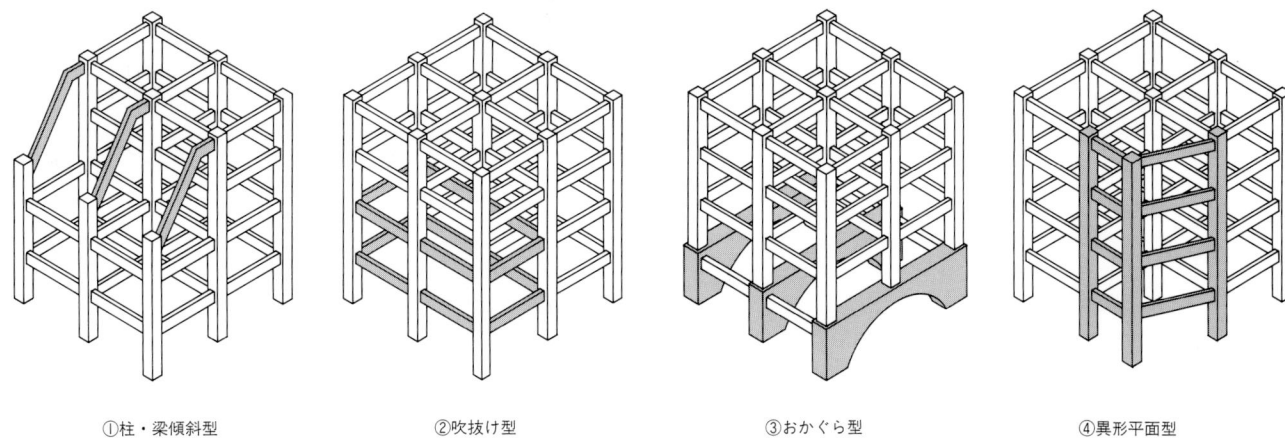

①柱・梁傾斜型　②吹抜け型　③おかぐら型　④異形平面型

図-7　異形ラーメンのタイプ

イプで、主に高層集合住宅に利用される。
RC の低層建築では E-6(b) タイプの事例もある。
C-7 異形ラーメン (deformed rigid frame)：柱・梁の骨組が不整形なラーメンで、次の4タイプがある（図-7）
　①垂直・水平でない骨組をもつ柱・梁傾斜タイプ
　②骨組の一部に吹抜けをもつ吹抜けタイプ
　③上下層スパン割りの異なるおかぐらタイプ
　④平面形が矩形でない異形平面タイプ
C-8 大架構ラーメン：最上階や中間階の1層分から数層分の成をもつ梁とコア成分を柱として利用したコア柱で構成された巨大な構造体で、荷重や外力に抵抗するタイプで主に高層建築に利用される（⇒ SS-22）
■ II 群　床と壁による構造システム
　面状の部材で構成された骨組 (surface structures) で、曲げ応力と剪断応力が主に作用する量塊抵抗系の構造システムである。面材に作用する力の方向により D 群と E 群の二つの構造システム群に分類される。
【D 群：平板構造】(Plate systems)
　平板の断面方向（面外方向）に力が作用する構造システム。平板の微小部分の断面には、直交する二方向に一対の曲げモーメント・捩りモーメント・面外剪断力が生じている。
　二方向に力を伝える2方向スラブ (D-1〜D-3) と一方向のみに力を伝える一方向スラブ (D-4) があり、応力が分散される2方向スラブのほうがスラブの厚みを薄くできる。
D-1 床スラブ (floor slab)：大梁や小梁で周囲あるいは一部を支持された鉄筋コンクリート (RC) スラブ
D-2 無梁板 (flat slab)：柱頭板付き柱で支持された RC スラブ
D-3 (a) 格子梁床 (coffered floor slab)：大梁に対して 90° または 45° 方向にグリッド状に小梁を配したタイプ
　　(b) ワッフルスラブ (waffle shape slab)

D-4 (a) ジョイストスラブ (joists slab, ribbed plate)
　　　　T 形断面の小梁を隙間なく並列させたタイプ
　　(b) 中空スラブ (voids slab)
　　　　I 形断面の小梁を隙間なく並列させたタイプ
　　(c) 合成スラブ (composite slab)
　　　　デッキプレートやプレキャストコンクリートのスラブと現場打ち RC スラブを構造的に一体化したタイプ
【E 群：耐力壁構造】(Box-frame systems)
　平面状部材の断面と直角方向（面内方向）に力が作用する構造システム。このような平板を壁板といい、応力状態は D 群の平板（床板）とはまったく異なる。壁板の応力状態を平面応力といい、壁板の微小部分の断面には、直交する2方向の垂直応力（直応力）と面内剪断応力が生じている。壁と床の接合部がピンに近いシステム（分類チャート E-1〜E-4）と、壁と床が構造的に一体化されたシステム（分類チャート E-5〜E-8）のタイプがある。
E-1 枠組壁構造：詳しくは構造システム 3 を見よ
E-2 丸太組構造：詳しくは構造システム 4 を見よ
E-3 組積構造：石やれんがを積み上げて壁を構成するタイプ
　　鉛直荷重には強さを持つが、水平荷重には弱い
E-4 コンクリートブロック構造：詳しくは構造システム 7 と 8 を見よ
E-5 ALC パネル耐力壁構造：軽量コンクリートパネルを連ねて壁を構成するタイプ
E-6 (a) 壁式構造：詳しくは構造システム 9 と 14 を見よ
　　(b) 壁式ラーメン構造：板状の壁梁と壁柱でラーメンを構成するタイプ
E-7 コア構造：耐力壁を平面の一画に集約配置して、それを主要な構造要素として利用するタイプ

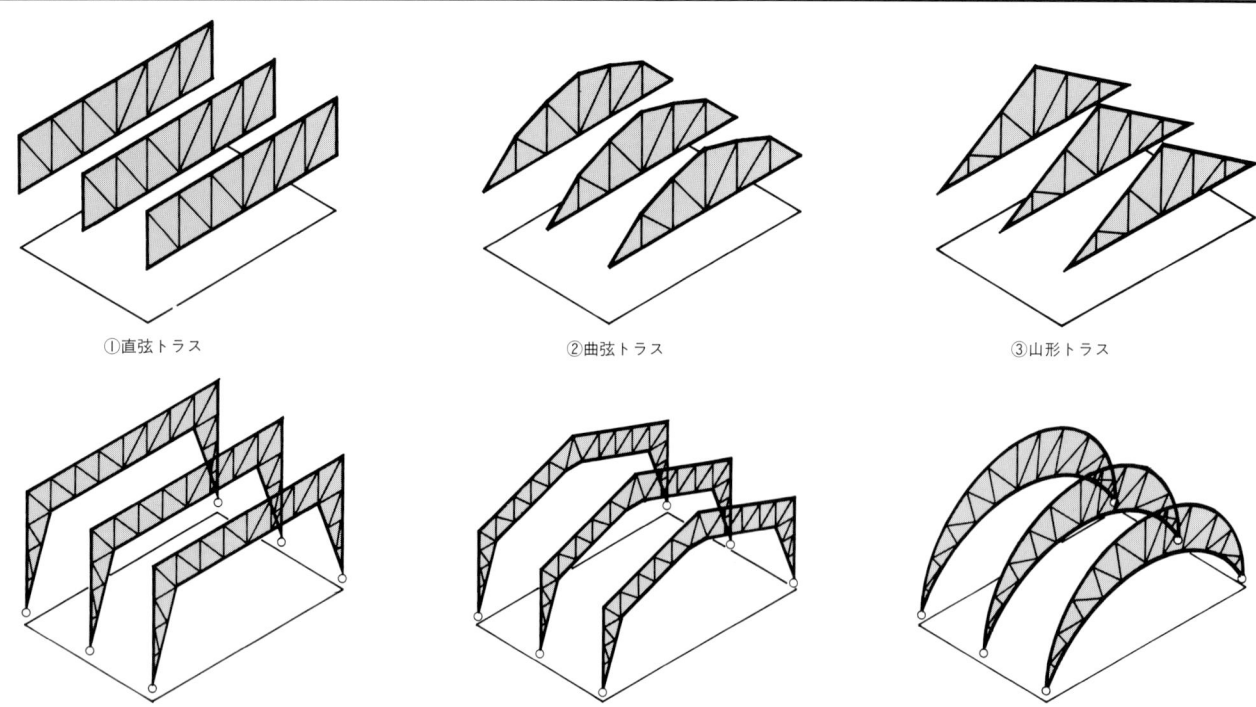

図-8 平面トラスのタイプ

単層構造システム・水平方向に展開する構造システム

■〈単層構造システム〉では、スパンが大きくなるほど屋根の重さなどの鉛直荷重が主な荷重として作用するので、できるだけ自重を軽くすることが求められる。つまり、骨組の形は地震力や風力のような水平荷重よりも、鉛直荷重に対して強く抵抗するようなものになる。ただし比較的軽めで変形しやすい鋼材系のケーブル構造（⇒ SS-20）や軽くて柔らかい膜材系のテント構造（⇒ SS-21）や空気膜構造（⇒ SS-22）では、風荷重が大きな影響を及ぼす。

■ III 群　三角形構成による構造システム

【F 群：トラス構造】（Trussed systems）

ピン接合された線材の三角形構成で、荷重や外力に抵抗する形態抵抗系の構造システム。荷重が節点に作用した場合、応力は軸方向力に置き換わって支点まで導かれる。曲げ応力がほとんど生じないので、細い部材のみで構成することができ、軽くて変形しにくい骨組が可能になる。

F-1 平面トラス構造（plane truss, ⇒ SS-18）：部材構成が二次元のトラスで、梁に用いる①〜③のタイプと骨組全体をトラスで構成する④〜⑥のタイプがある（図-8）。

　①直弦トラス（flat-chord truss）：平行な弦材の間をウェブ材でつないだタイプ

　②曲弦トラス（curved chord truss）：応力に応じて上弦材とウェブ材を変化させたタイプ

　③山形トラス（gable roof truss）：三角形の骨組を組み合わせ、架構全体が三角構成のタイプ

　④山形平行弦トラス：一対の同形同大で勾配をもつ平行弦トラスを中央で組み合わせたタイプ

　⑤トラス組ラーメン（trussed rigid frame）：門形や山形ラーメンのウェブ材がラチスで組まれたタイプ

　⑥トラス組アーチ（trussed arch）：アーチのウェブ材がラチス状に組まれたタイプ

F-2 立体トラス構造（space truss、⇒ SS-19）：部材構成が三次元のトラスで、平面状の①タイプと曲面状の②と③のタイプがある（図-9）

　①重構面グリッド（double-layer grids）：平面状に連続した上下弦材を斜材や垂直材でつないだタイプで、骨組の形には平板状と折板状のものがある

　②トラス組ヴォールト（braced barrel vault）：三角形の骨組を筒形に連続させたタイプ

　③トラス組ドーム（braced dome）：三角形の骨組を球形状に連続させたタイプ。②と③のタイプは鉄骨シェルともいわれ、規模により単層と重層グリッドがある

■ IV 群　曲線・曲面構成による構造システム

【G 群：アーチ構造】（Arch systems）

上側に凸に曲がった線材の両端を支持して、荷重や外力に抵抗する形態抵抗系の構造システム。

荷重は軸圧縮力により支点に伝達される。アーチの軸線形状は、円、多心円、楕円、放物線、逆懸垂線があり、ライズが低いほど曲線材軸の特性は損なわれて、直線材軸に近くなり、曲げ応力が増える。懸垂線を逆さにした材軸の場合、曲げ応力をほぼ 0 にすることが可能である。いずれもアーチ脚部に生ずるスラスト処理が重要になる。アーチの支持条件により次の四つのタイプ（図-10）がある。

　①無ヒンジアーチ（固定アーチ、fixed arch）：脚部が剛接合の不静定アーチで、脚部に曲げモーメントが生じ不同沈下や温度変化の影響を受けやすい。

　② 2 ヒンジアーチ（two hinged arch）：脚部がピン接合の不静定アーチ。変形の影響を受けやすいが、部材全体の曲げモーメントは均一で、建築や橋梁で多用される

　③ 3 ヒンジアーチ（three hinged arch）：脚部と頂部がピン接合の静定アーチ。応力が簡単に求められ、支点移動の影響を受けにくいが、剛性が低く最近ではあまり使われない

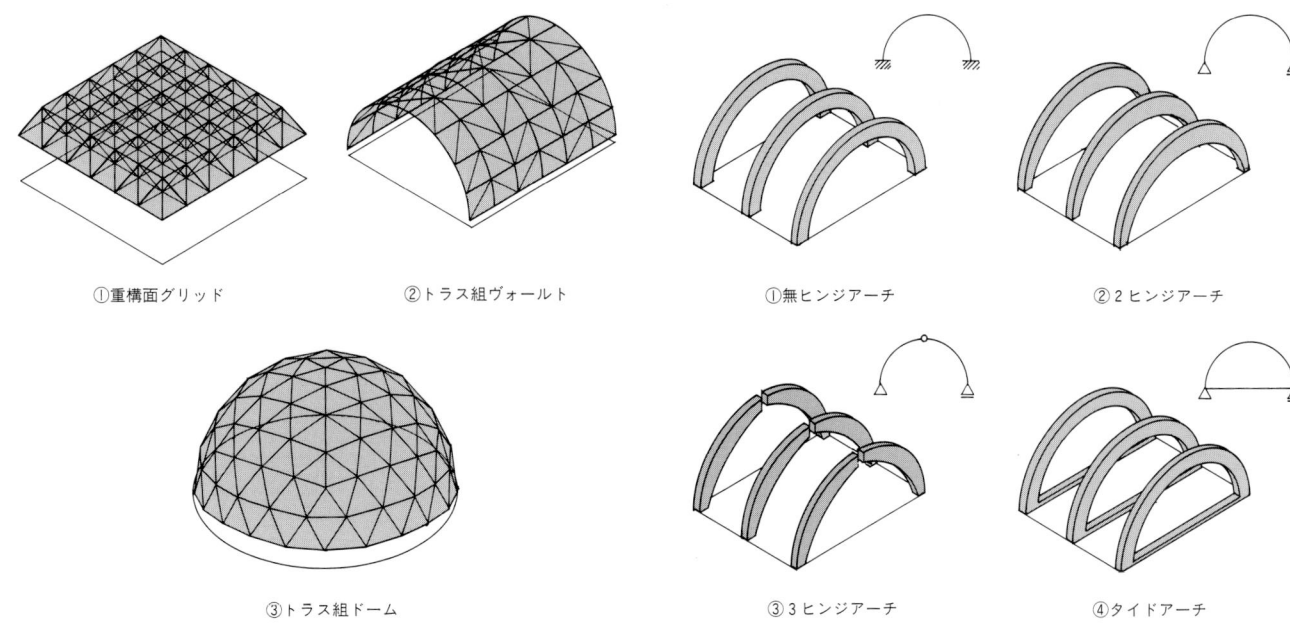

図-9　立体トラスのタイプ

図-10　アーチのタイプ

　④タイドアーチ（tied arch）：アーチの両端をタイでつなぎ水平推力を吸収するタイプ

　アーチの並べ方や組合せにより三つのタイプがある。

G-1　並列アーチ構造：アーチを平行に並べたタイプ
G-2　転回アーチ構造：アーチの高さ（ライズ）や方向を変えたタイプで、自由な平面形をおおうことができる
G-3　交差アーチ構造：アーチを交差させたタイプ。二方向吊り屋根（J-2）の支持構造として使用されることもある

【H群：シェル構造】（Shell systems）

　曲面板特有の剛性や強度を利用して荷重や外力に抵抗する構造システムで、面内応力（圧縮力）が主な応力として作用する。形態抵抗構造の代表的な構造システム。曲面の形と力の流れ方の違いにより四つのタイプがある（詳しくは構造システム12を見よ）。

H-1　筒形シェル構造：ヴォールト状曲面のタイプで、ロングシェルとショートシェルがある
H-2　球形シェル構造：ドーム状曲面のタイプ
H-3　鞍形シェル構造：逆方向に湾曲した曲面のタイプ
H-4　自由曲面シェル構造：幾何学的形態によらないタイプ

【I群：折板構造】（Folded plate shell systems）

　折り曲げられた平面板のつくり出す剛性や強度を利用して荷重や外力に抵抗する構造システムで、面内応力（圧縮・引張）と面外応力が作用する。折り紙の原理を利用した形態抵抗系の構造システムで、平面板の組合せにより三つのタイプがある（詳しくは構造システム13を見よ）。

I-1　角筒折板構造：一方向に波板状のタイプ
I-2　多角形折板構造：放射方向に波板状のタイプ
I-3　角錐折板構造：ピラミッド状のタイプ

■V群　ケーブルによる構造システム

【J群：吊り屋根および吊り床構造】

引張力の作用する線材で構成された構造システム。主な応力は直応力（引張）で、不安定な架構になりやすく、架構全体の剛性を高めるよう、構造計画上の配慮が必要である（詳しくは構造システム20を見よ）。

J-1　一方向吊り屋根構造：吊り材を平行に架け渡すタイプ
J-2　二方向吊り屋根構造：逆方向に湾曲した屋根面のタイプ
J-3　放射式吊り屋根構造：吊り材を放射状に架け渡すタイプ
J-4　ビーム式吊り屋根構造：吊り材と圧縮材を複合したタイプ
J-5　複合式吊り屋根構造：ほかの構造体を吊り上げるタイプ
J-6　吊り床構造：単層・重層の床を吊り上げるタイプ

■VI群　張力膜による構造システム

【K群：テント構造】（Tent systems）

　引張力の作用する画材と線材で構成された構造システム。主な応力は面内応力（引張り・剪断）で、曲げモーメントはほとんど生じない。ピンと張られた膜（初期張力を与えられた鞍形曲面膜）は、見かけの剛性が高くなり安定した構造体となる（詳しくは構造システム21を見よ）。

K-1　吊り膜（サスペンション膜構造）：膜を構造材（吊り材）に用いたタイプ
K-2　ケーブル膜構造：ケーブルに被覆用の膜をかぶせるタイプ
K-3　骨組膜構造：ほかの構造システムの骨組に被覆用の膜をかぶせるタイプ

【L群：空気膜構造】（Pneumatic systems）

　引張力の作用する面材で構成された構造システム。主な応力は面内応力（引張り・剪断）で、構造素材が柔らかいので曲げ応力はほとんど生じない。空気を圧縮材として利用した複合構造の一種で、最近は膜材料の改良が進み、恒久的な大スパン建築の事例が増えている（詳しくは構造システム22を見よ）。

L-1　空気支持膜構造：空気で支持された膜内を利用するタイプ

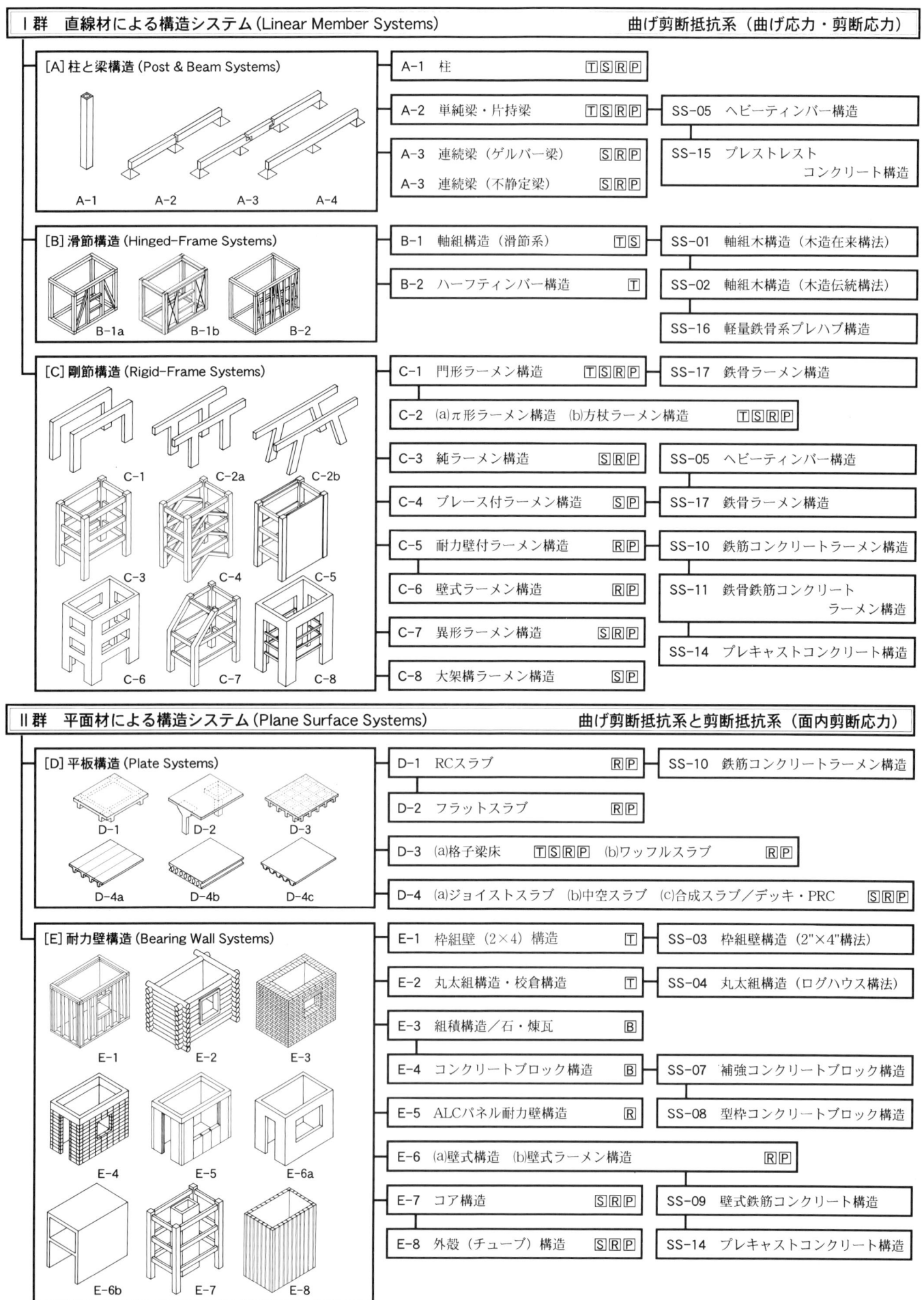

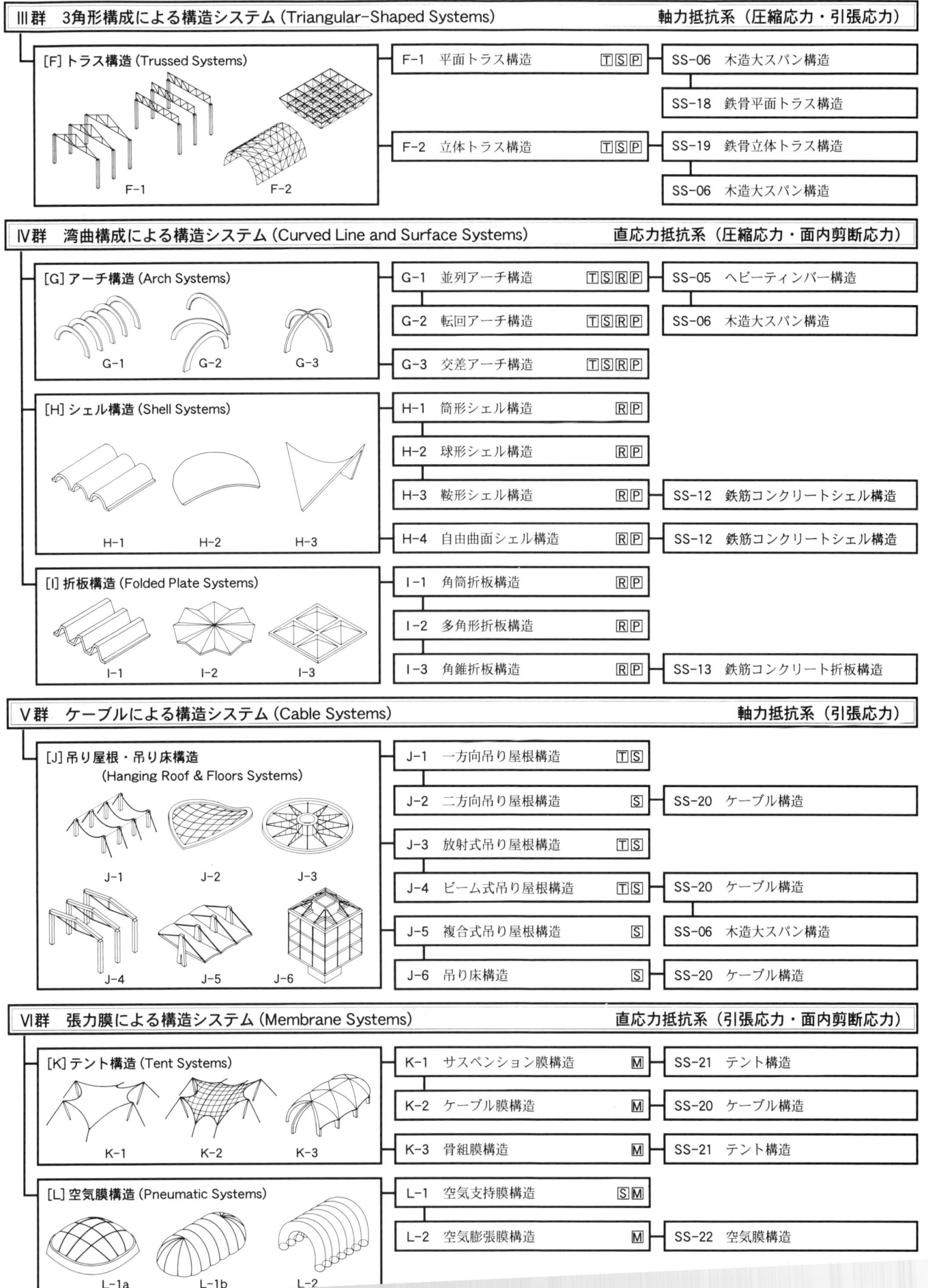

II 木材系の構造システム
STRUCTURAL SYSTEMS FOR TIMBER

- **1 軸組木構造（木造在来構法）**……………24
  - 軸組の基本
  - 小屋組の構造
  - 地震に対する工夫
  - 壁と床の構造
  - 基準尺度と真々設計・内法設計
- **2 軸組木構造（木造伝統構法）**……………28
  - 軸組と屋根の構造
  - 古代建築の軸部
  - 斗栱
  - 屋根の構造
  - 和様と禅宗様
- **3 枠組壁構造（ツー・バイ・フォー構法）**……………32
  - 枠組壁構造の組立順序
  - 枠組壁構造の床組と壁組
  - 枠組壁構造の小屋組
  - □ コーヒーブレーク
- **4 丸太組構造（ログハウス）**……………36
  - 丸太組のからくり
  - 壁材の樹種と断面形状
  - 壁材の収縮と建物の納まり
  - 丸太組構造の構造計画
- **5 ヘビーティンバー構造（集成材構造）**……………40
  - 構造用集成材と接合金物
  - 技術基準および防火設計法
  - 耐震要素・床・小屋組
  - ヘビーティンバー構造の二つの事例
- **6 木造大スパン構造**……………44
  - 木造大スパン構造の接合部
  - 木造大スパン構造のいろいろ
  - 木造大スパンの可能性―ハイブリッド構造
  - □ コーヒーブレーク

ソーンクラウン・チャペル（E. F. ジョーンズ アメリカ 写真：E. F. ジョーンズ、SD 1987年1月号）

1 軸組木構造（木造在来構法）
TIMBER FRAMED STRUCTURES

キーワード

柱　通し柱　管柱　間柱　**筋かい**　土台　火打土台　**大引 根太**　床束　梁　床梁　火打梁　**胴差　桁**　軒桁　小屋梁 妻梁　小屋束　母屋　棟木　**垂木**　アンカーボルト 羽子板ボルト

■伝統的な木造建築を、耐震性・耐風性・施工性などの面で改良し、一般住宅などに広く用いられている構造システムを、軸組木構造（木造在来構法、図1-1）と呼ぶ。

柱などの鉛直材と梁などの水平材（横架材）を組み立てて安定した架構（軸組）をつくり、その表面あるいは部材の間を、屋根・天井・壁・窓・床などによってふさぐ。

壁体が荷重を負担する組積造などと異なり、軸組が荷重を負担するため、壁や開口部は、比較的自由に選択できる。

それぞれの部材には独特の呼び方があり、同形状の角材であっても、用いる場所によって柱・梁・桁・束・根太・大引・土台などと名称が異なる。

■荷重は、軸組を通して上から下へと順次伝えられる。たとえば屋根荷重は、垂木（水平材）→母屋（水平材）→小屋束（鉛直材）→小屋梁（水平材）→桁（水平材）→柱（鉛直材）→土台（水平材）→基礎（水平材）→地盤へと伝えられる。

■各軸組部材の接点は、継手・仕口によって結合される。継手・仕口は、構造的に強固で、断面欠損が少なく、しかも外観上美しいように伝統的に工夫されたものである。

また、壁には筋違、床には火打梁などの斜材を入れ、変形に対する剛性を高めている。さらに、布基礎と土台を緊結するアンカーボルト、桁と梁の接点を補強する羽子板ボルトなど、各種金物が開発されている。

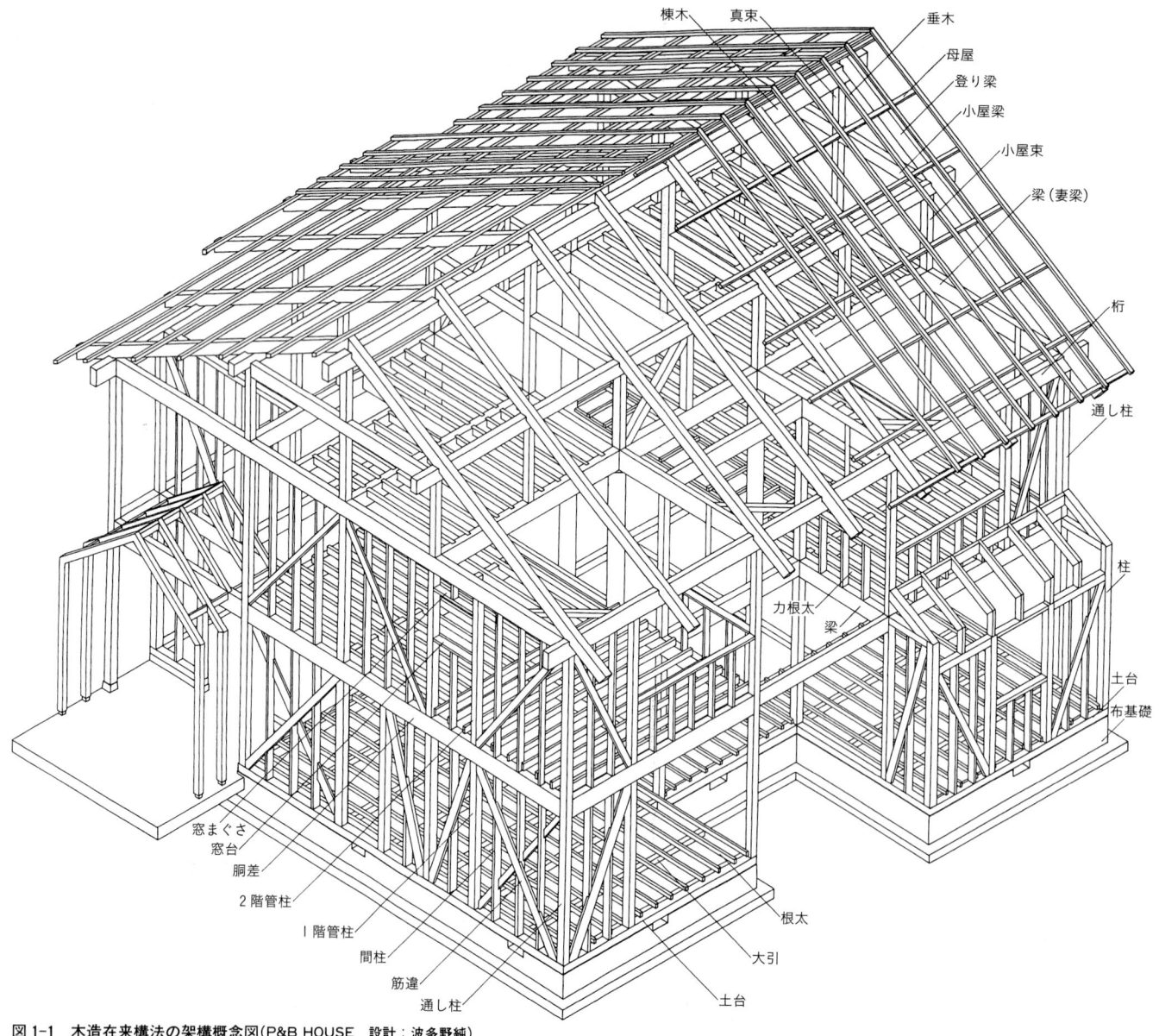

図1-1　木造在来構法の架構概念図（P&B HOUSE　設計：波多野純）

Structural Systems for Timber

軸組の基本
■建て方

まず布基礎の上に土台を水平にすえ、続いて、前もって継手・仕口などの加工（きざみ）をすませた構造材を一気に組み立てる。柱を立て、桁・梁などの横架材でつなぎ、真束の上に棟木がのると軸組が一応完成し、上棟式（建前）となる。この段階で各柱の鉛直を修正し、仮筋違を取り付ける。この後、直ちに屋根を葺き、雨露がしのげるようにした上で、床・壁・天井あるいは敷居・鴨居の取付けなど、順次工事を進める。

■構造材と造作材

構造材とは、屋根や床の重さ、あるいは内部の人間や家具などの荷重を負担し、建物の骨格をなす、柱や梁などのことである。

一方、造作材とは、敷居・鴨居、壁下地の胴縁など、建物に空間的な機能を与えるために必要な部材をさす。

構造材には比較的大きな断面の材木が用いられるのに対して、造作材は大きな材から小さな材まで多様である。

構造材には、まっすぐな材木の得やすい檜・杉・松・栂など針葉樹が用いられるのに対して、造作材には針葉樹ばかりでなく、楢などの広葉樹も用いられる。

■野物材と化粧材

野物材とは、小屋裏の梁や壁の中に納まる貫や間柱・胴縁など、直接目に触れない場所に使う部材であり、「見え隠れ材」ともいう。

化粧材とは、長押や敷居・鴨居など、日常的に人目に触れるため、かんな掛けなどの仕上げが必要な部材であり、「見え掛かり材」ともいう。

真壁の和室の柱は、構造材であり化粧材。大壁の洋間の柱は、構造材であり野物材。胴縁は、造作材であり野物材、敷居・鴨居や扉の三方枠は、造作材であり化粧材となる。

大工工事では、かんな掛けや面取りなど材木の仕上げに細心の注意が払われており、工程を読み込んで、上棟式以前に構造材の見え掛かり材に仕上げがされる。

■通し柱と管柱

2階建ての場合、各階ごとに柱を立て、1階の柱の頂部を横架材（床梁・胴差）でつなぎ、その上に2階の柱を立てる。このように1・2階別々の柱を、管柱と呼ぶ。鉛直の荷重に対しては管柱で問題ないが、横からの力に耐えられない。そこで建物四隅などに、1階と2階を貫く長い柱を立てる。これを通し柱と呼ぶ。

柱の太さは、105×105（3寸5分角）が一般的で、通し柱には120×120（4寸角）が用いられる。

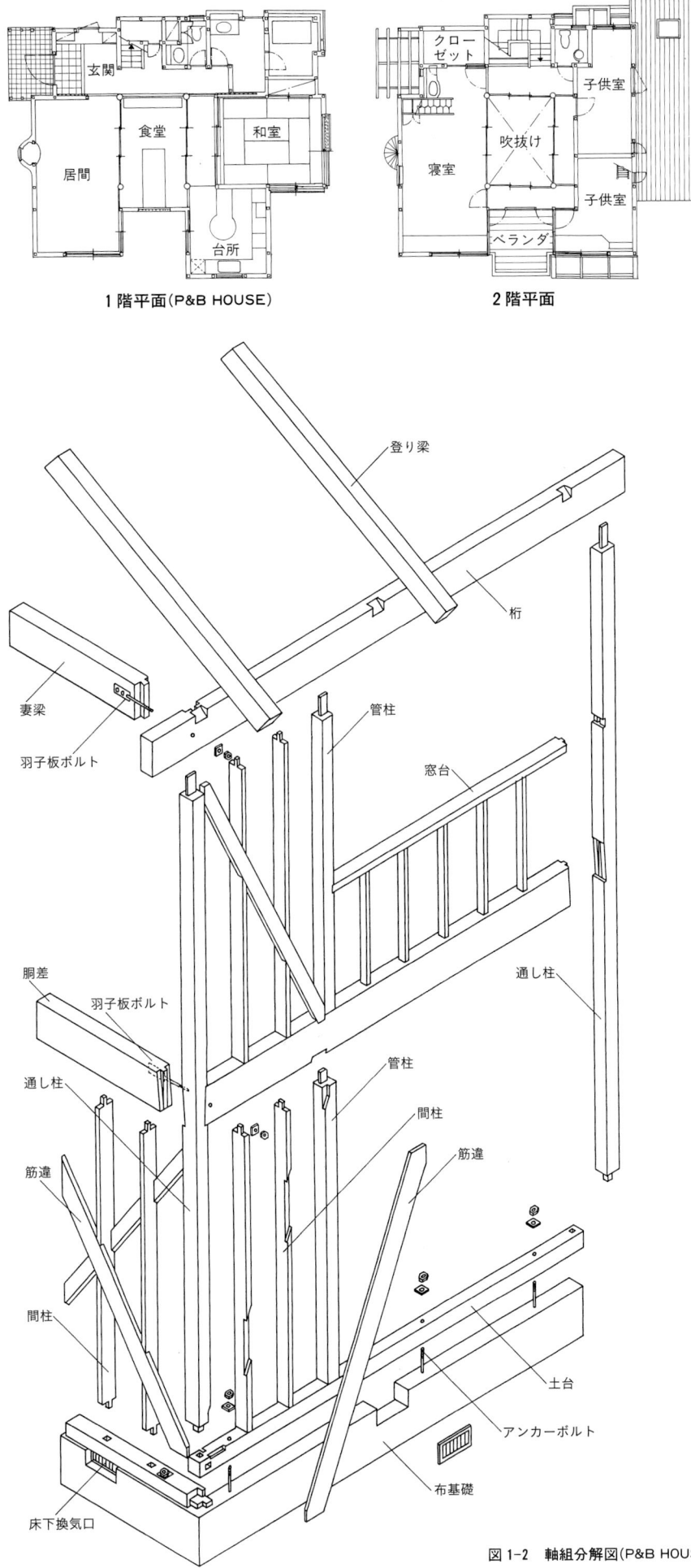

図1-2　軸組分解図(P&B HOUSE)

小屋組の構造

■屋根には多様な形があり、同じような形の屋根が連続する町並みは、豊かな伝統的な景観をつくりあげてきた。切妻、寄棟、方（宝）形、入母屋を基本とする。屋根の架構である小屋組には、伝統的な和小屋をはじめ、洋小屋、登り梁、垂木構造などがある。

■和小屋

外周の柱の頂部を、桁と妻梁で固め、小屋梁（一般に松丸太が用いられる）を架け、束を立て母屋をのせ、垂木を架ける。大規模な小屋組では、梁を2段3段に架けることもある。和小屋は、外周の柱ばかりでなく、間仕切りの柱にも小屋梁を架けるため、合理的に平面を計画することにより、部材断面を節約することができる利点がある。

部材の標準的な断面は、束は90×90、母屋はスパン1,820、間隔910の場合90×90、垂木はスパン910、間隔455の場合は45×54程度（ただし軒の出により大きくなる）である。

■洋小屋

幕末に洋風建築とともに導入され、工場、学校などに広く用いられた。小さな部材を組み合わせてトラスを構成し、大スパンに架けることが可能である。トラスは外周の柱によって支えられるため、室内の間仕切りは小屋組と無関係に自由な位置に設けることができる。

■登り梁

梁を屋根勾配に合わせて斜めに架け、その上に直接、母屋をのせる構造である。図では片流れの屋根を示したが、屋根勾配に合わせて斜めに天井を張り、天井の高い部分に中2階がつくれるなど、小屋裏を利用するのに適当な構法である。

地震に対する工夫

■木造建築の壁は、柱と土台、梁・桁に囲まれた四角形を基本とするため、地震や風などの横からの力による変形に弱い。その対策として壁に筋違を入れ、三角形を構成するように補強する。筋違には、圧縮筋違と引張筋違がある。引張筋違には、柱の三つ割断面の材を用い、接合部を釘や金物で補強する。圧縮筋違には、柱と同じ断面の角材を用いる。最近では、構造用合板を張って面内変形に対処し、筋違と同じ役割をもたせる場合も多い。

■建築基準法では、地震力および風力に耐えられるように、壁の種類による剛性度の基準を定め、剛性のある壁を適切に計算基準以上の長さで、バランスよく配することを定めている。ここでいう剛性のある壁とは、前述の筋違または構造用合板等を用いた壁のことである。

また布基礎には鉄筋を入れ、布基礎と土台はアンカーボルトで緊結させる。さらに、水平面の剛性を高めるために、隅部には火打土台（1階）、火打梁（2階・小屋）を入れる。

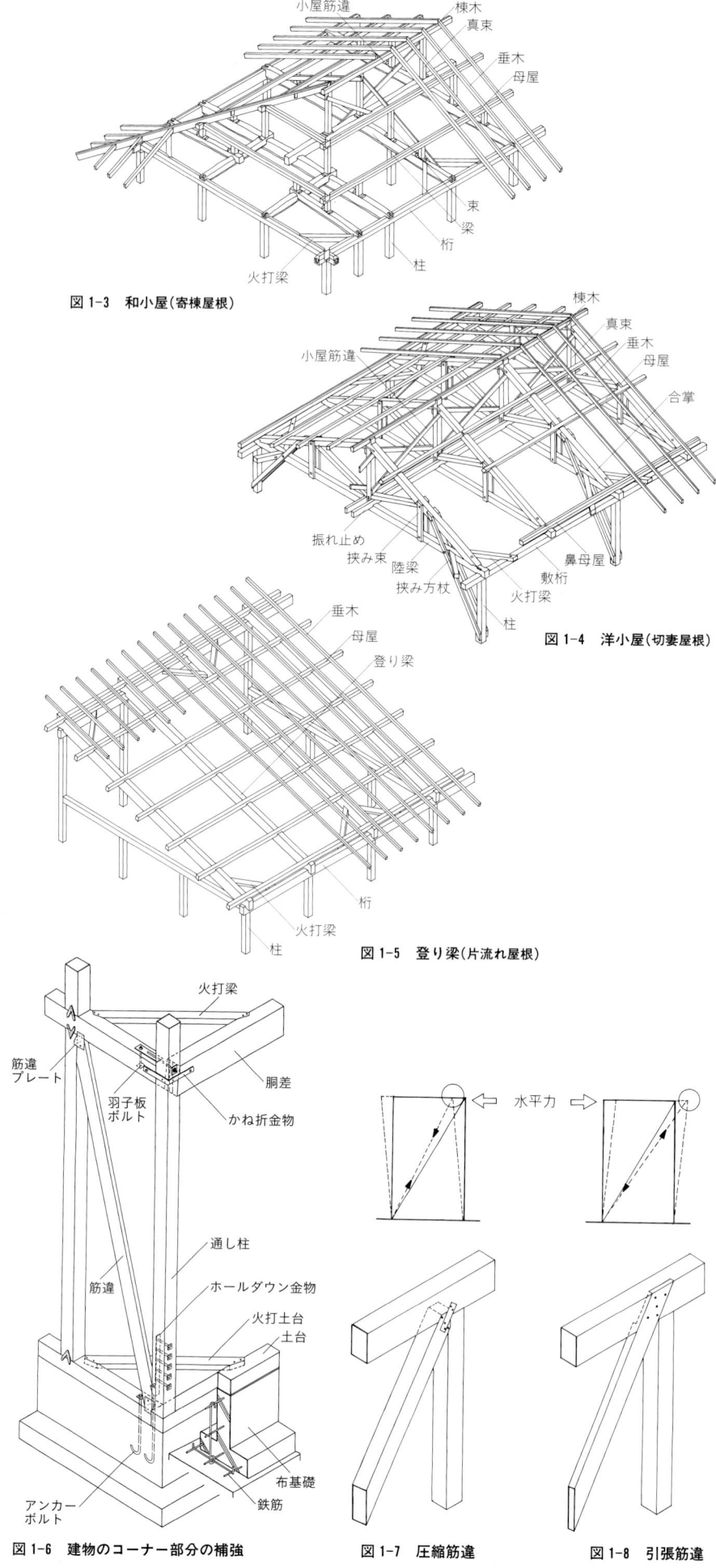

図1-3 和小屋（寄棟屋根）

図1-4 洋小屋（切妻屋根）

図1-5 登り梁（片流れ屋根）

図1-6 建物のコーナー部分の補強　　図1-7 圧縮筋違　　図1-8 引張筋違

Structural Systems for Timber

壁と床の構造
■大壁と真壁

壁には大壁と真壁がある。大壁とは、柱の外面に壁を造るもので、柱は壁内に隠される。真壁は柱と柱の間に柱面より下がって壁を造るもので、柱が目に触れ、和室などに用いられる。したがって、外壁は大壁、室内は真壁となることが多い。

大壁では、柱と柱の間に 455 mm 間隔で間柱(105×105/2)を立て、水平に胴縁を打ちつけ、合板やプラスターボードなどの仕上げ材を接着あるいは釘止めする。

真壁では、大壁より壁厚が薄くなるので、間柱も細くなり、筋違を入れることが困難になる。真壁を多用する場合は、貫を入れたり、構造用合板を張って、構造的に堅固にする必要がある。

■束立床と梁床

床の構造は、1階と2階で大きく異なる。1階の床は、束立床と呼ばれる。地面にすえた束石の上に床束を立て、大引を架け、根太をのせ、床板や荒床（畳の下の板床）を張る。

部材の標準的な断面は、床束 90×90、大引はスパン 910、間隔 910 の場合 90×90、根太はスパン 910、間隔 364 の場合は 45×54 程度である。

一方、2階の床は2階梁・胴差など横架材の間を、一般の根太より断面の大きな力根太で結ぶ。床の荷重は、力根太から床梁を経て柱に伝わり、地面に下りる。この構造を梁床と呼ぶ。梁はスパン 3,640、間隔 1,820 の場合 120×300、力根太はスパン 1,820、間隔 364〜455 の場合 40×100 程度である。

基準尺度と真々設計・内法設計

■木造在来構法の場合、伝統的な尺貫法による基準尺度が今も用いられている。1尺≒303 mm を基本単位とし、1間＝6尺≒1,820 mm の倍数で平面を設計する。もちろん、尺貫法のモデュールにのらない設計も可能であるが、材木のみならず合板・アルミサッシをはじめとする多くの建築資材が尺貫法を基本に作られているため、無駄が多く出てしまう。

現代の設計は、尺間モデュールの方眼の交点に柱の中心をすえる真々設計が基本である。この場合、正方形の部屋以外では畳が2対1の関係を失っており、大きな部屋の畳を小さな部屋へ持ち込んでも使えない。

これに対して、かつては、6尺3寸×3尺1寸5分の畳（京間畳）を基準に、畳を並べた周囲に柱を配する内法設計も行われた。

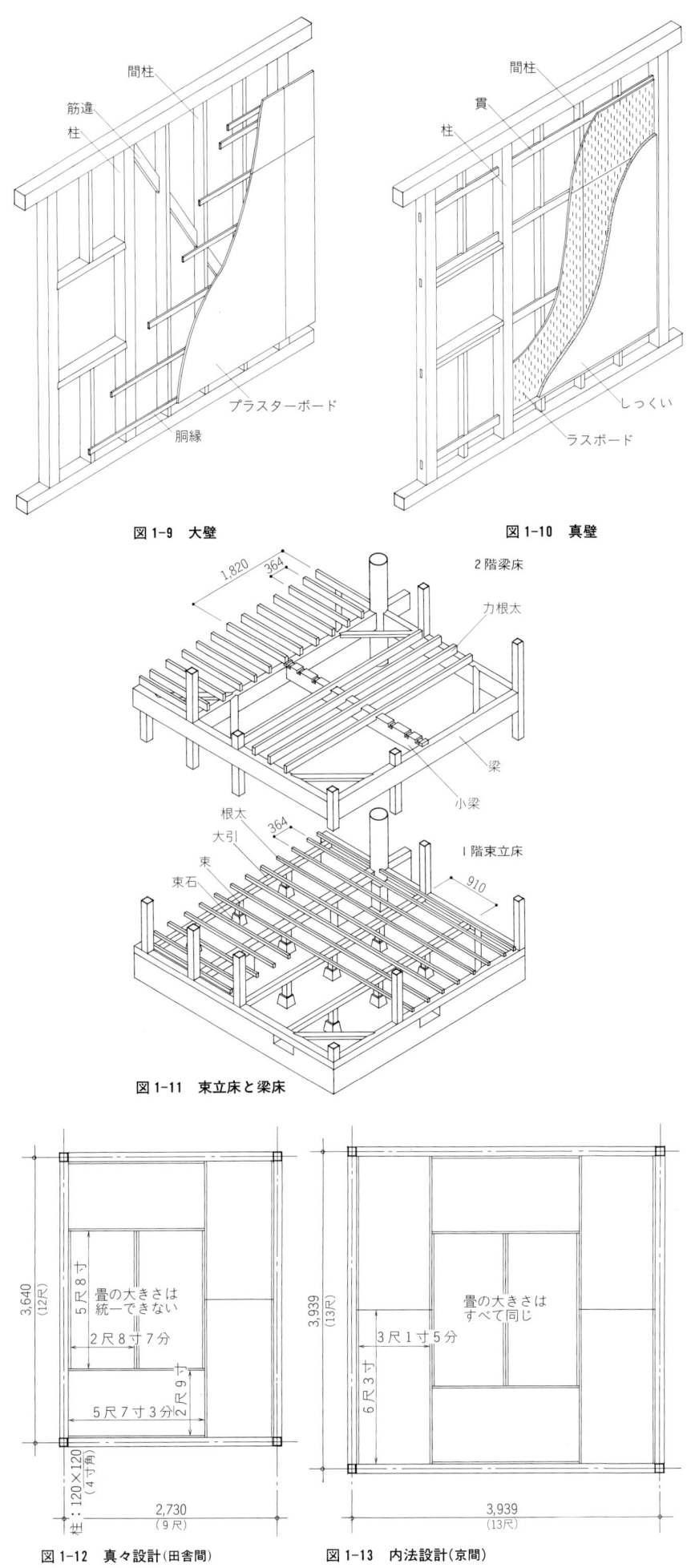

図 1-9　大壁　　　図 1-10　真壁

図 1-11　束立床と梁床

図 1-12　真々設計（田舎間）　　図 1-13　内法設計（京間）

2 軸組木構造（木造伝統構法）
TIMBER FRAMED STRUCTURES

キーワード

基壇　**亀腹**　礎石　礎盤　足固め貫　地覆　頭貫　**長押**
地長押　縁長押　内法長押　差鴨居　梁　組物　斗栱　肘木
虹梁　扠首（合掌）　丸桁　飛檐垂木　地垂木　野小屋　桔木

■日本では、建築は常に木造によって建てられ、その技術は、自らの蓄積と海外からの技術導入によって精緻に整備された。海外からの最初の影響は、飛鳥・奈良時代に仏教とともに伝えられた大陸の建築である。

それ以前の建築が、掘立柱、素木、直線材、茅や檜皮といった自然の材料による屋根など、素朴で明快な意匠であるのに対して、大陸伝来の建築は、基壇の上に礎石立ての柱、極彩色、曲線の多用、瓦葺きの屋根と、大自然に対して人間がなし得た偉業を謳歌するものであった。

■平安時代の後半、大陸との交流が途絶えると、野小屋による穏やかな屋根の曲線、外部と内部の中間に位置する縁など、自然を友とする、建築の国風化がなされた。

鎌倉時代には、大仏様、禅宗様が大陸から移入された。大仏様は、部材の規格化、貫の多用による構造の強化など大規模建築を造るのにふさわしい技術をもたらし、禅宗様は、詰組など、繊細で濃密な意匠をもたらした。一方、従来の技術も和様として整備された。

近世になると建築の種類は多様化し、城郭建築などの大規模な建築を短期間に完成させる必要から、丁場分け（ジョイント・ベンチャー）などの生産システムの合理化がなされた。

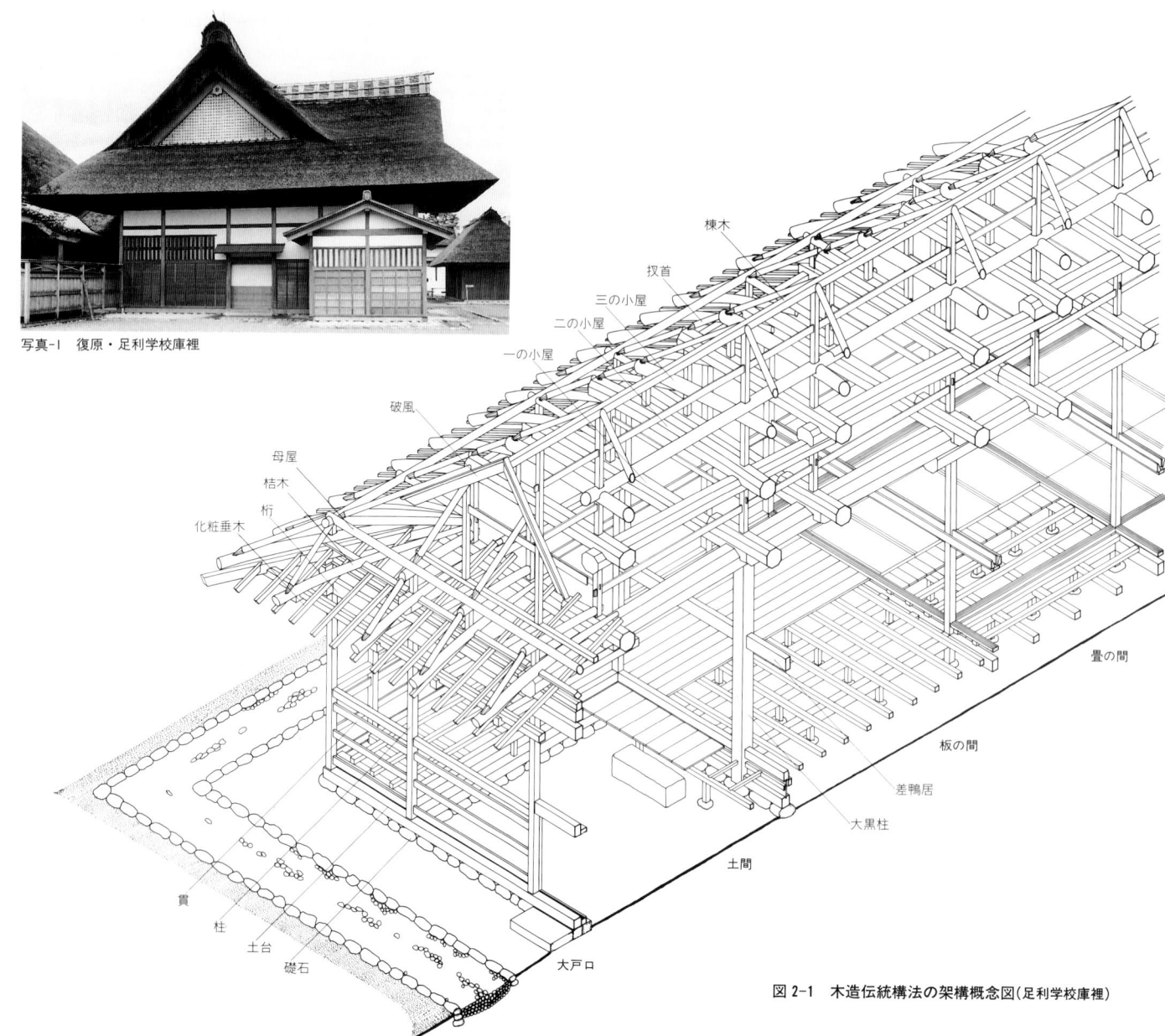

写真-1　復原・足利学校庫裡

図 2-1　木造伝統構法の架構概念図（足利学校庫裡）

Structural Systems for Timber

軸組と屋根の構造

■図2-1、図2-2とも、江戸時代中期の足利学校庫裡を、当時の構法にならって復原した図である。入母屋造、茅葺きの大規模な建物である。

図2-1に示すように、妻側の大戸口を入るとかまどのある土間があり、板の間が続く。土間と板の間の境には大黒柱が立つ。板の間の奥には畳の間が並ぶ。

図2-2は、畳の間とその外に付く縁の組立の様相を示している。

■軸組

自然石の礎石を並べ柱を立てる。側柱（外周の柱）は、土台をすえた上に立てている。土間まわりの軸部(図2-1)は、貫と差鴨居で固められ、桁がのる。

一般の敷居・鴨居は、力学的に重要でない造作材であるが、差鴨居・差敷居は大断面の材木を柱に柄差しとするため、構造上軸部を固めるのに有効である。

畳の間まわりの軸部(図2-2)は、足固め貫・縁長押（雨戸の敷居を兼ねる）・内法長押（雨戸の鴨居を兼ねる）・貫・桁で固められている。

長押は化粧材と思われがちだが、柱に大きな釘で止め（釘の頭を隠すために六葉・唄などの釘隠を打つ）、軸部を固める働きをする。

日本建築の場合、特殊な建築（江戸城地震の間・火の見櫓など）を除くと、筋違を用いることは少ない。障子や襖など開口部が多く、壁の少ない日本建築にあって、軸部の剛性を保っているのは、足固め貫、差鴨居など柱と仕口で結ばれた大断面の横材である。

一方、木造在来構法では、土台のすぐ上に床がくるため、足固め貫が採用できず、剛性を壁量に頼っている。

■屋根の構造

この建物の屋根は茅葺きである。小屋は一の小屋、二の小屋、三の小屋と3段に丸太を組む。さらに、屋根勾配に合わせて丸太の扠首（合掌）を組み、屋中竹や垂木竹を縄で網の目のように縛り、束ねた茅を下から順に葺く。

軒は、せがい造（出梁出桁）と呼ばれる格式のある構法によっている。出梁を突き出させ、出桁をのせ、さらに化粧垂木を出し、軒天井を設ける。

このように大きく跳ね出した屋根の場合、軒先にかかる荷重は大きく、桔木を必要とする。桔木は、軒裏の見えないところで天秤のような働きをし、軒先を跳ね上げる。

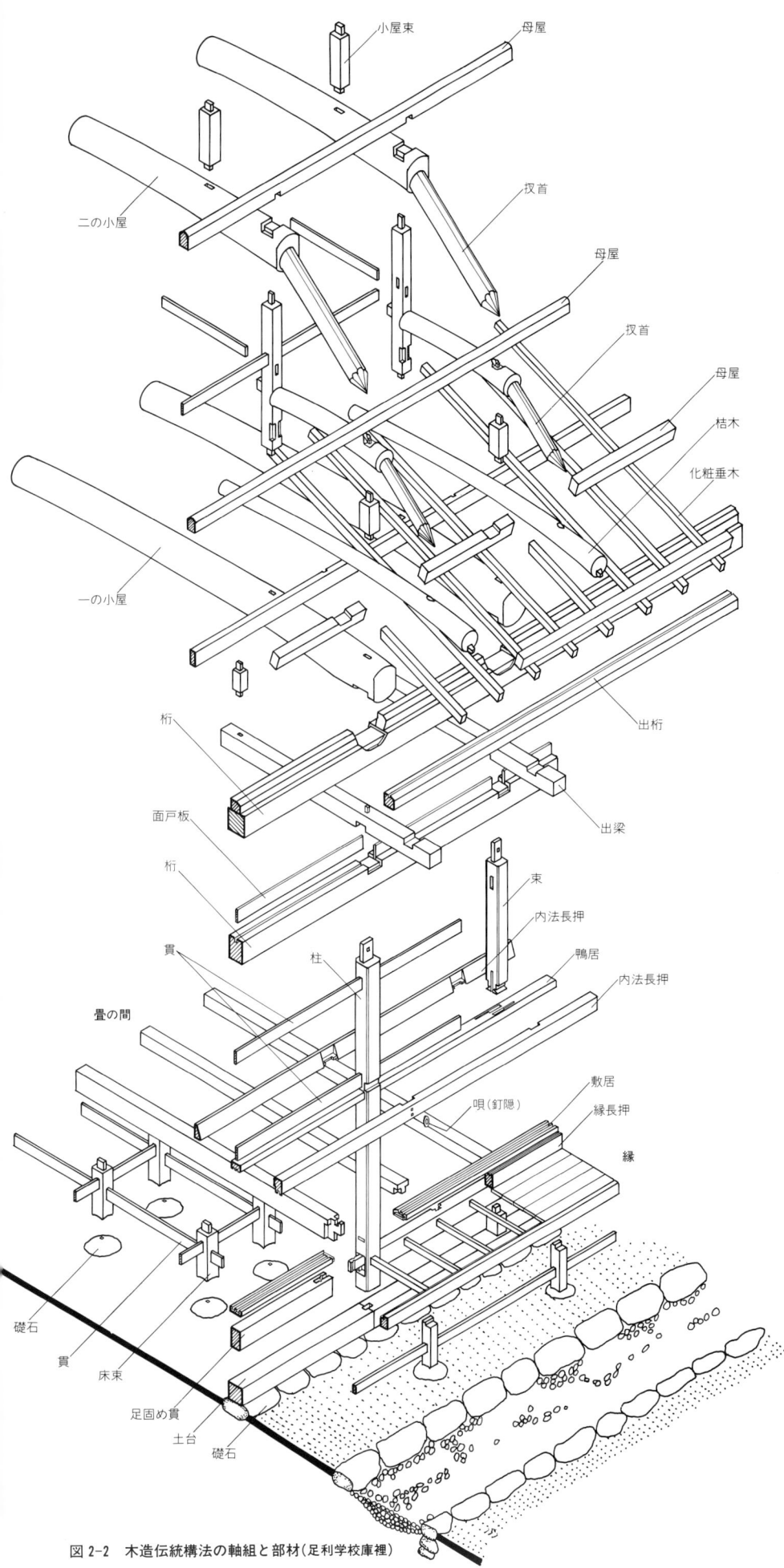

図2-2　木造伝統構法の軸組と部材（足利学校庫裡）

古代建築の軸部

■古代建築の軸部の例として、法隆寺食堂をとりあげる。8世紀に建てられた、切妻造・瓦葺きの簡素な建物である。

まず、版築によって基壇を築く。粘土や砂・砂利を混ぜた土を何層にも分けて突き固め、周囲に石垣を組む。基壇は、建物への雨水の浸入を防ぐとともに、建物を立派に見せる働きをする。

つぎに、柱の位置に合わせて礎石をすえる。礎石は自然石を整形したもので、柱の下の柄が納まるように丸い穴が彫られている。礎石は、柱の根元が腐ることを防止し、柱に伝えられた瓦などの重い荷重を広い面で受けることにより、沈下を防いでいる。

柱は丸柱が正式である。丸柱は、角柱を八角形、十六角形と順次丸に近づけて成形したもので、丸太から削り出したものではない。

柱が立つと、柱のてっぺんを頭貫でつなぎ、足下に地覆を入れる。貫は軸部を固めるのに大きな働きをし、後には多用されるが、古代にはこの頭貫だけであった。

つぎに、窓台・窓楣を取り付け、地長押や内法長押を横から止める。

さらに、柱の上に大斗をのせ、虹梁で側柱と母屋柱を結び、肘木をのせる。斗と肘木を合わせて斗栱・組物・枡組などと呼ぶ。肘木の上には丸桁がのり、地垂木、飛檐垂木を架け、野地板を張り、瓦が葺かれる。

斗栱

■斗栱は、斗と肘木を組み合わせたもので、柱と柱の間の支点間距離を縮めたり、大きく張り出した軒を支える役割をする。古代に、順次整備され三手先が完成し、意匠上も重要な要素となる。

その後、桔木が軒先の荷重を支えるようになると、力学上の意味は弱くなり、出組、出三斗のような簡素なものが増える。

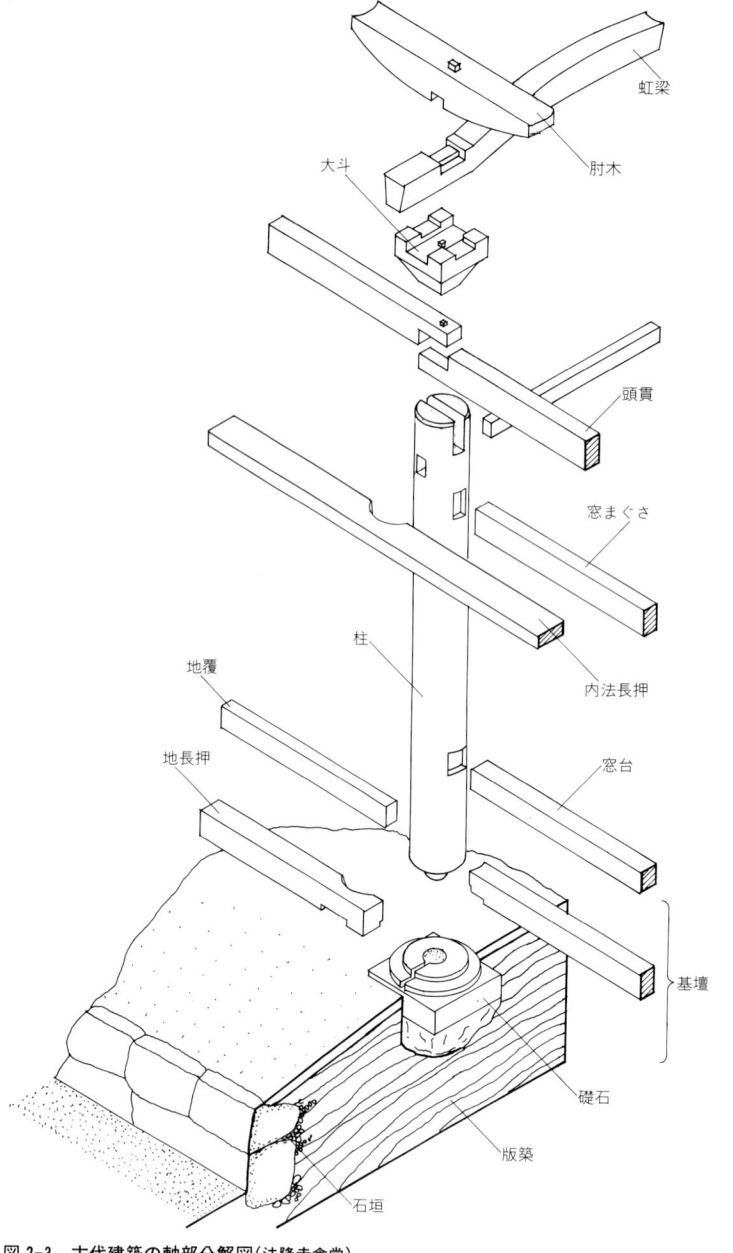

図2-3　古代建築の軸部分解図（法隆寺食堂）

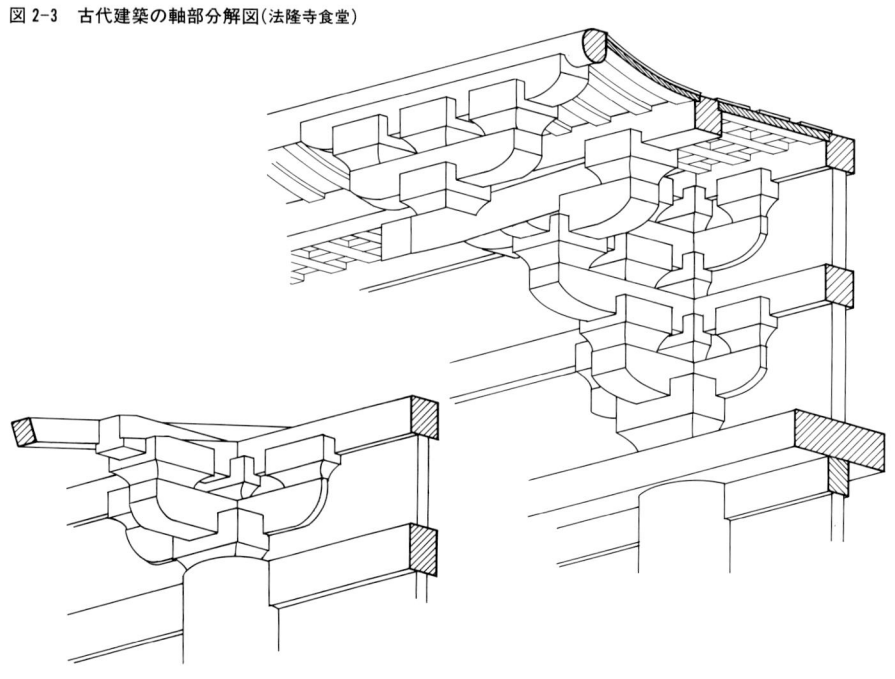

図2-4　出三斗（長弓寺本堂）　　図2-5　三手先（当麻寺西塔）

Structural Systems for Timber

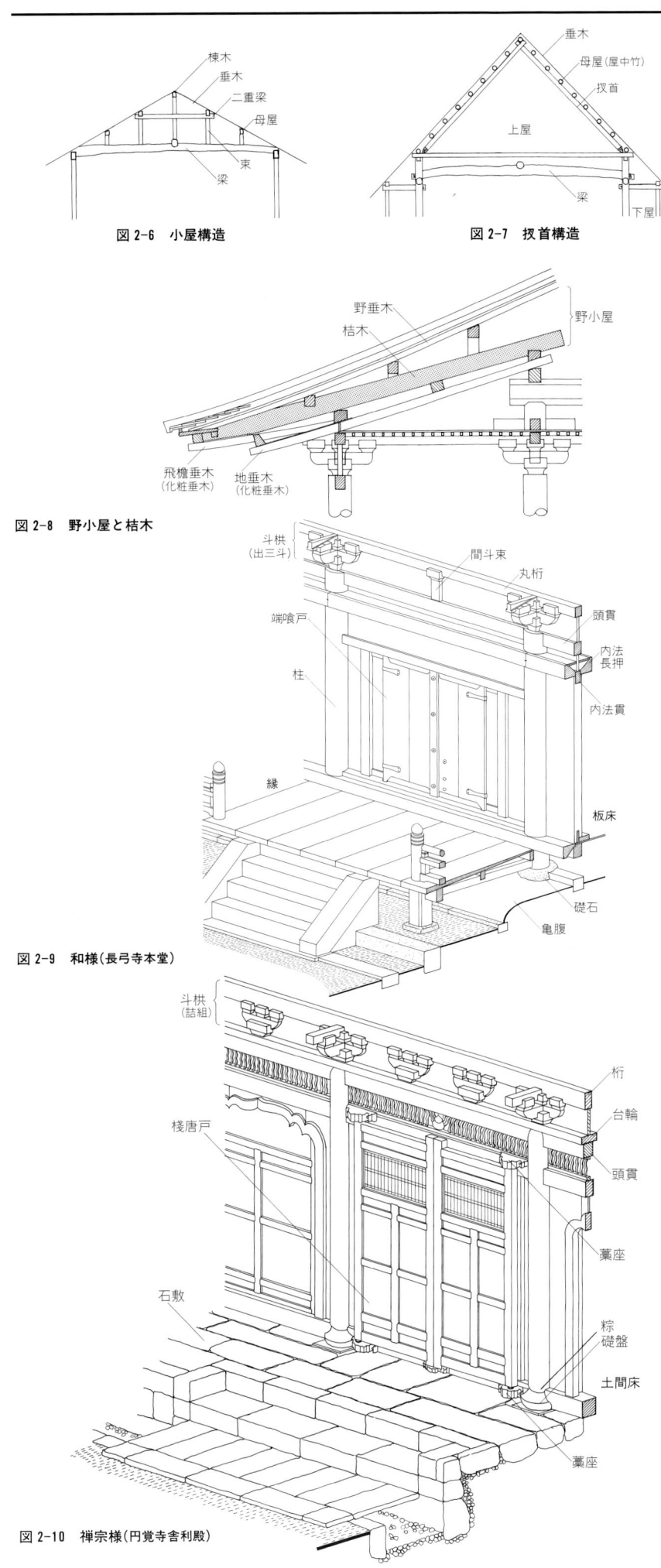

図 2-6　小屋構造

図 2-7　扠首構造

図 2-8　野小屋と桔木

図 2-9　和様（長弓寺本堂）

図 2-10　禅宗様（円覚寺舎利殿）

屋根の構造

■屋根の構造

屋根の構造には、小屋構造と扠首構造がある。小屋構造では、梁の上に束を立て、母屋や棟木をのせ、垂木を掛ける。扠首構造は、合掌とも呼ばれ、梁から棟に向けて拝むように、丸太材を斜めに掛ける。寺院など瓦葺きや柿葺きの建物の多くは小屋構造であり、民家など茅葺きの建物の多くは扠首構造である。

■野小屋と桔木

日本建築の大きな特徴に、深い軒の出がある。高温多湿の日本で、深く軒を出しながら内部が暗くならないように、平安時代に考案されたのが野小屋である。

下から見える化粧垂木を緩い勾配で掛け、その上に屋根を支える野垂木を急勾配で掛ける。

さらに、化粧垂木と野垂木の間の空間を利用して、軒先を跳ね上げる桔木が考案された。

和様と禅宗様

鎌倉時代に大陸から伝えられた大仏様と禅宗様、旧来からの蓄積を整備した和様はそれぞれに独特な細部意匠をもつ。

和様は、穏やかで伸びやかな雰囲気、禅宗様は精緻な整備感を特徴とする。

和様では板床と縁があるのに対して、禅宗様の床は石敷きの土間である。

柱は、和様では亀腹の上に置かれた自然石の礎石の上に立ち、禅宗様では整形された礎盤の上に立つ。

柱はいずれも円柱であるが、禅宗様では上下端に粽と呼ばれる丸みがつく。

和様の軸部は長押・頭貫で固められ、柱の上に直接斗栱がのるのに対して、禅宗様では、長押を用いず頭貫の上に台輪がのり、その上に斗栱がのる。

柱上の斗栱と隣の柱上の斗栱の間に設けられる部材を中備えと呼ぶ。和様では、図の間斗束のほか蟇股などが用いられる。一方、禅宗様では、中備えにも斗栱が並び、詰組と呼ばれる。

出入り口の建具は、和様では2枚の板をはぎ合わせた端喰戸を用い、長押に彫り込んだ穴に軸の角柄を納める。

禅宗様では桟唐戸を用い、貫に打ち付けた藁座に軸を納める。

3 枠組壁構造
(ツー・バイ・フォー構法)
WOOD-FRAME CONSTRUCTIONS (TWO BY FOUR METHODS)

キーワード

ツーバイフォー(2×4)　ディメンションランバー
ダイヤフラム　パネル　ランバー材　合板　**面内剛性**　釘接合
壁組　下枠　縦枠　上枠　頭つなぎ　**まぐさ(楣)**　床組
小屋組　小屋束　**垂木**　棟木　**根太**　切妻　寄棟　入母屋
枠組壁　壁式構造

■枠組壁構造（ツー・バイ・フォー構法、2×4工法）では、ディメンション・ランバー（dimension lumber）と呼ばれる規格化された枠組材を骨組にして、釘止めしたパネルをつくる。この面的な広がりをもつ強固なパネル（構造材）をダイヤフラム（diaphragm plate）という。

床組、壁組、小屋組などのパネルを積み上げていくことにより構成された構法が枠組壁構造であり、プレキャスト・コンクリートパネル構造（⇨ SS-14）に近い構造システム(図3-1)である。

一般的な木造の在来構法（⇨ SS-1）が、柱と梁による軸組構造であるのに対して、枠組壁構造は床・壁・屋根に張られた下張り合板のパネルによる面剛性をもった壁・床で構成されている壁式構造である。

壁が構造上重要な役割をもつので、壁の配置、開口部の大きさなど、平面計画の上で制約が多く、在来工法より閉鎖的な間取りにならざるを得ない。反面、構造的には合理的であり、在来工法より堅固な建物であるということができる。

■枠組壁構造は、昭和49年に建設省告示により、木造の一構法としてアメリカからわが国に導入され、オープン化された。

耐火、耐久、耐震、防音などの性能に加え、経済性に優れているため、住宅から3階建ての共同住宅、老健施設など幅広く利用され、広く全国に普及している。平成16年には耐火構造認定を取得したことにより、4階建ての施工も可能になった。

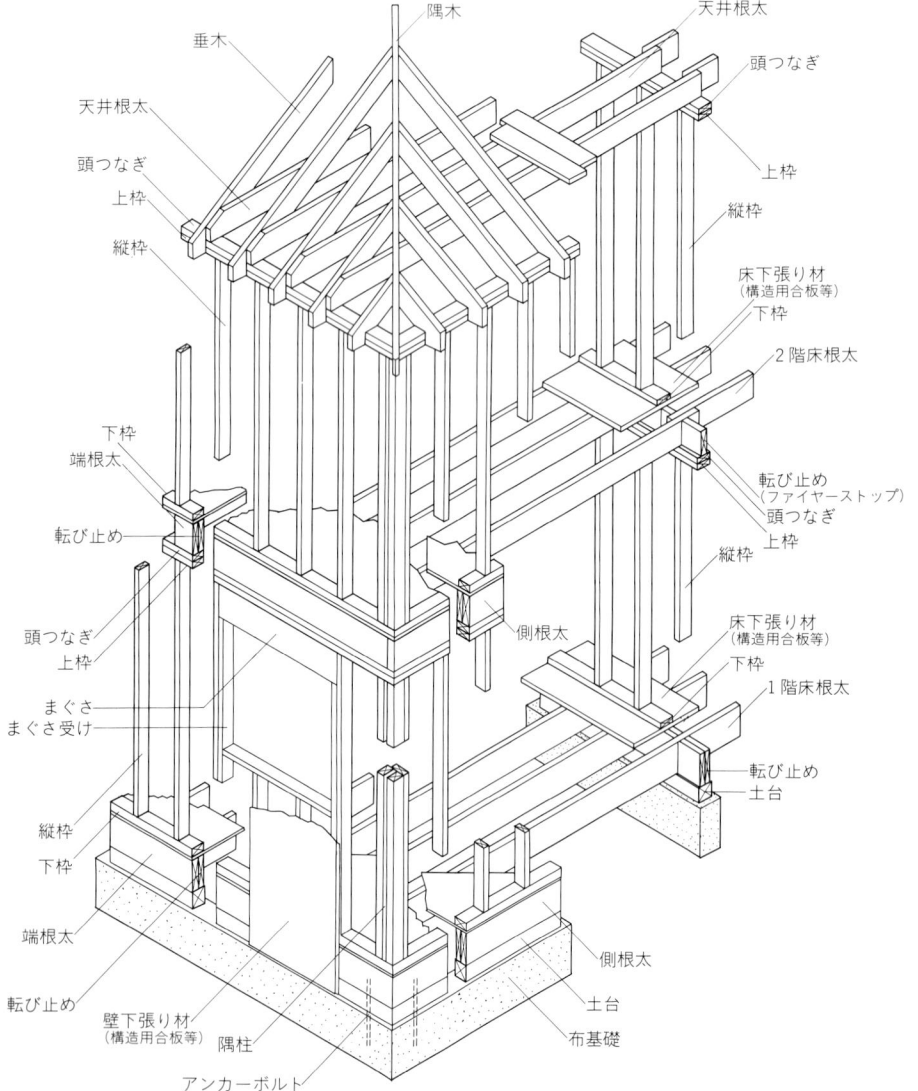

図3-1　枠組壁構造の架構概念図

写真3-1　ツー・バイ・フォー構法の住宅

写真3-2　同吹抜けの室内
（黒沢邸　設計：一色建築設計事務所）

Structural Systems for Timber

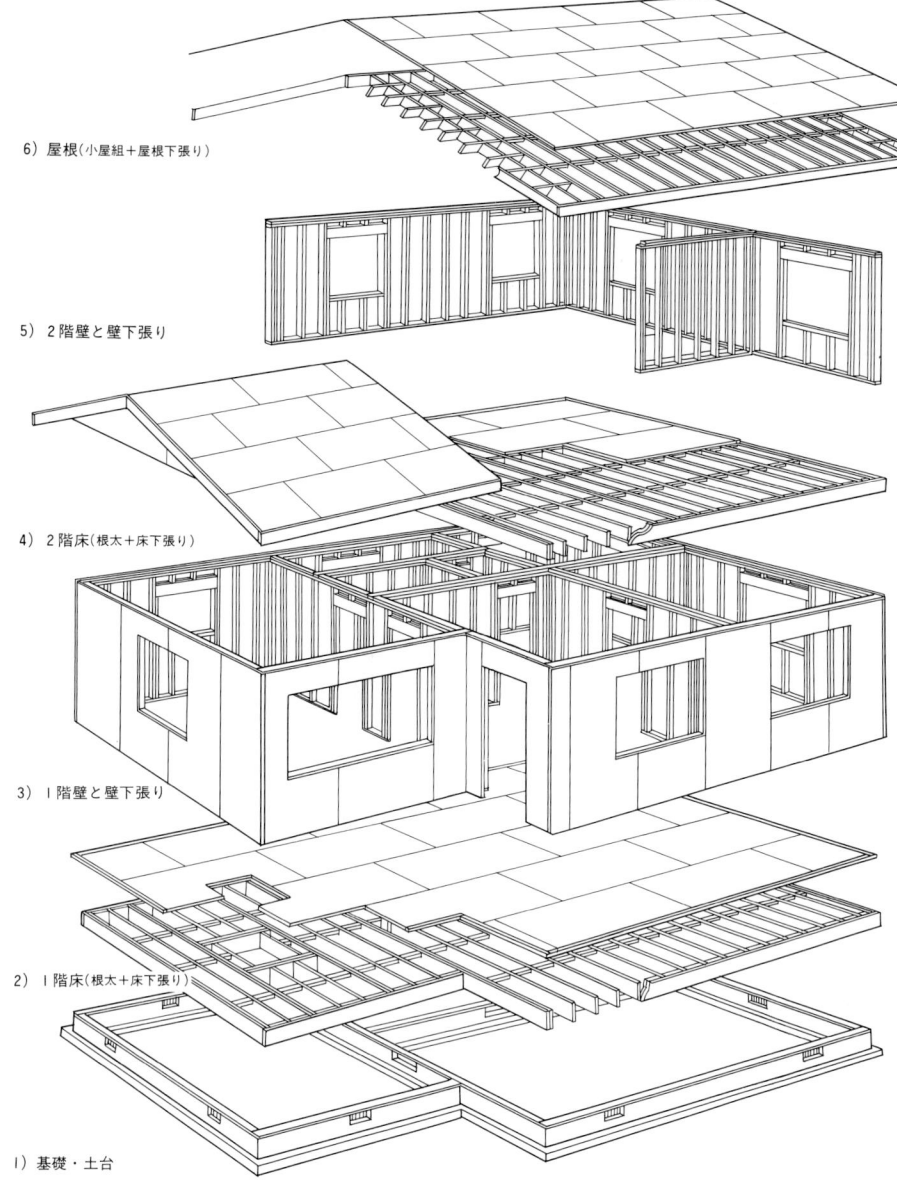

図 3-2 組立順序

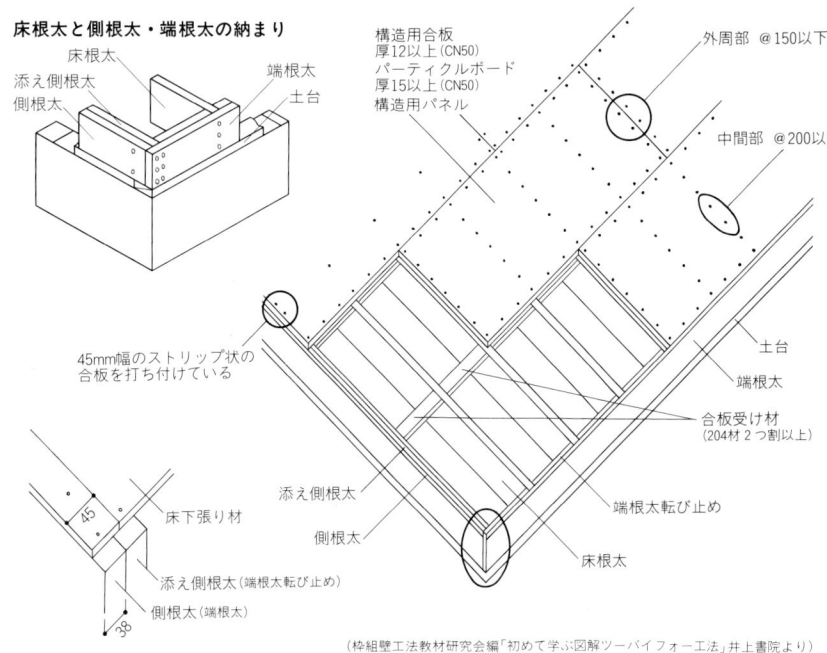

図 3-4 床組

枠組壁構造の組立順序
■枠組壁構造の組立順序
1) まず基礎をつくり、その上に土台を敷く
2) 土台の上に 1 階の根太を並べ、その全面に床張りの合板を張る
3) 壁を平らに倒した状態でパネル状に製作し、建物の外壁側に壁下張りの合板を張った後、立て起こす
4) 2 階の根太は、1 階の壁を支持点としてゆき床下張りの合板を張る
5) 2 階の壁は、1 階の壁と同様に製作する
6) 小屋組も 2 階の壁を支持点としながら並べてゆき、屋根下張りの合板を張り詰め作業を完了する

■枠組本体および相互の組立ての基本は釘接合であり、比較的単純な接合方法である。
　長い接合線や応力の集中する部分には金物を使用することで、地震力や風圧力に対して十分な耐力をもたせている。
　熟練工を必要とする在来構法の継手・仕口と比較して、釘・金物を使う枠組壁構造は施工が容易であり、技術を修得するのにさほど時間がかからないことは大きなメリットである。

■この構造システムは、構造計画手法の研究、開発、エンジニアリング・ウッド（工業化木質材料―構造用集成材等）などの新しい木質材料の開発により、鉄筋コンクリート造や鉄骨造と同様な工学的評価の行えるレベルに近づきつつある。

■枠組壁構造は、建設省告示 56 号「枠組壁工法の技術的基準」によって規格が明示されており、この技術的基準を補足するものとして、住宅金融普及協会発行の「枠組壁工法住宅工事共通仕様書」がある。

枠組壁構造の床組と壁組
■床組
　基礎は、鉄筋コンクリート造の布基礎や土間コンクリート床を用いており、とくに在来構法と変わりはない。土台の上に 1 階床の根太を並べ（一般的に 455 mm 間隔）、その全面に床下張りの合板を張り詰めて床組をつくる。この床組をプラットフォームと呼ぶことから、枠組壁構造のことをプラットフォーム構法 (platform framing construction) と呼ぶこともある。
　近年はベタ基礎が多く用いられ、1 階の床パネルは、構造と切り離して施工される場合が多くなってきた。
　2 階の床は 2×10 のような成の大きな根太を並べて、プラットフォームをつくる。根太が転ばないように、転び止めを用いることも多い。

木材系の構造システム

■壁組

壁組は、下枠、縦枠、上枠、頭つなぎ、楣、まぐさ受け、などの壁枠組材と壁下張り材によって構成される。

壁枠組の間隔は、床の場合と同様(455 mm)で、壁の高さについては2,450 mmとするケースが多い。これは内部に張る石膏ボードのサイズによるためである。壁枠組の組立は、床組（プラットフォーム）上に墨出しされた壁の位置にしたがって上枠と下枠を配置し、平らに倒した状態で壁下張りを張り、組み立てる。この壁枠組を建て起こし頭つなぎにより緊結する。

耐力壁に設けられた開口部（窓・ドア）は、まぐさとそれを支えるまぐさ受けによって構成されている。

幅900 mm以上の開口部のまぐさは、ランバー材(lumber)を2枚合わせ、壁厚を調整するために、その間に合板飼木を挟み込む。

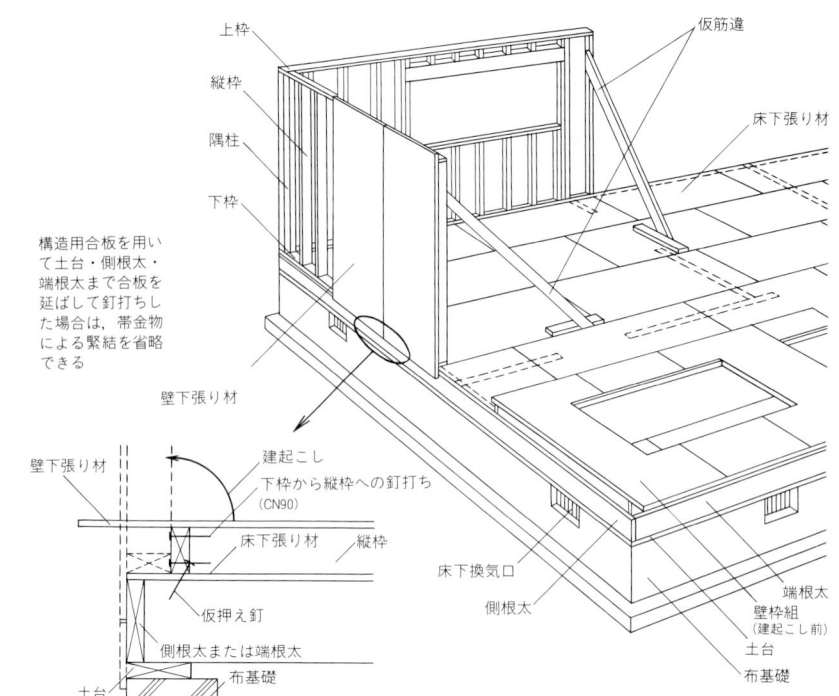

図3-5　壁枠組の建起こし方

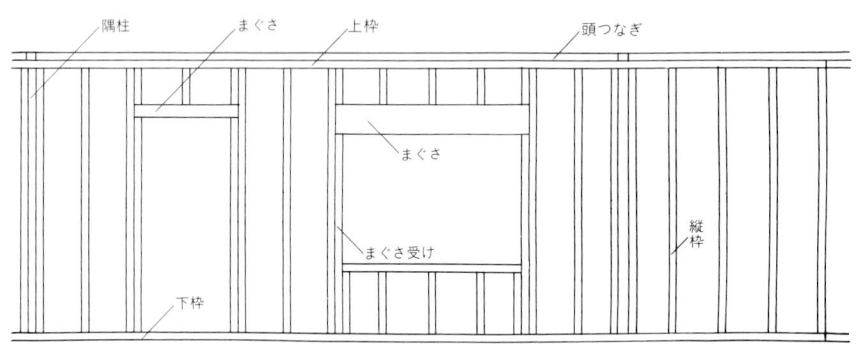

図3-6　一般的な壁組の構成

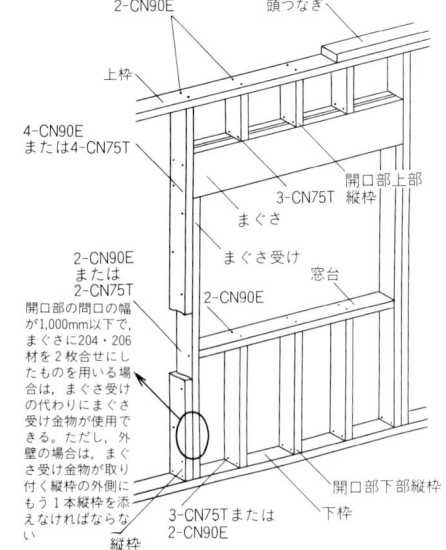

枠組壁構造の小屋組

■小屋組

屋根は小屋組および屋根下張り材で構成される。その架構方式により「垂木方式」「屋根梁方式」「トラス方式」「束建て方式」などがある。それぞれ特徴をもっているため、屋根形状や内部空間、施工性などによって使い分けることが必要である。

■垂木方式

棟木板、垂木、天井根太などによって構成される方式。根太勾配が2.5/10を超える単純な切妻屋根などに適する。

■屋根梁方式

屋根梁または支持梁で構成され、梁や支持壁で屋根の荷重を支える。このため、梁の位置に制約を受けるが、さまざまな屋根形状をつくり出すことができる。

■トラス方式

接合部に合板ガセットや帯金物（ネイルプレート）を用いたトラスによるもので、最も経済的な小屋組である。寄棟や入母屋を構成するために、ほかの構造システムと組み合わせて使われることもある。

■束建て方式

垂木、屋根梁、小屋束、天井梁によって構成される方式。屋根梁の荷重を小屋束で受け、その小屋束を天井梁で支える仕組みになっている。

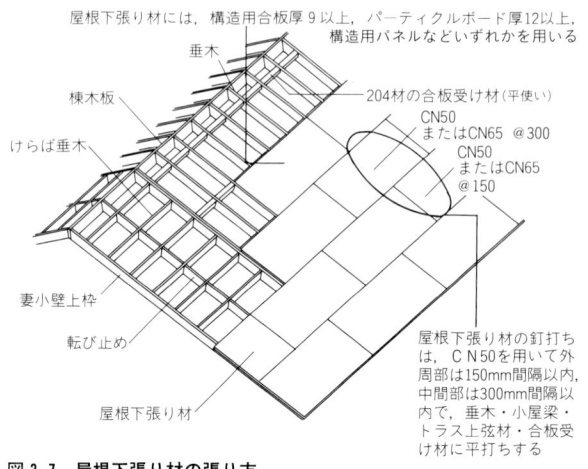

図3-7　屋根下張り材の張り方

Structural Systems for Timber

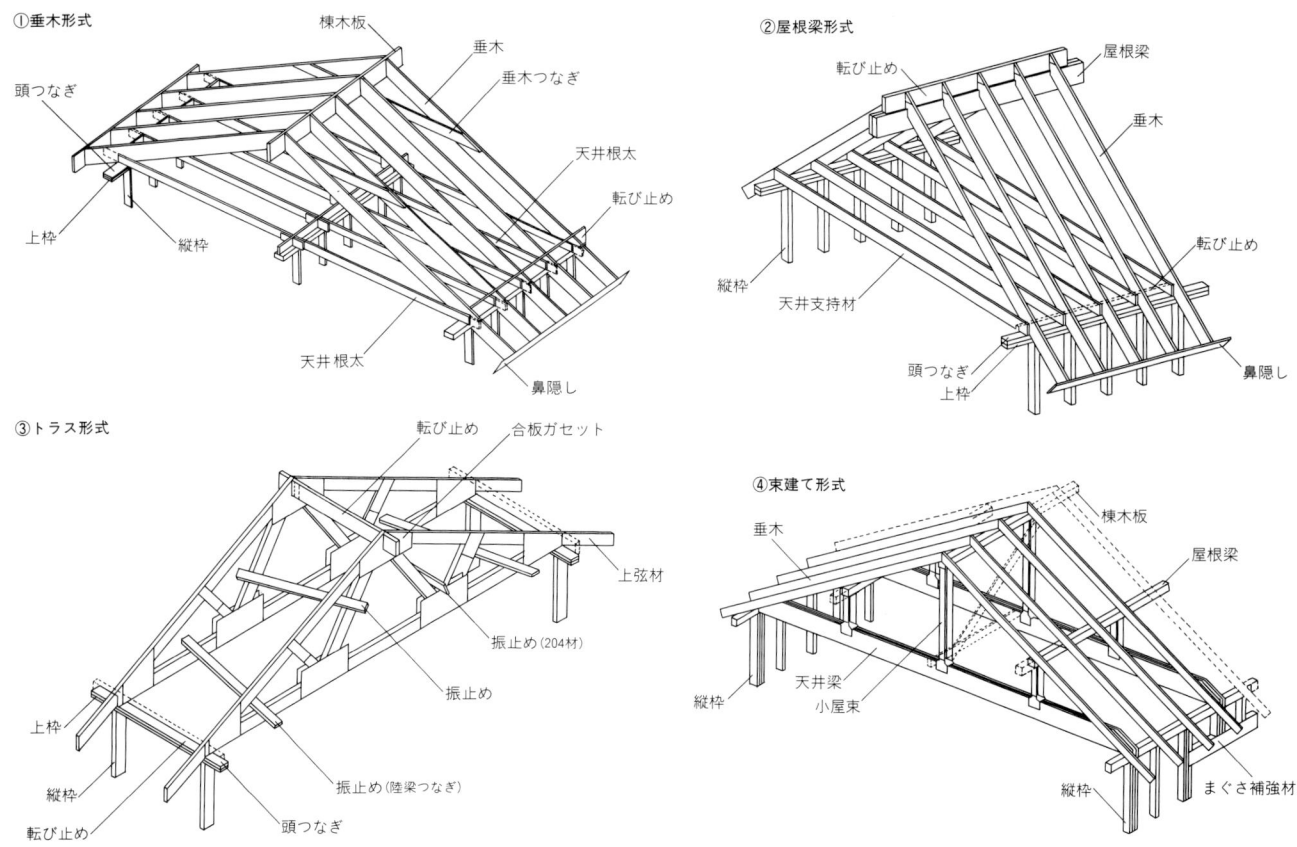

図 3-8　小屋組の主な架構形式

□コーヒーブレーク　**ツー・バイ・フォー構法の源**

　近代のアメリカの住宅は、ほとんどツー・バイ・フォー構法で建てられているが、その源は18世紀末に始まったバルーン・フレーム構法にある。

　アメリカはヨーロッパ各地からの移民の集合体なので、建国当初の木造建築は、都会では出身地の伝統を踏襲したさまざまな構法により、開拓地では素人が斧一丁で建てられる丸太小屋が多かった。

　バルーン・フレーム（balloon frame）構法は一定の寸法の間柱に小割板を釘打ちした壁を基本構造としている。その名称も丸太小屋や煉瓦積みに比べて、壁の中が風船（balloon）のように空洞で軽いことにちなんだものであろう。これでお分かりのように、バルーン・フレーム構法は基本的に鋸と金槌だけで建てられる簡便さがある。この構法の普及のきっかけとなったのは、材木商と建築請負業を兼ねていたジョージ・ワシントン・スノーという人物がシカゴに建設したセント・メアリー教会だとされている。このため、バルーン・フレーム構法は発祥地の名にちなんでシカゴ構法と

『刑事ジョン・ブック／目撃者』
"Witness" 1995 アメリカ
VIDEO：CIC ビクターエンタテインメント
LD：パイオニア LDC

も呼ばれる。

　爆発的な普及の主な原因は建設の簡便さにあるが、そこには、機械製材による一定の寸法の板、柱の供給が豊かになり、鉄の細い棒を一本ずつ鍛えて造る錬鉄釘に代わって、ワイヤを切断して造る切断釘（カットネイル）が登場して釘が安価になった、などの市場的な背景の影響があったことも見逃せない。

　バルーン・フレーム構法では、壁の枠組を地面に寝かせたまま作り、下端を固定して上端をロープなどに引っ張り上げて垂直に建てることが多く、それを傾けて持ち上げる」という意味でティルト・アップ（tilt up）工法と呼ぶ。ティルト・アップ工法のありさまは、ハリソン・フォード主演の映画『刑事ジョン・ブック／目撃者』で克明に描かれている。警察に追われ、特殊な信仰ゆえに孤立したアーミッシュのコミュニティに隠れた主人公が納屋の建設に参加する場面で、2階分の高さをもつ大きな壁が、村人たちの手で見事に立ち上げられるのだ。

木材系の構造システム

4 丸太組構造（ログハウス）
LOG CABIN (LOG HOUSE) CONSTRUCTIONS

キーワード

丸太組　**校倉**　井籠組　ログハウス　**耐力壁**　校木　井桁組
交差部　プロジェクト　フラッシュ　切妻屋根　寄棟屋根
ロフトタイプ　だぼ　通しボルト　布基礎　角材　丸太材
防錆処理　クリアランス

■丸太や角材を横に重ねながら積み上げて、壁を構成する構造システムである（図4-1）。

　丸太組構造の建築は、構造材そのもので気密性を高め寒暖をしのいだり、構造材をそのまま生かした内部や外部空間を構成する素朴な構法である。

　豊かな森林資源を有した地域で、身近な材料を用いて、（特別な工業技術を必要とせずに）手作業により組み立てる構法として発達してきた。昔から北欧、北米やロシア地域などで、倉庫や農家、住居や教会などにかなり見受けられ、現在でも一般的な構造システムとして数多く使われている。

　わが国では、東大寺の正倉院（奈良県・天平時代建立）が、校倉造りの倉庫として広く知られ、その素朴な構成と温度や湿度を調整する性能などが、高い評価を得ている。

■その後、わが国では特筆すべき建造はほとんど見当たらなかったが、1933年に建てられた、上高地帝国ホテルが近代の大規模ログハウスとして知られている。現代は、1970年代頃から海外の影響を受けて、住宅やセカンドハウス、レストラン、店舗などが＜ログハウス＞として数多く建てられるようになった。

　＜校倉＞＜井籠組＞＜ログハウス＞などさまざまな呼称があり、特殊な構造システムとされてきたが、1986年に国が技術基準を定める建設省告示を制定し、「丸太組構法」として一般的に位置付けられることとなった。

　丸太組構法の良さは、なんと言っても自然の木材をふんだんに使った雰囲気とボリューム感にある。荒っぽい仕上げや納まりも、かえってその良さを強調することに役立っている。一方、自然の材料特有の経年収縮による変形が顕著であり、それを予測した設計を余儀なくされるが、校木の乾燥収縮による壁高の減少などは、通しボルトの締め直しなど、可能なディテールの工夫により対処できることもある。

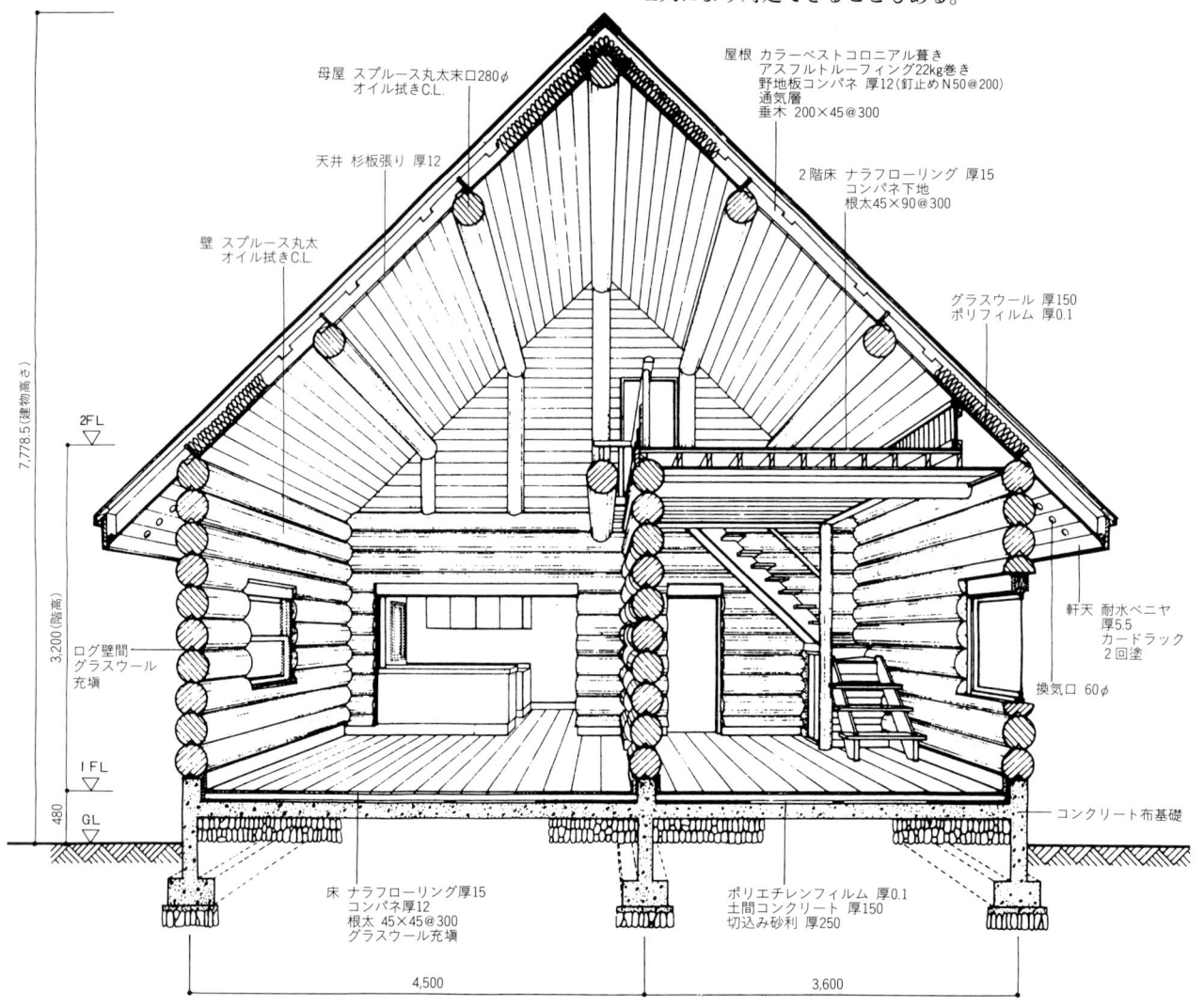

図4-1　丸太組構造の架構概念図

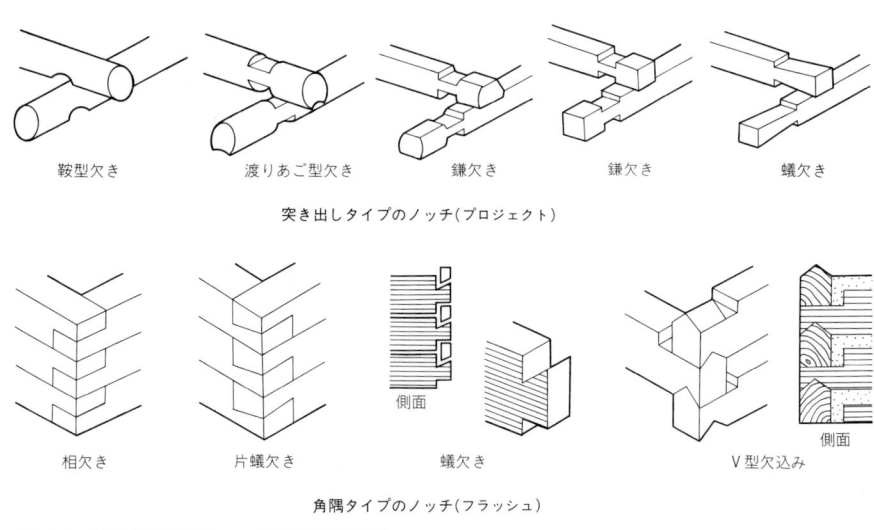

Structural Systems for Timber

丸太組のからくり

■屋根

　一般的には切妻屋根のデザインが多いが、耐力壁の壁頂が水平であることから構造的には寄棟屋根が合理的である。

　2階建ての場合は、耐力壁を2階部分に建ち上げることは一般的に不合理になるので、ロフトタイプ（小屋裏を利用）の2階建てとなり、切妻屋根の場合が多い（図4-1）。

■壁（耐力壁）

　丸太などの校木（あぜき）を横に積み上げ、梁間・桁行方向の校木を半分ずつずらし、井桁組（いげたぐみ）にして構成する。そのうち、地震や風、積雪などの力に対して十分に支持できる構造の壁を「耐力壁」という。

■壁の交差部

　直交する耐力壁の交差部においては、それぞれの壁をかみ合わせ、はめ合わせて安定が図られる（図4-2）。校木が滑ったり、すだれ状に倒れようとする力も交差部により抑制される。

　交差部の形状には、校木を突き出す方法（プロジェクト）と突き出さない方法（フラッシュ）がある。校木を突き出すほうがより高い耐力を期待でき、わが国の告示基準ではこの方法が義務づけられている。ただし、構造耐力上有効な補強を行った場合においては、この限りでない。

　また、この部分の加工精度は建物の気密性などに大きく影響を与えるので、精密な仕口加工が求められるとともに、さまざまな仕口加工形式が存在している。

■だぼおよび通しボルト

　校木の間に生じる滑りや地震・風などの水平力に抵抗するように、校木と校木の間に太柄（だぼ）を設ける（図4-3）。だぼは壁面のあばれを抑えることにも役立っている。だぼの材料には、鉄筋棒や木栓（堅木：楢・樫・栗など）など多様な種類がある。

　また、水平力や鉛直力を受けたときに壁材がばらばらになったり、基礎から浮き上がろうとするのを拘束するため、壁の交差部近くに壁を縦に貫く鉄筋の通しボルトを設けることもある（図4-4）。

■基礎および土台

　基礎は鉄筋コンクリート造による布基礎が原則であり、在来工法の基礎と同じである。

　また、耐力壁の最下段と布基礎の間には、製材による土台を設けるか、下段数本分の校木を土台としてアンカーボルトで基礎と十分に緊結し、腐食しないように、薬液塗布、薬液注入による防錆処理を施す。

図4-2　壁の交差部の仕口・加工例（技術基準）

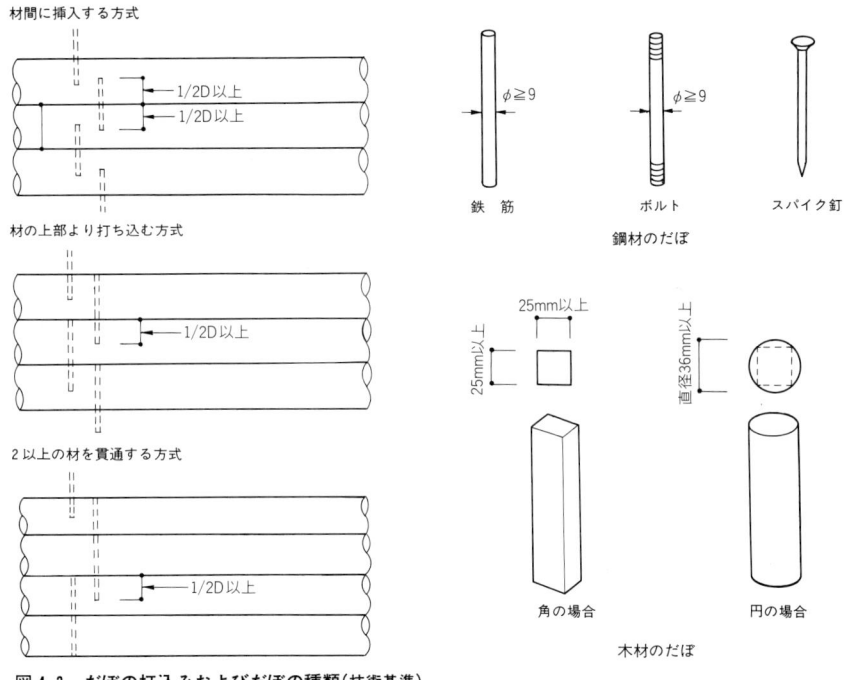

図4-3　だぼの打込みおよびだぼの種類（技術基準）

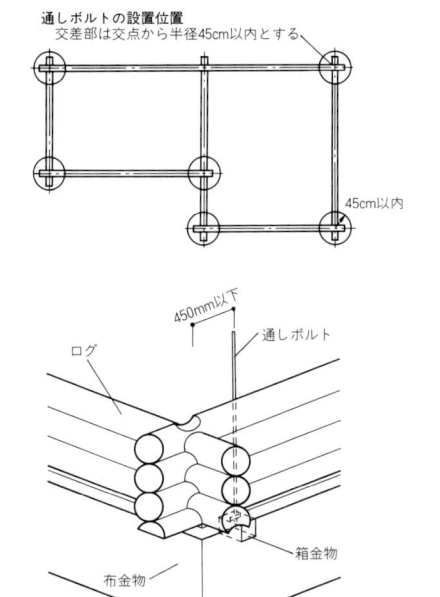

図4-4　通しボルトの構造概念（技術基準）

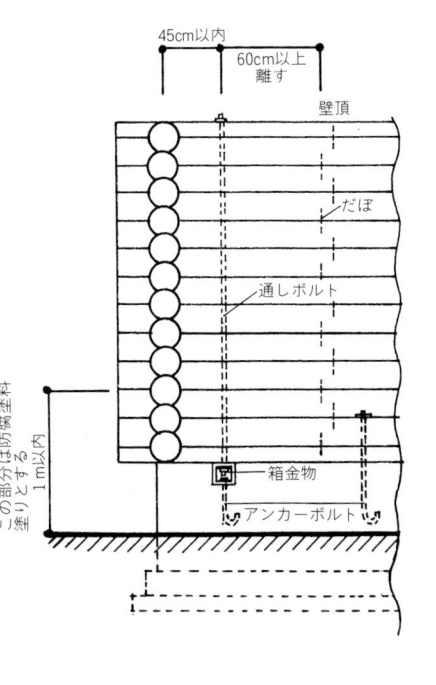

木材系の構造システム

壁材の樹種と断面形状

■校木に使用される主な樹種は、北欧系の欧州赤松・ドイツ唐檜などや、北米系の米松・米杉・ロッジポールパインなどの輸入材が多いが、最近は国産の杉や唐松などの利用も多くなり、機械加工が開発されている。

角材は幅が75 mm以上で、主に機械加工により精度を高めたもの、丸太材は直径で約120〜600 mmで、原木の自然味を強調しているものが多い（写真-1、2）。

いずれの形状の校木にしても、ずれないようにしながら、垂直に重ねていく。また気密性や止水性が高まるように、さまざまな工夫をして積み重ねた例が見受けられる（図4-5）。

壁材の収縮と建物の納まり

■丸太組構造の最大の問題は、建物完成後の約1年ぐらいの間に、木材が乾燥して、建物の高さが縮まることである。

十分に乾燥させた木材を使用しても、含水率の変化に伴う収縮により、高さが約1〜3%程度減少する。

この収縮は、建物の内法寸法に大きな影響を与える。壁が沈み込んでも問題が起きないように、窓やドアなどの開口部の上部や、階段の取付け部、造り付け家具、ポーチ柱などの取付け部には、必ずクリアランス（逃げ）を設ける設計が要求される（図4-5）。

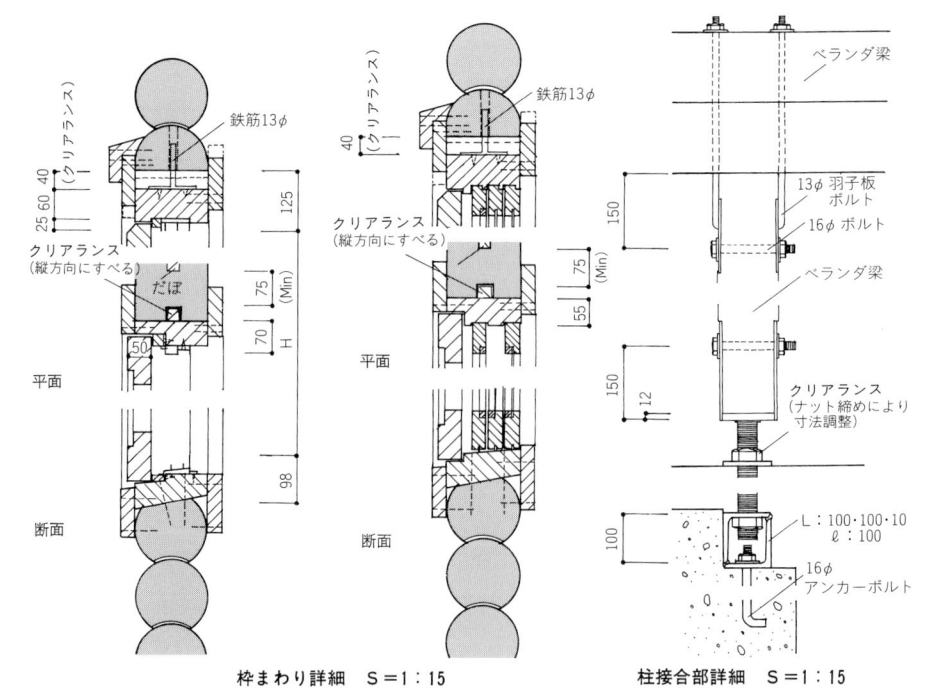

図4-5　クリアランスの例

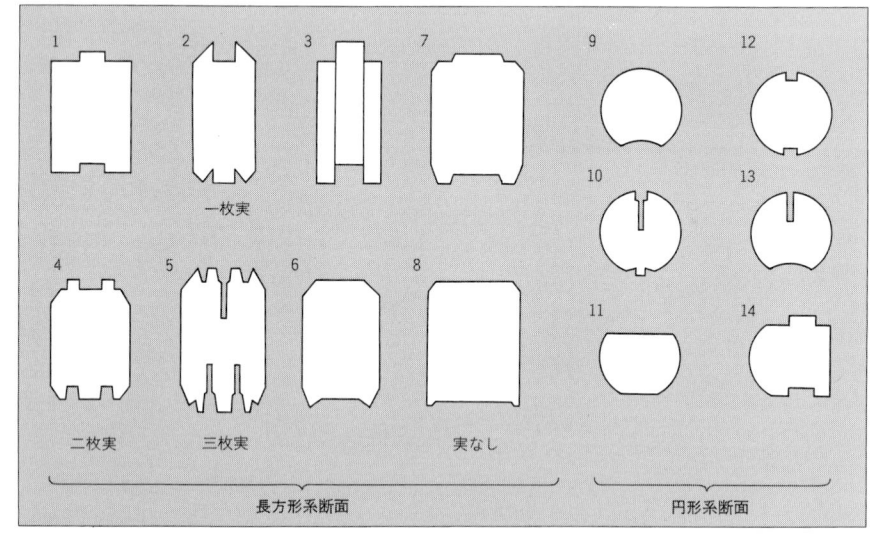

図4-6　現今のわが国システムにおける校木の断面（技術基準）

写真-1　長方形壁材によるコテージ

Structural Systems for Timber

図 4-7 力の流れ図
凡例 W₁＝積雪・屋根荷重　W₂＝2階床・積載荷重
Q₁＝風圧力　Q₂＝地震力
F ＝引抜き

図 4-8 耐力壁の配置要領図（技術基準）

丸太組構造の構造計画

■荷重や外力に対する配慮

　積載荷重や積雪荷重、建物自体の自重で生じる鉛直力は、架構組や壁体を通じて地盤へと流れるので、それぞれの構造部材や接合部は、その力に十分耐えられるものでなければならない。強い風圧力により、屋根や壁体が浮き上がろうとする力（引抜き力）が生じることもある。また、地震力や風圧力により生じた水平力にも対抗しなければならない。

　これらの外力のほとんどを受け持つのが、図 4-7 に示すような、壁の交差部やだぼを設けた耐力壁である。

　各部材の自重や接合部で抵抗しきれない場合は、通しボルトを設けて対処する。

■耐力壁の配置・平面計画

　丸太組構造は壁式構造の一種であるから、平面計画上、耐力壁およびその交差部を適正にバランスよく配置することが重要である。

　枠組壁構造と同様に、大きな開口部や大空間は好ましくなく、閉鎖的な空間に適している。

　このため、ある程度の面積の耐力壁で囲まれた矩形をユニットとし、そのユニットを組み合わせて、建物全体の平面形状を構成する設計手法が、多く用いられている。

参考文献
1) 杉山英男著「ログハウスとは―その歴史と特徴」、丸太組み構法技術基準・同解説、日本建築センター、1987年
2) 藤居秀男著「校倉式建築の経験」、ログハウスのすすめ、建築資料研究社、1989年
3) 「丸太組構法技術基準・同解説　1990年版」、日本建築センター

写真-2　丸太壁材による大型研修施設

木材系の構造システム

5 ヘビーティンバー構造 （集成材構造）
HEAVY-TIMBER STRUCTURES

キーワード
構造用集成材（大断面材、長尺材、湾曲材、変断面材）
接合金物　**ピン接合　剛接合　ブレース　耐力壁**　床
防火性能　燃えしろ　大スパン架構　大規模木造建築物
軸組構造　**3ピンアーチ**　エンジニアードウッド
ドリフトピン　ジベル　デッキング材　炭化速度

■ヘビーティンバー構造は、大断面の木材を使用した軸組構造である（図5-1）。木造でありながら、構造の安全性や耐火性能を保持し、大スパン架構や大規模建築を、木造のもつ柔らかさと優しさで表現できる構造方式である。

■ヘビーティンバーの構造の基準は、日本では1987年の燃え代設計が法律に取り入れられ、大断面木造建築が可能になった。その後、2000年の建築基準法の改正により、木造の不明確であった仕様規定等が修正され、木造の構造計算の環境が整備されて、ヘビーティンバー構造も普及しやすい状況となってきた。

■大規模建築となるヘビーティンバー構造で高さ13m又は軒高9mを超える建築物は、2007年以降は建築確認・検査の厳格化により「構造計算適合性判定」が義務づけられている。

近年のヘビーティンバー構造では、大きな材木の取得が困難になりつつあり、小さい断面の製材を合わせた構造用集成材を多く使用している。

集成材の構造では、湾曲集成材を使用した3ピンアーチ（図5-3）のような材の形態を生かした架構と、通直集成材を組み合わせた柱と梁によるものに分けられるが、通直集成材を用いるほうが一般的である。

■木構造の場合、仕口部の剛性の低さが共通点としてあげられる。とくにヘビーティンバー構造では、この部分をどのようにつくるかということが設計の大きなポイントとなる。仕口部は多くの場合金物を使って接合する。この金物による接合方法は多様である。剛性の高い接合方法の採用や、集成材の加工性の向上、組立精度の確保が不可欠となっている。

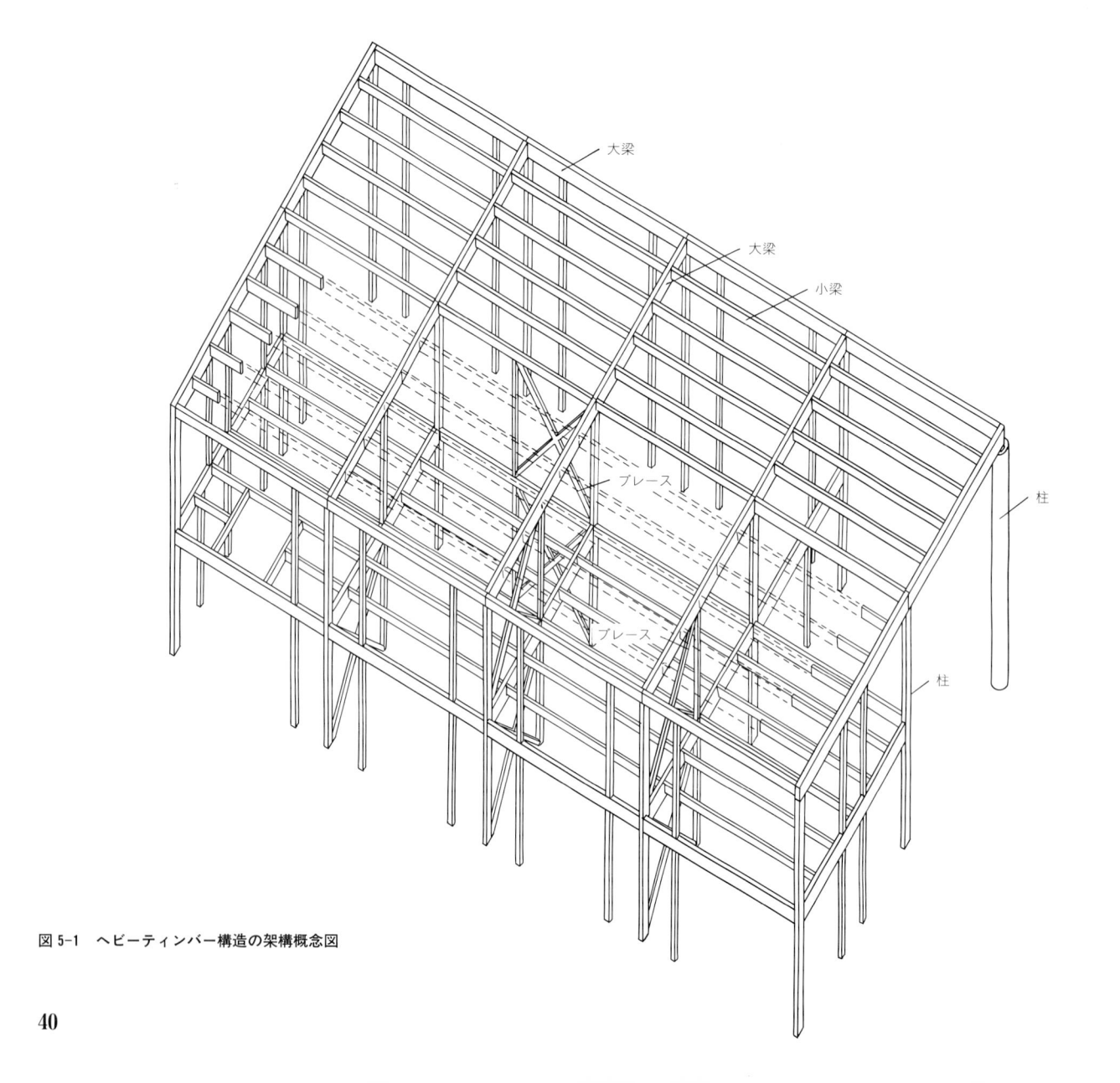

図5-1　ヘビーティンバー構造の架構概念図

Structural Systems for Timber

構造用集成材と接合金物

■構造用集成材

　構造用集成材は、引き板（ラミナ）をつなぎ合わせて、接着剤で積層した二次加工木質材料である。大断面材や長尺材など、むくの木材では入手できないものを製造することができる。

　現在の製法に近い集成材が実用化されたのは、今世紀初頭にスイスで、製造特許を取得したことに始まるといわれている。この製造方法がヨーロッパ各地に普及した。1920年代には米国にも伝えられ、わが国では、1950年代に入ってから使われ始めた。

　むくの木材と比較して、強度が大きく材質のバラツキが小さい。製造の過程で十分に乾燥されるため、割れや狂いが少なく、安定した材料である。形状も、湾曲材や変断面材など多様なものが可能であり、現在のヘビーティンバー構造では、なくてはならない材料である。

■接合金物

　ヘビーティンバーの接合部は、基本的に在来構法と同様、ピン接合であるが、ラーメン構造に近づけるために、スタッドピンを使用した半剛接合や、方杖を利用した接合を用いるなど、接合部の剛性をどのように確保するかがポイントになる（図5-4）。

1) 露出タイプの接合部

　接合部を露出させる方法は、とくに施工において建て方が容易になることから、施工費の軽減や工期の短縮に役立つ。集成材の両側面からボルトや釘によって固定されるが、集成材は収縮や割れが少ないため、この接合方法でも緩みやボルト部からの割れなどは見られない。接合金物が露出するため、金物の形状やボルトなどのデザイン上の配慮も必要である。

2) 隠蔽タイプの接合部

　接合金物をできるだけ仕上げ面から隠す方法は、集成材の加工や精度に留意する必要がある。接合部を隠蔽することにより、木材による架構を美しく見せるとともに、接合金物が木材により被覆されることによる防火上のメリットもある。

3) 剛接合タイプ

　木材と金物の接合部は、ボルト穴の緩みやガタツキが生じるため、ドリフトピンやジベルを併用し、緩みやガタツキを抑える工夫がなされている。また、木材と金物の隙間に、接着剤やモルタルを注入する剛性の高い接合部も開発されている。剛性の高い接合により、木造による大空間や大規模建築の可能性がさらに期待される。

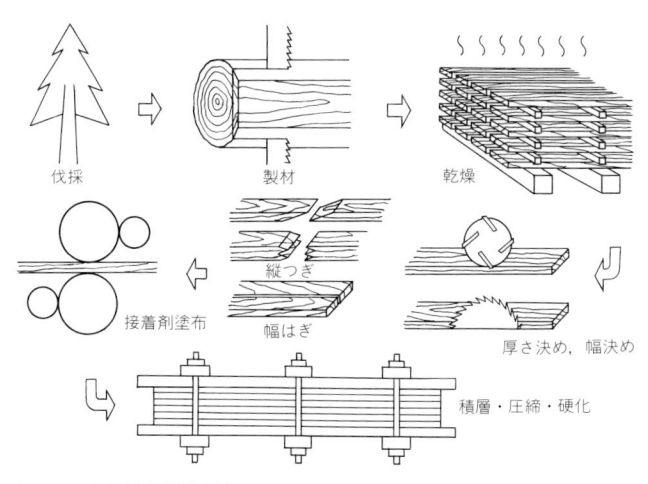

図 5-2　集成材の製造工程

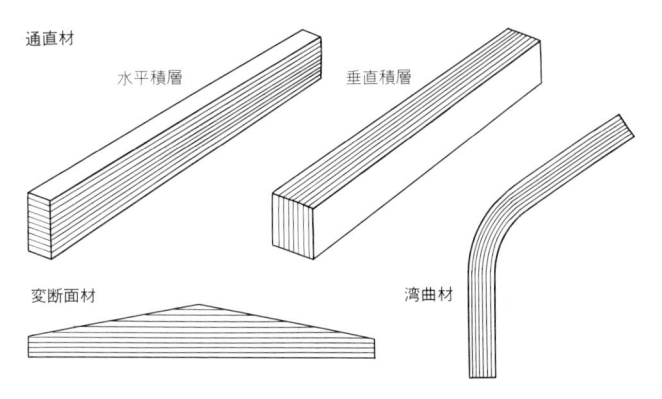

図 5-3　構造用集成材の種類

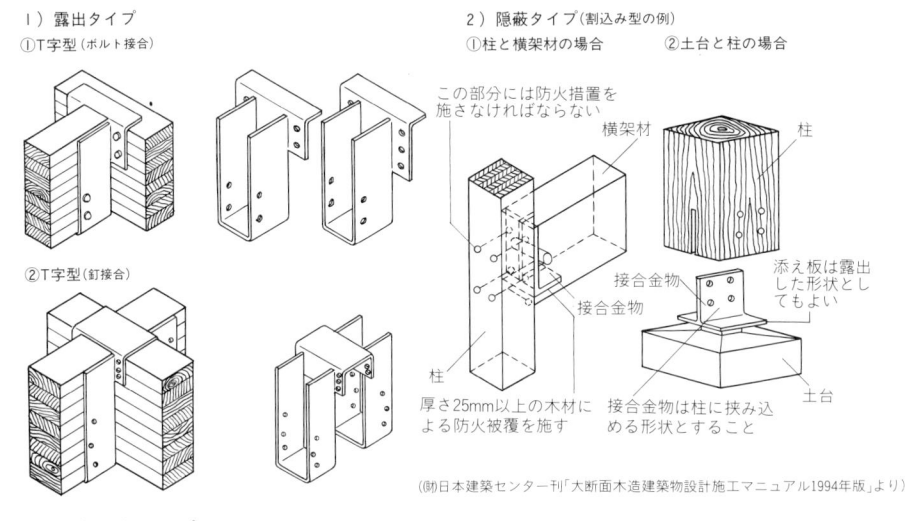

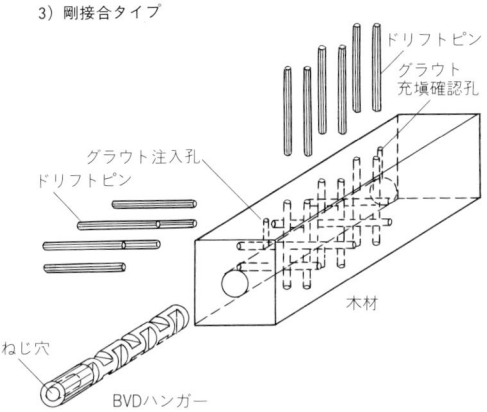

図 5-4　接合金物各種

(財)日本建築センター刊「大断面木造建築物設計施工マニュアル1994年版」より

木材系の構造システム

技術基準および防火設計法
■大規模木造建築物の構造制限

建物に求められる耐火性能は、防火に関する地域区分や用途・規模により定められている。2000年の法改正により、建物の防耐火性能の規定化がなされ、木質系の材料であっても、所定の性能を満たしていれば建築可能となった。

建物規模が、高さ13 mを超え、または軒高が9 mを超える建築物であっても、一定の耐火基準を満たしていれば、木造建築とすることができる（表5-1、5-2、図5-5）。

表5-1 大規模木造建築物の構造制限

高さ・軒高	階数	▨：木造で可
13 m、9 m超	4〜	耐火構造等
	3	1時間準耐火の措置等
	2	1時間準耐火の措置等、または、30分の加熱に耐える措置等
	1	
13 m、9 m以下		木造

3,000 m²

耐震要素・床・小屋組
■ブレースと耐力壁

木構造の接合部は、基本的にピン接合と考えられるため、地震力などの水平力を負担させるブレースや耐力壁を設ける必要がある。ブレースは柱・梁と同じように接合金物によって緊結させるが、ブレースに働く引張力、圧縮力を十分に負担できるような接合部とする。また木軸のパネルに構造用合板を張り、合板の面剛性で水平力を負担させる方法もある。さらに、ブレース材の形状を工夫し、円形の集成材を使用した例もある（図5-6）。

接合部と同様に、水平力を負担する構造上のシステムを十分に検討し、それを建物のデザインに反映させる工夫も大切である。

■床

床は水平力を伝達するため、十分な剛性を確保しなければならない部位である。

鉄骨造などと同様に水平ブレースによる方法もあるが、木質材料を使った剛床とすることが多い。耐力壁の場合と同様に、根太に構造用合板などを釘で止めつけることで剛性を確保する方法がある。

また北米では、床構造に本実加工された厚い断面のデッキング材を張り、剛性を確保し、その材の下面が下階の天井仕上げにもなる方法も用いられている。床構造に、防火性能や遮音性能をもたせるためには、厚い本実の構造用合板を張り面剛性を確保し、その合板を

表5-2 大規模木造建築物の防火措置

部位	必要な措置	
	1時間準耐火の措置等	30分の加熱に耐える場合の措置等
階数	3以下	2以下
構造	柱・梁	1時間準耐火等	燃え代30mm（製材の場合）
	外壁		防火構造
	軒裏		
	床		30分の防火構造
内装	—	壁・天井を難燃材料等
継手・仕口	燃え代設計の柱・梁は防火被覆等	防火被覆等
建物の周囲	幅員3m以上の通路の設置等	—

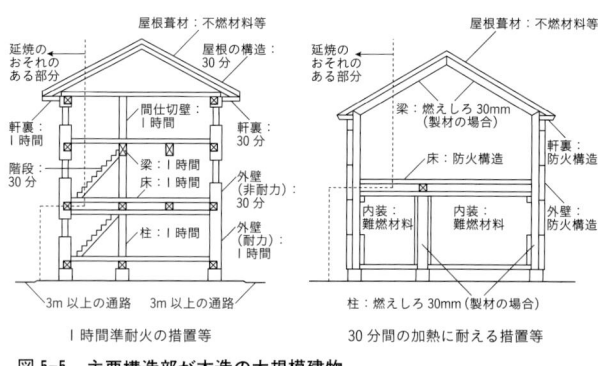

図5-5 主要構造部が木造の大規模建物
（「木材のすすめ」日本住宅・木材技術センターより）

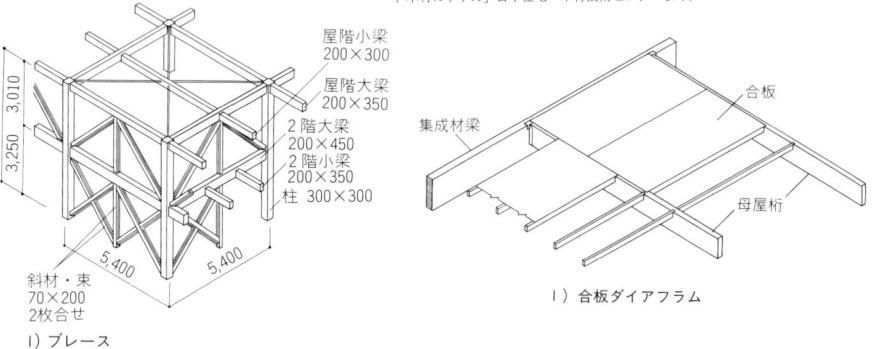

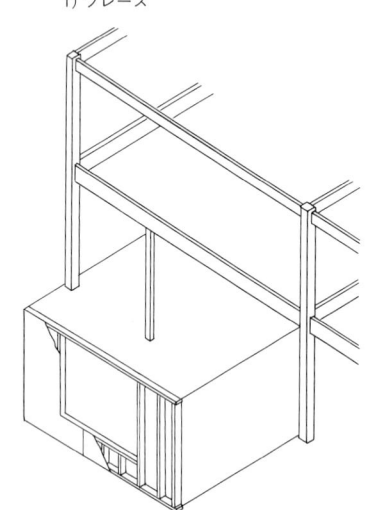

1）ブレース

2）パネル合板

3）円形集成材の活用

図5-6 ブレースと耐力壁

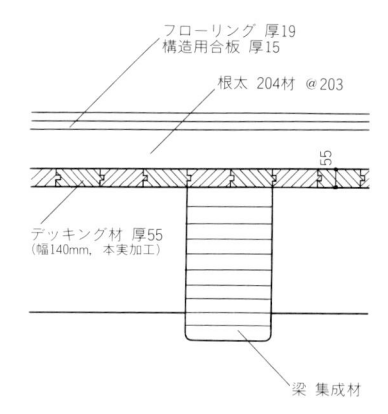

1）合板ダイアフラム

2）デッキング材の納まり例

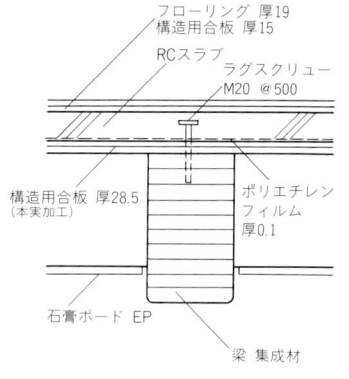

3）混構造床の納まり例

図5-7 床構造

参考文献
1）「大スパン木構造の今」 日本住宅・木材技術センター
2）「木のデザイン図鑑」 建築知識別冊
3）「木材活用事典」 産業調査会
4）「大断面木造建築物設計施工マニュアル」 日本建築センター

Structural Systems for Timber

型枠として使い、コンクリートスラブを打設する例もある（図 5-7）。

■小屋組

　小屋組の構造の多くは、床構造の延長線上で考えられる。しかし、ヘビーティンバー構造における小屋組は、外観や空間性、意匠性において設計者の意図がより強く反映される重要な部分といえる。床構造の多くは天井裏に隠蔽され、意匠的な意味合いよりも構造的・機能的な側面が強いが、屋根構造の場合はこの逆になるものと考えられる。

ヘビーティンバー構造の二つの事例

■千里住宅公園センターハウス

　この建物は「千里住宅公園」内の住宅展示場のインフォメーション施設として計画された。床面積は約 700 m²、最高高さ約 10 m の 2 階建てのヘビーティンバー構造による。機能的要件から円形プランが採用され、通直材の米松構造用集成材による 16 組の門形フレームによってメインフレームは構成されている。

　接合部は、梁間方向（円の法線方向）の梁は、柱を両側から挟み込んだ二重の梁で、ボルトとスタッドピンによる剛性の高い接合となっている。桁行方向（円の接線方向）は金物とボルトによるピン接合で、筋違は構造用集成材を使用している。

■伊王野ゴルフクラブハウス

　この建物は、延床面積約 10,000 m² のホテルを有するクラブハウスで、馬蹄形の形状の建物となっている。この建物の構造は、ホール、ロビー、レストランなどの共有空間は、大断面構造用集成材によるヘビーティンバー構造で、宿泊室・浴室などは鉄筋コンクリート造とした混合構造である。車寄せとホール部分では、約 45 m のスパンの屋根架構で、屋根梁の集成材の断面は 26.7 cm×110 cm となっている。集成材は、サーザインイエローパインを使用している。名前が示すとおり黄色味をおびた明るい色合いの木で、強度も米松と同等に評価されている。

　接合部には、ドイツで開発された「BVD ハンガー接合システム」が使われている。このシステムの特徴は、木部と金物おのおのに接合の精度を求めるのではなく、逆に木部と金物の間にゆとりとあそびの隙間をもたせるところである。金物と木部の隙間に、高強度モルタルやエポキシ樹脂を注入して金物を木部に固定する。これにより、接合部での誤差吸収と剛性の確保が可能になり、接合効果がよく、剛性の高い接合となっている。

千里住宅公園センターハウス：一色建築設計事務所　構造　遠山一級建築士設計事務所　大阪府

伊王野ゴルフクラブハウス：一色建築設計事務所　構造　中田捷夫研究室　栃木県

6 木造大スパン構造
TIMBER LONG SPAN STRUCTURES

キーワード
立体トラス　スペースフレーム　**アーチ**　**3ピンアーチ**
シェル　ドーム　ハイブリッドテンション　**ラチス**　集成材
ボルト接合　引張りボルト　剪断ボルト　ジベル接合　**車知**
剛接合　ピン接合　膜応力　スラスト力

■木造の構造システムにはさまざまな種類があるが、その鍵となるのは構造部材と接合部である。この二つの組合せから多くの架構が生み出され、内部空間から要求される広さや高さ、また空間のイメージにより選択されていく。

これらの架構形式は、大きく平面トラス(plane truss)形式とそれ以外の形式に分けることができる。

平面トラスとは、木材を同一面上で組み合わせて一つの複合梁を構成するもので、山形トラス(gable roof truss)や平行弦トラス(parallel chord truss)はその代表的なものである。

山形トラスは、部材を三角形に組み合わせ、その集合体をつくり、全体も三角形の形、一方の平行弦トラスは、一対の平行な部材の間を垂直材や斜材でつないだ形となる。

これらのトラスでは、部材に曲げ応力がほとんど生じないので、細い部材で構成することができ、また自重も軽いといった特徴がある。

このような平面トラス構造(⇒ SS-18)から、さらに自由な形で大空間をおおう構造システムとして、立体トラス(space truss)(⇒ SS-19)、アーチやシェル(⇒ SS-12)、ドーム、さらにハイブリッド・テンション(hybrid tension)(⇒ SS-20)といったより軽快な架構がある。

スチールの金物やピンなどの接合部材と集成材などの木材を効果的かつ立体的に組み合わせて、大空間を実現するために考えられた架構が、これである。

■こうした架構は、鉄骨造と同様の構成でありながら、木材という自然素材の豊かさとあいまって、独自の空間表現が可能となる。

さらに、木材とスチールのそれぞれの材料特性を最大限に生かそうとする構造システムは、今後ますます多様な手法開発が期待される構造である。

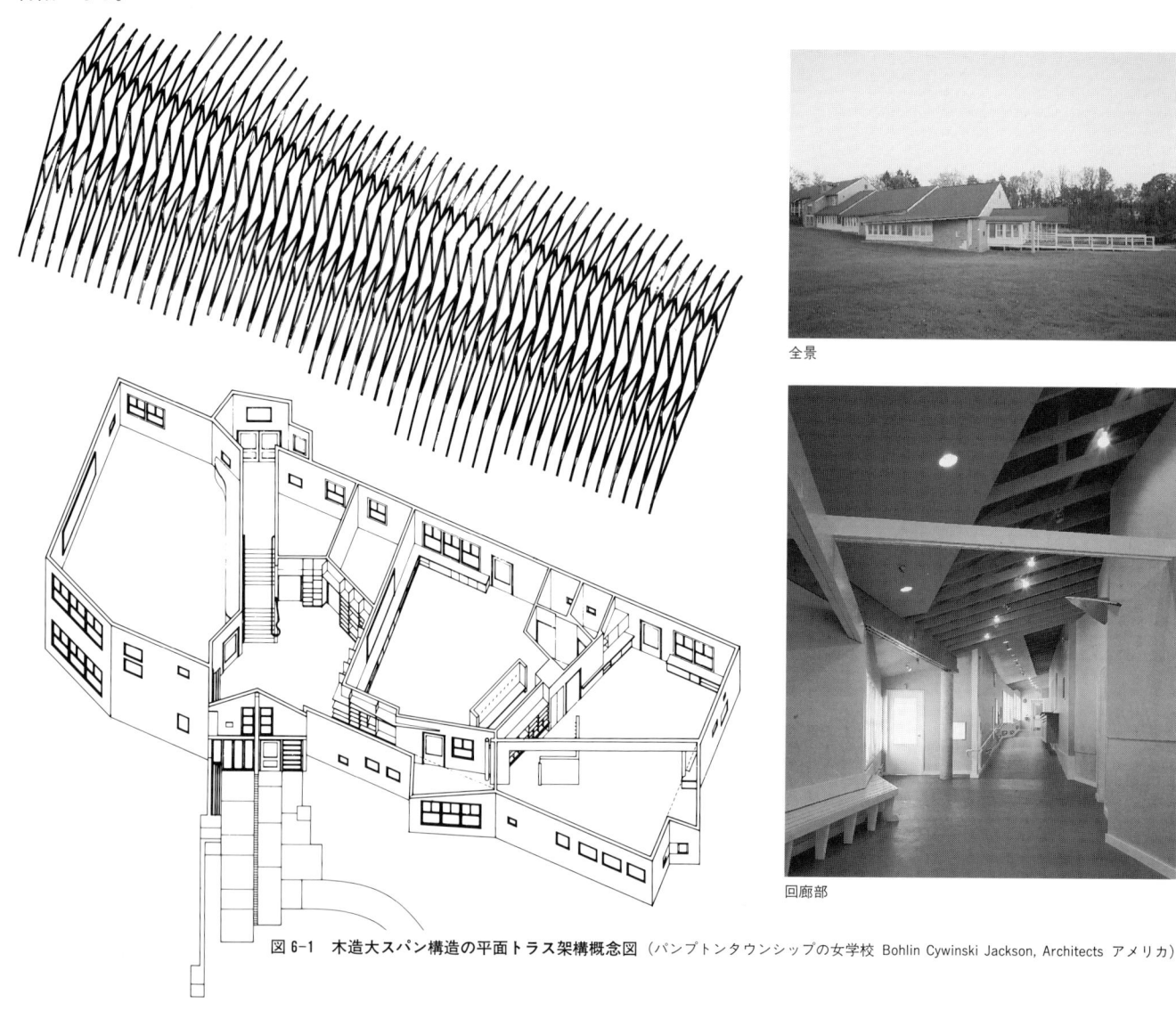

全景

回廊部

図6-1　木造大スパン構造の平面トラス架構概念図（パンプトンタウンシップの女学校　Bohlin Cywinski Jackson, Architects　アメリカ）

Structural Systems for Timber

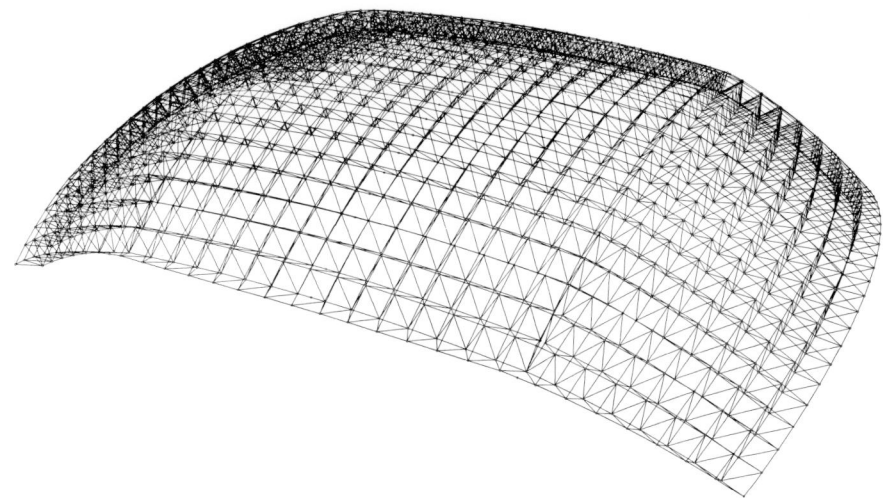

図 6-2 トラスシステムのCG（小国町民体育館：葉デザイン事務所）

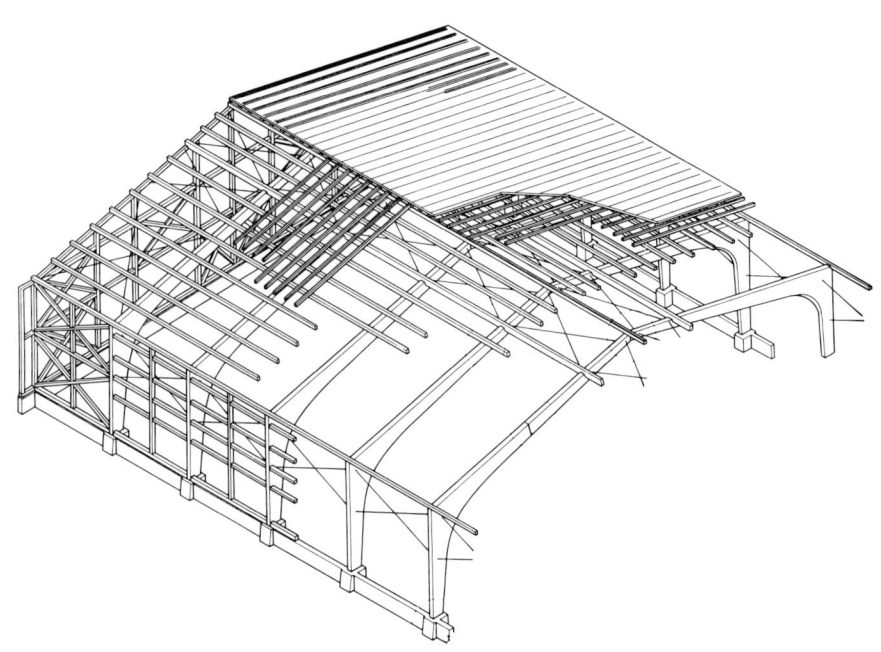

図 6-3 集成材架構の3ピン式アーチ

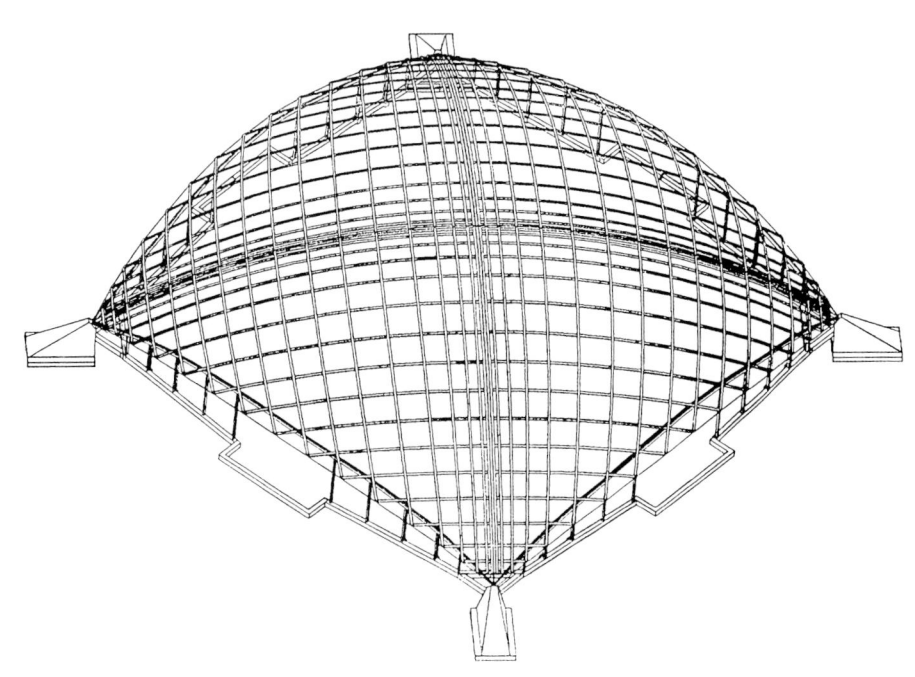

図 6-4 シェル架構（ローザンヌ工科大学：Dan Badic & Assocs. スイス）

木造大スパン構造の接合部
■限られた寸法の部材を組み合わせて骨組をつくるため、木造建築には必然的に接合部がある。木造建築の設計、とりわけ大スパンになるほど、接合部をいかにつくるかが大きなポイントとなる。

　一般の木造建築では、木材を加工し、部材同士を継手・仕口により接合する場合が多いが、大スパン構造では、大断面の木材や集成材をボルト、ジベルおよび金物を用いた接合を行うのが一般的である。

　鉄骨造と違って木材と接合具の間にはガタやゆるみが生じる可能性が多い。また、ガタがない場合でも、荷重がかかってくる段階で、木材へのめり込みに伴うすべりを生じるので、設計の際にはこのことを考慮することが必要になる。

　また、部材の収縮などによって、接合部に木材の繊維と直角方向の力が加わることが想定されるときは、木材に割れを生じないようにすることが重要である。この場合の工夫としては、ボルト穴に適当な遊びを設ける方法がある。

　これらのことは、木材が異方性を示す材料であり、他の構造における接合部とは異なった挙動が起こることを示している。これが木構造の重要な点である。

　また、柱脚部などに雨水や結露水などの水分が停滞すると、木材の耐久性を損なう恐れがあるので、こうした接合部まわりの処理にも十分な配慮が必要である。

■ボルト接合
　木造用ボルトは、ボルトに加わる力により、引張ボルトと曲げボルトに大別される。引張ボルトは、座金が木材にめり込むことにより、引張力に抵抗させる接合である。このため、所定の寸法の座金を用いたり、木材のめり込みが生じるときには、座金の下に堅木敷板を用いたりする。曲げ（剪断）ボルトは、木材と木材、あるいは木材と鋼板等に開けた穴にボルトを挿入して、部材間の剪断力に抵抗させる接合である。

　木構造では、次のような二面剪断ボルト接合がよく用いられる。木材を両側とする接合部、鋼板を添え板とする接合部、主材の切込みに鋼板を挿入した接合部などである。

■ジベル接合
　ジベル接合は、木材と木材、木材と鋼材の接合面に、堅木もしくは金属性の一種の車知(しゃち)を挿入する接合である。一般にはボルトを併用して、剪断力に抵抗させる。接合方式により彫込みジベルと圧入ジベルの二種がある。

　前者は、木材の彫込み部にジベルを挿入し、ボルトで締め付ける接合である。後者は、彫

込みなどの準備加工を行わず、ボルトを締め付けることにより、ジベルを直接木材に圧入する接合である。

これらの接合では、木材との間にガタがないため、剛な接合を期待できる。反面、接合部に大きな応力が集中するため、ジベルの配置、部材との取合せなどに十分注意する。

木造大スパン構造のいろいろ

■立体トラス（⇒ SS-19）

基本的な原理は、部材が三次元的に構成された平板状の構造システムである。

架構に作用する曲げ応力を立体トラスの厚みで処理し、剪断力を上下部材の間にあるジグザグ状に構成された部材によって減少させる。このため架構を構成する部材の大きさは、ほぼ一定している。

トラス架構としては、上下弦材を三角形ないし四角形格子とするのを基本としてスペースフレームを構成し、50 m 程度のスパンに対応する。

■アーチ

柱と梁が一体となった湾曲状の集成材の一対が連続して架構を構成する構造システムである（頂部と左右両柱脚部がピンとなる3ピン式アーチが典型的である）。構造的特徴は、部材が自重や外力に対して、主として圧縮力で抵抗するところにある。

最大可能スパンは 150 m で、頂部と左右両柱脚部をピンで支える3ピン式アーチが、典型的な架構になる。運搬上の必要からくる部材の切断位置とその再接合には、十分注意する必要がある。

■シェル（⇒ SS-12）

曲面板で空間をおおう構造システムである。空間の平面形、断面形は多種多様で、最大スパンは 100 m 程度となる。

基本的には、頂部と低部の間に側梁としての曲げ捩り加工された集成材、その上にリブ材、そして剪断剛性を確保するための板材が、その上に2〜3層釘付けされる構成となる。

曲面を構成するリブ材や板材は薄くすることができる。また、外周部の側梁のように、膜応力に抵抗する曲面板の境界構造の処理が重要である。

■ドーム（⇒ SS-19）

シェルと同様、曲面板で空間をおおう構造システムである。空間の平面形は主に円形、断面形は凸レンズ型となり、最大可能スパンは 200 m にも及ぶ。

直径 160 m、高さ 46 m のアメリカのタコマドームはその代表例である。3方向単層グリッドからなるラチス構造で、部材ユニットは幅 17〜22 cm、成 75 cm、長さ 12〜14 m

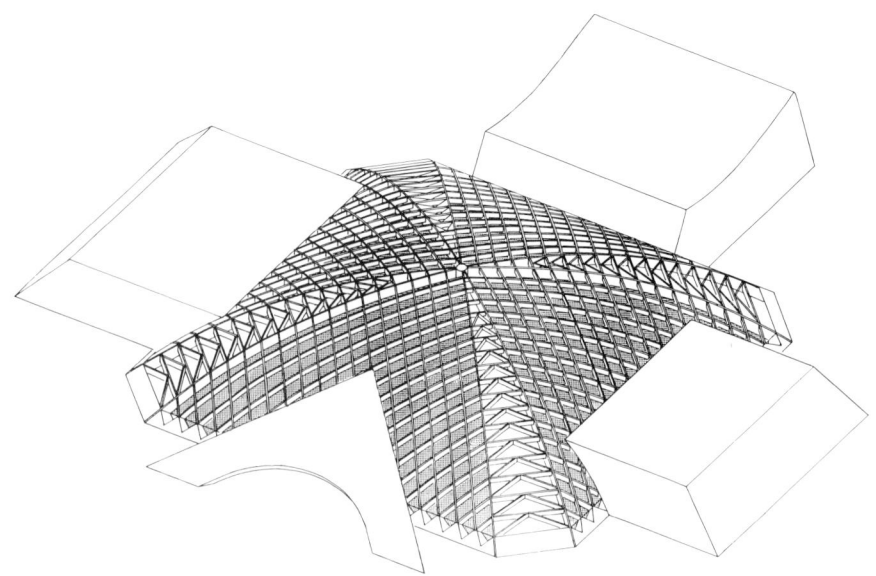

図6-5 ドーム（ティエの多目的スポーツホール：Berdje Agopyan et Sevan フランス）

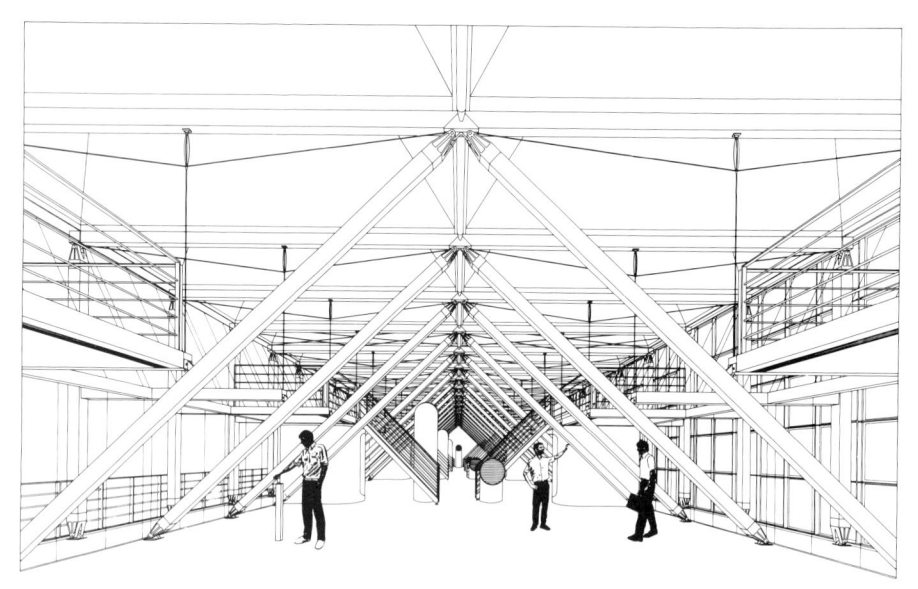

図6-6 ハイブリッドテンション架構（リヨンの建築学校：Jourda & Perraudin フランス）

写真6-1 ウッドコースター 別府市（写真：越井木材工業）

Structural Systems for Timber

の湾曲部材が使用されている。

また、ドームの特殊な形式として、格子部材をグリッドで重ね合わせ、ボルトで接合する格子ドームもある。

木造大スパン構造の可能性―ハイブリット構造

■ハイブリッド・テンション構造 (⇨ SS-20)

二対の壁またはフレームとハイブリッド・トラス(張弦梁、⇨ SS-20)で構成される構造システムである。

最大可能スパンは100m程度、空間の広がりは凹凸レンズ型など多数。

ハイブリッド構造は、荷重に対して自己釣合い系で抵抗するため、ほかの構造システムに比べ、境界構造へのスラスト力(水平推力)の影響が最も少ない。

部材構成の特徴として、軸力の性格に合わせて木材(圧縮力)と鋼材(引張力)を使い分け、同時に木材には曲げ応力にも抵抗させるなど、部材の能力を最大限に発揮させている。

■木造ハイブリッド構造への展開

木材の構造特性としては、繊維方向に作用する軸力に対して最も強く、次いで剪断力であり、曲げや捩れにはさらに弱い。このような事実から、木造の架構に最も適した構造システムは、自重および外力に対して、そのほとんどを軸力で抵抗することである。これは自己釣合い系をもつハイブリッド・スタイルの構造システムと呼ばれる。

この木造の架構は可能性に満ちた構造システムであり、とくに木とテンション材として使用される鋼材のジョイントシステムには、さまざまな接合ディテールが生み出されている。

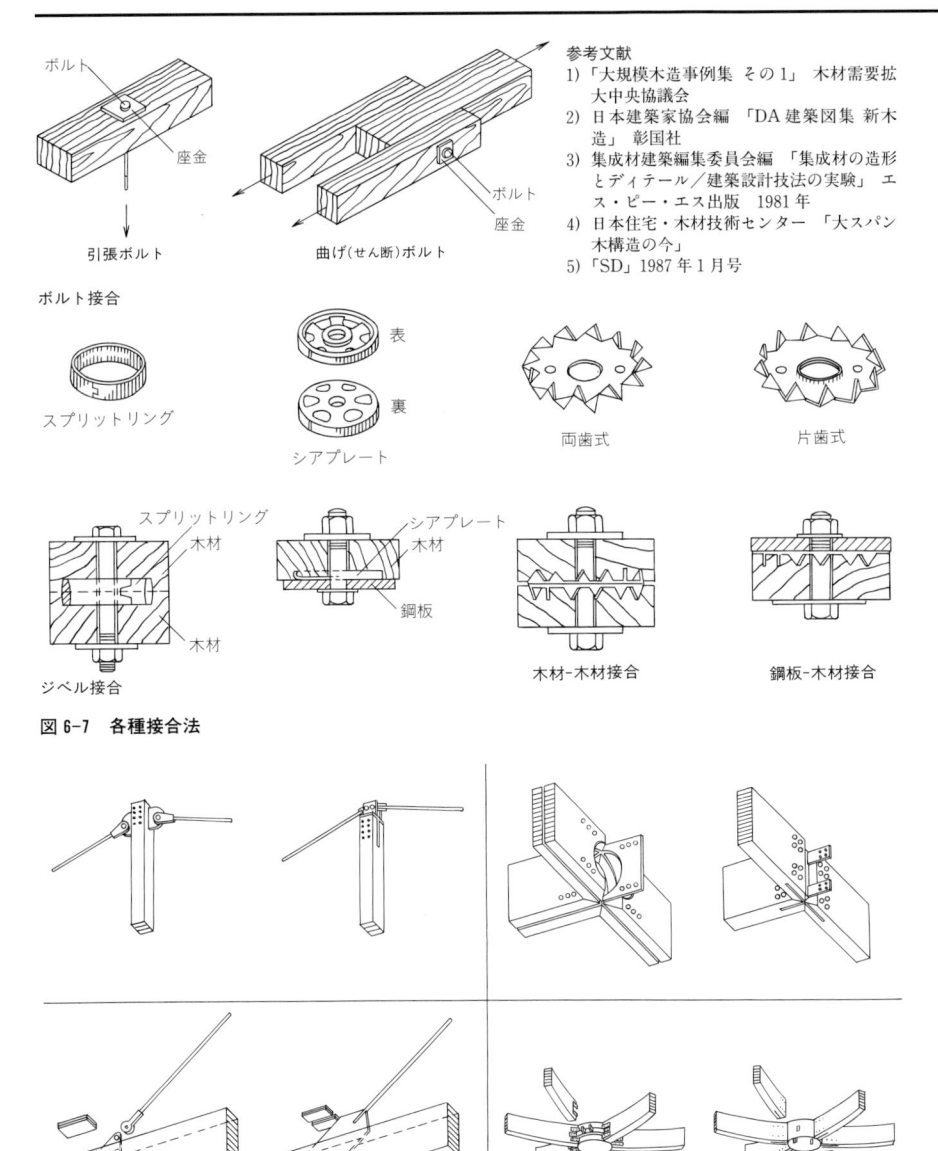

参考文献
1) 「大規模木造事例集 その1」 木材需要拡大中央協議会
2) 日本建築家協会編 「DA建築図集 新木造」 彰国社
3) 集成材建築編集委員会編 「集成材の造形とディテール／建築設計技法の実験」 エス・ピー・エス出版 1981年
4) 日本住宅・木材技術センター 「大スパン木構造の今」
5) 「SD」1987年1月号

図 6-7 各種接合法

図 6-8 木造ハイブリッド架構の接合例 (木材＋スチール材)

□コーヒーブレーク **木造による高さへの挑戦**

■ミュンヘン郊外には、1934年に建てられた高さ164mの無線木塔がある。この塔は当時のドイツのさまざまな社会背景により生まれた。無線需要の拡大、アンテナ技術の進歩、世界恐慌後の劣悪な経済状況、貴重な鉄から木材への代替、などである。

■こうした中で、可能なかぎり少ない材料で必要な機能を満たすため、木構造の極限への追求が行われ、木構造の最大の弱点の一つである接合部強度についてのジベルの研究が進み、木造部材の合理的な応力伝達に大きな貢献をした。

■また、この塔はその2年前に建てられた高さ115mの双子の塔を解体し、その材料を再利用しており、木構造のもつ可能性のぎりぎりを追求したエンジニアたちの気魄を感じさせる名塔である。

イスマニングの無線木塔 ドイツ 1934年 (写真：坪井善昭)

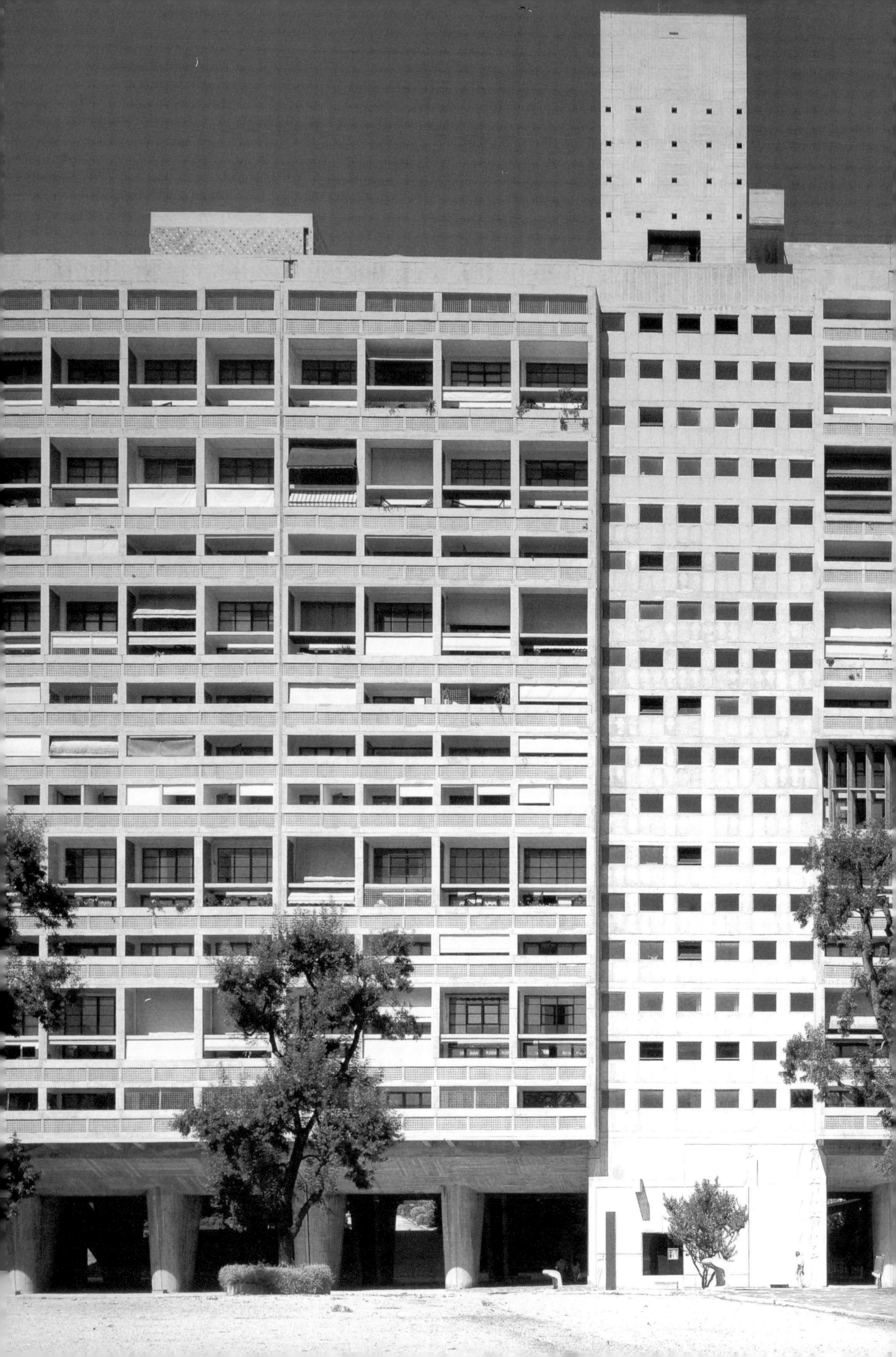

III コンクリート系の構造システム
STRUCTURAL SYSTEMS FOR CONCRETE

- 7 補強コンクリートブロック構造……………………50
  - □ コーヒーブレーク
- 8 型枠コンクリートブロック構造………………51
- 9 壁式鉄筋コンクリート構造……………………52
  - 耐力壁の壁量と壁の厚さ
  - 耐力壁の配筋の原理
  - 耐力壁の鉄筋の名称と役割
  - 壁梁・基礎梁・基礎
  - □ コーヒーブレーク
- 10 鉄筋コンクリートラーメン構造………………56
  - 単純梁の応力と初期の鉄筋コンクリート梁
  - 鉄筋の配し方の原理
  - 梁の鉄筋の名称と役割
  - 柱の鉄筋の名称と役割
  - □ コーヒーブレーク
- 11 鉄骨鉄筋コンクリートラーメン構造……………60
  - 鉄骨鉄筋コンクリート梁のタイプ
  - 鉄骨鉄筋コンクリート柱のタイプ
  - 柱・梁接合部と柱脚
  - □ コーヒーブレーク
- 12 鉄筋コンクリートシェル構造…………………64
  - シェル構造のいろいろ
  - □ コーヒーブレーク
- 13 鉄筋コンクリート折板構造……………………66
  - 折板構造のいろいろ
- 14 プレキャストコンクリート構造………………68
  - 大型パネル工法の構造計画
  - 大型パネル構造の応力の流れ
  - 大型パネルの接合部の種類
  - □ コーヒーブレーク
- 15 プレストレストコンクリート構造………………72
  - プレストレストコンクリートの工法
  - プレストレストコンクリートの応用
  - 無柱空間と耐久性を期待した事例
  - □ コーヒーブレーク

マルセイユのユニテ・ダビタシオン　ル・コルビュジエ　フランス　1952年
(写真：フィリップ・リュオー、建築文化1997年1月号)

コンクリート系の構造システム

7　補強コンクリートブロック構造
REINFORCED HOLLOW UNIT CONCRETE MASONRY STRUCTURES

キーワード

空胴コンクリートブロック　米国式ブロック　基本ブロック
三つ穴ブロック　横筋用ブロック　端部用ブロック　A種
B種　C種　縦目地　横目地　壁式構造　**臥梁**　まぐさ(楣)
耐力壁　壁量　縦筋　横筋　曲げ補強筋　布基礎

■工場生産による建築用空胴コンクリートブロック（以下ブロック，hollow concrete block）を使い、空洞部に鉄筋を入れて補強しながら積み上げて壁体を構成する構造システムである（図7-1）。壁式構造の一種で、鉄筋を入れた空洞部とブロック同士の接合部（目地部分）には、モルタルを充填して構造的に一体化する。一般に、壁体以外の構造——屋根・床・梁（臥梁）・基礎など——は、鉄筋コンクリート造とする。ただし、臥梁をL型やT型にして平面の剛性を高めることにより、屋根と床を木造とすることができる。壁体内の開口部の上部にはまぐさ（楣）を設ける。

■もともとこの構法はアメリカに発していて、二次大戦後の占領時代に日本に本格的に定着した。したがって、寸法などの規格がアメリカとほぼ同じであり、そのため米国式ブロックと呼ばれる。また、その形から三つ穴ブロックともいう。

■2、3階建ての低層住宅に適した構法である。空洞部分が多いため断熱性に優れ、また比較的工事に熟練度を要しないことや、工期が短いことなどの利点により、1950～1960年代には盛んに用いられたが、次第に使われなくなり、1980年代頃より型枠コンクリートブロック構造（⇒SS-8）が主流となっている。ただし、構造体ではない部分（帳壁、塀、簡易な擁壁など）には現在でも用いられている。

■ブロックの種類は、強度によりA・B・C種の3種に分類されている（JIS A 5406）。開口部をなるべく多く取るため、耐力壁には主としてC種が用いられる。耐力壁の配置、構造、配筋などは、設計基準により比較的簡単に設計できることも、この構法の利点の一つであろう。

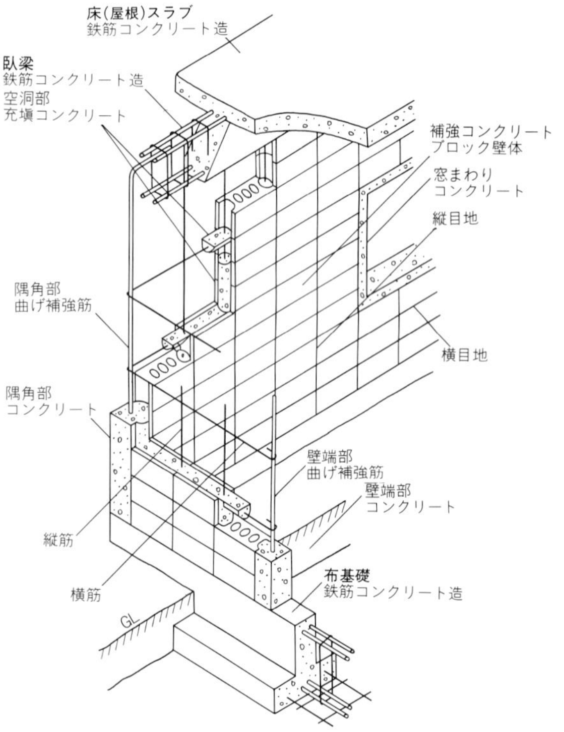

□コーヒーブレーク **ブロック造の名建築**

高瀬川沿いに建つ小規模の商業建築である。安藤の説明によると「用いているのは、コンクリートブロックとコンクリート、粗面に仕上げた黒御影石、鉄、ガラスである。粗末な材料と通常考えられているコンクリートブロックを丁寧に用いることによって新しい表情を与えることを求めた。ブロックの単位がもつ1対1対2という比率と構造基準とによって構成上の自由度は制限される。しかし、求めるイメージの制約の中で鍛え直し、部分を組み立ててゆくことで、整合性をもったひとつの全体へと達することができるだろう」

コンクリートブロックを使う建築家は少ない。まして商業建築に化粧積み（とくに仕上げを施さない仕上げ法）として積極的に用いる建築家はほとんどいないのが現状である。近代建築の巨匠フランク・ロイド・ライトもブロック造の名作を多く残しているが、日本では、安藤の幾つかのブロック造建築が名建築として歴史に名を残すかどうか興味のあるところである。

図7-1　補強コンクリートブロック構造の架構概念図

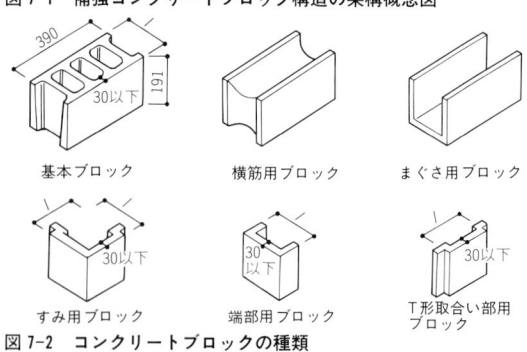

図7-2　コンクリートブロックの種類

TIME'S：安藤忠雄建築事務所　京都　1985年（写真：大橋富夫）

8 型枠コンクリートブロック構造
REINFORCED FULLY GROUTED CONCRETE MASONRY STRUCTURES

キーワード
基本ブロック　型枠ブロック　H型ブロック　L型ブロック　端部用ブロック　三つ穴ブロック　化粧ブロック　破れ目地　一体性　壁式構造　RM構造　**耐力壁**　壁量　壁梁　**臥梁**　床スラブ　布基礎　縦筋　横筋　第一種　第二種

■ H型、L型、Z型、T型などの種々の形状をした型枠コンクリートブロック（fill-up concrete block）を積み上げ、内側の中空部分に配筋してコンクリートを打つことにより、ブロックと一体化した壁式鉄筋コンクリート構造（⇒ SS-9）をつくる構造システムである（図8-1）。

■ ブロックに耐力の一部を負担させるものを第一種、単に型枠としてのみ使うものを第二種という。一般的にいう型枠コンクリートブロック造とは、第一種を指すと考えてよい（第二種は構造的にはコンクリートブロック造ではなく、通常の壁式鉄筋コンクリート構造と同じである）。

■ 補強コンクリートブロック構造（⇒ SS-7）と同じく、2～3層の低層住宅などに適した構造システムであるが、壁体の一体性がより強いぶん、壁量が少なくてすむ利点がある。また、ブロック造の欠点といわれることが多い壁からの透水も少ないと考えられている。

■ ブロックの形状はH型とL型が一般的で、基準となる寸法などの規格は、ほとんど三つ穴ブロックと同じものが多い。ブロック自体の強度は、中に打ち込まれるコンクリートと同等を保つこと、またブロックとコンクリートとの付着が良く、かつ、透き間なく充填できることが重要である。

■ 型枠ブロックの市販品には、積み上がりの外観がそのまま仕上げを兼ねる化粧ブロックが多い。また、三つ穴ブロックでは、施工がむずかしい破れ目地が容易にできるという特徴がある。

■ この構造の発展形として、5～6階建ての鉄筋コンクリート組積造の日米共同研究（1984～1988年、日本側は当時の建設省建築研究所）が行われ、その成果として1989年、RM構造（Reinforced Concrete Masonry Structures）が発表された。その後、この構法による5階建ての集合住宅が建設されているが、広く普及するには至っていない。

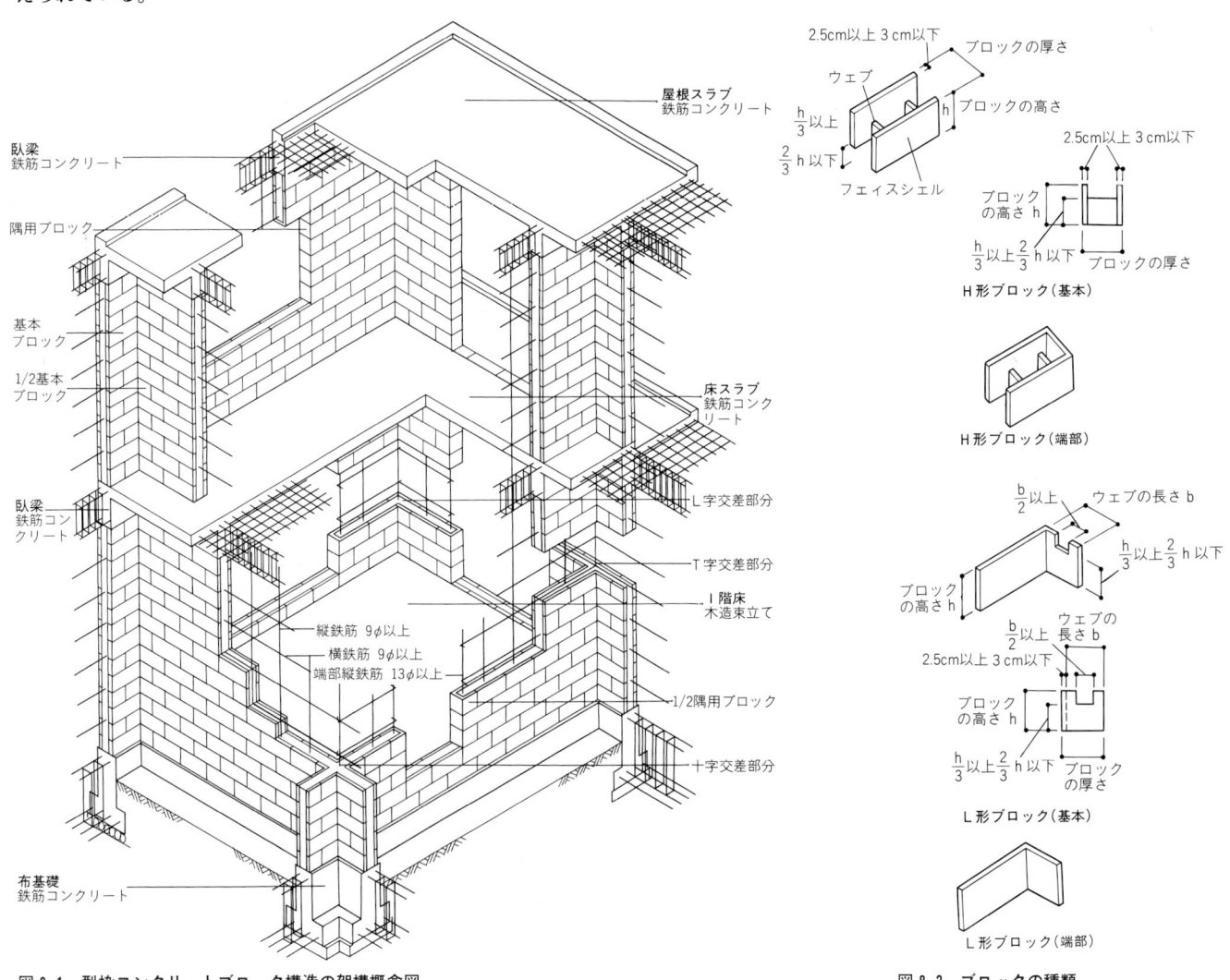

図 8-1　型枠コンクリートブロック構造の架構概念図

図 8-2　ブロックの種類

9 壁式鉄筋コンクリート構造
REINFORCED CONCRETE BOX FRAME STRUCTURES

キーワード

壁式構造　**耐力壁（耐震壁）**　壁梁　小梁　床スラブ
屋根スラブ　連続フーチング基礎（布基礎）　基礎梁
剪断補強筋　曲げ補強筋　隅角部補強筋　斜め補強筋
縦筋　横筋　上端筋　下端筋　あばら筋　複配筋　単配筋
壁厚　壁量　**壁率**　開口部　片持ちスラブ

■鉄筋コンクリート（一般に RC と略称する）造の耐力壁、壁梁、スラブで構成される構造システムである（図 9-1）。

■RC ラーメン構造（⇒ SS-10) のような柱や梁の凹凸がないために、型枠工事や仕上げ工事が簡単になり屋内空間をすみずみまで有効に利用できるなど、施工上や機能上の利点をもつ。柱や梁の骨組よりも変形しにくく(剛性が高く)、地震力などの水平荷重に対して強い抵抗力をもっている。

■原則として、規模は地上 5 階以下、軒高 16 m 以下、各階の階高 3 m (最上階は 3.3 m) 以下の建物に限られている。国土交通省告示（平成 13 年）の階高の規定は、階高 3.5 m 以下、軒高 20 m 以下に緩和された（層間変形角が 1/2,000 以内および保有水平耐力の検討を行った場合は適用しない）。平面の形が不整形で、捻れの心配がある建物には用いないほうがよい。開口部のとり方にも制約があり、増改築のときに壁の取壊しや位置の変更がむずかしい、などの難点がある。

■この構造システムが適している建物は、部屋の面積が小さく（間仕切り壁が多く）開口部が比較的少ないものや積載荷重の小さなもので、RC 造の住宅や 5 階以下の共同住宅のほとんどが壁式構造で建てられている。

■標準的なスパンは、平面が矩形に近く、耐力壁が釣合いよく配置された場合で、4～7 m を目安とする。

■設計にあたっては、次の点に配慮する必要がある。

1) 基準値（表 9-1、表 9-2) 以上の十分な壁量と壁厚をとる
2) 地震時に建物に捩じれが生じないように耐力壁は平面上釣合いよく配置する
3) 耐力壁の上部は壁梁でつないで耐力壁相互の一体性を保つ
4) 上下階の耐力壁は連続するように配置する
5) 建物のコーナー部には直角に交わる耐力壁を設ける
6) RC の床スラブや屋根スラブで架構全体を一体化して立体的剛性を高める
7) 最下階耐力壁の下部は剛性の高い基礎梁でつなぎ、安定した連続フーチング基礎（布基礎）で支持する

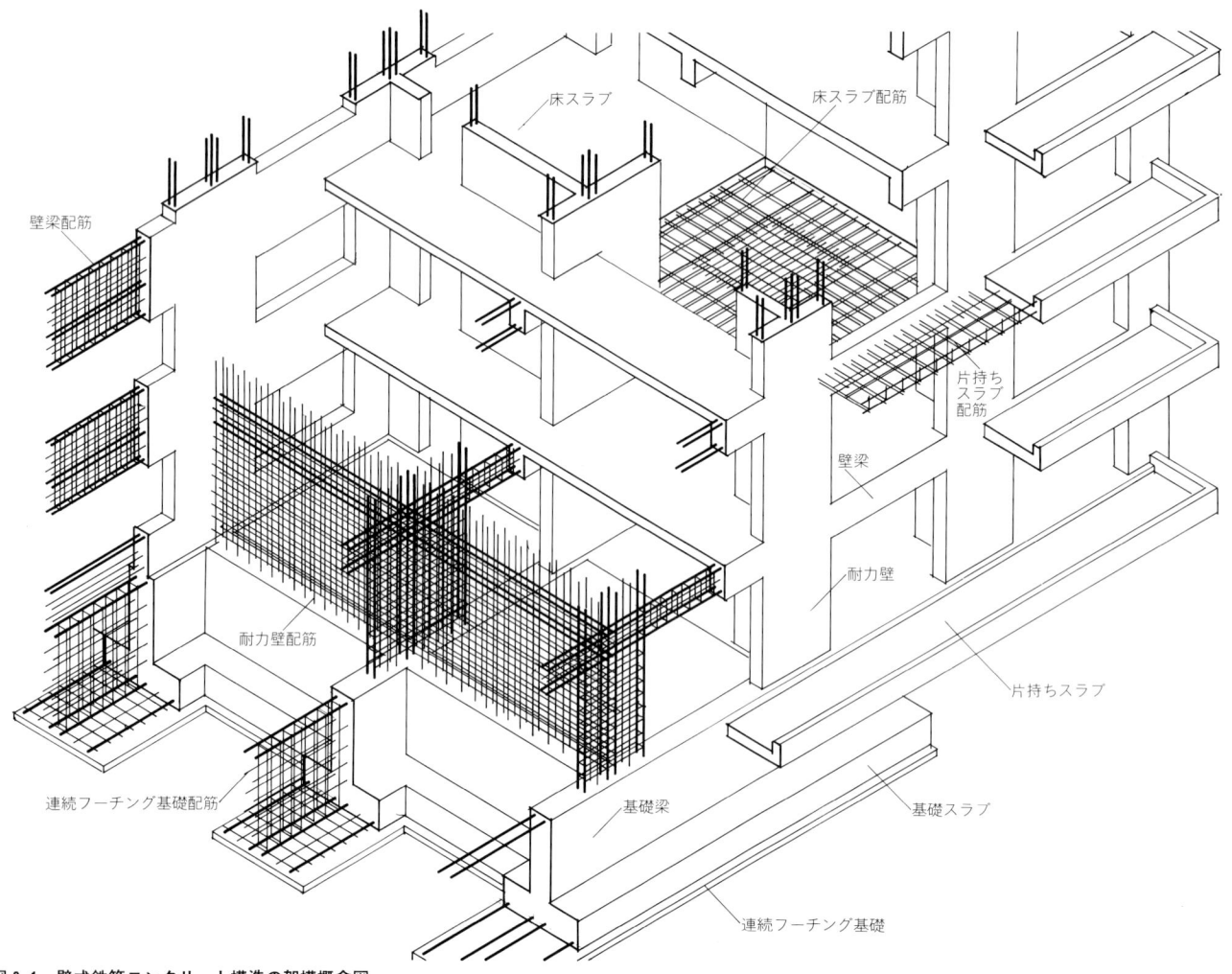

図 9-1　壁式鉄筋コンクリート構造の架構概念図

Structural Systems for Concrete

階		壁量（mm/m²）
地上階	平屋、最上階から数えて3つめの階以上の階	120
	最上階から数えて4つめの階以下の階	150
地下階		200

表 9-1 耐力壁の最小壁量（参考／日本建築学会：壁構造関係設計規準）

階		壁の厚さ t_0 (mm)	備考
地上階	平屋	120 かつ $h/25$	h：構造耐力上主要な鉛直支点間の距離(mm)
	2階建の各階 3、4、5階建の最上階	150 かつ $h/22$	
	その他の階	180 かつ $h/22$	
地下階		180 かつ $h/18$	

表 9-2 耐力壁の最小厚さ（参考／日本建築学会：壁構造関係設計規準）

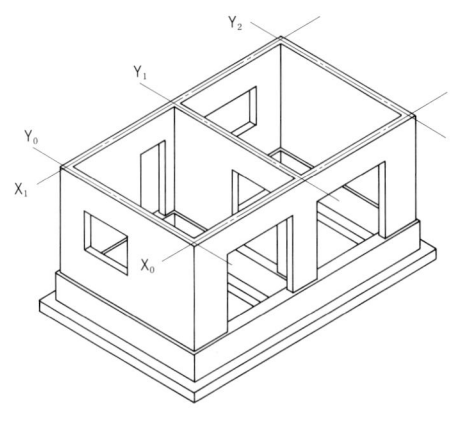

$A(m^2) = A_1$(床面積)$+ 1/2 \times A_2$(庇・バルコニー・面積)

X方向の耐力壁の全長(mm)：
$$\Sigma \ell_x = \ell_{x1} + \sim + \ell_{x6}$$

X方向の壁量(mm/m²)：
$$\Sigma \ell_x / A \geq 規準値$$

Y方向の耐力壁の全長(mm)：
$$\Sigma \ell_y = \ell_{y1} + \sim \ell_{y4}$$

Y方向の壁量(mm/m²)：
$$\Sigma \ell_y / A \geq 規準値$$

図 9-2 壁量の算出（耐力壁の架構図と構面図）

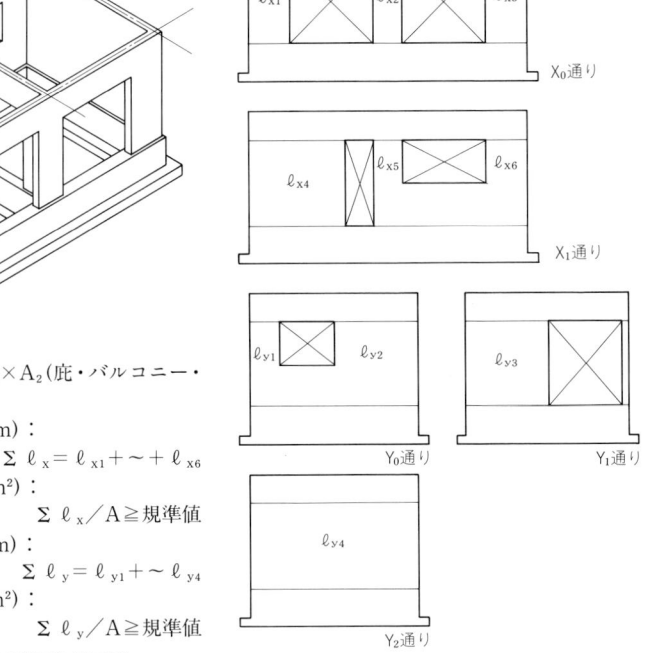

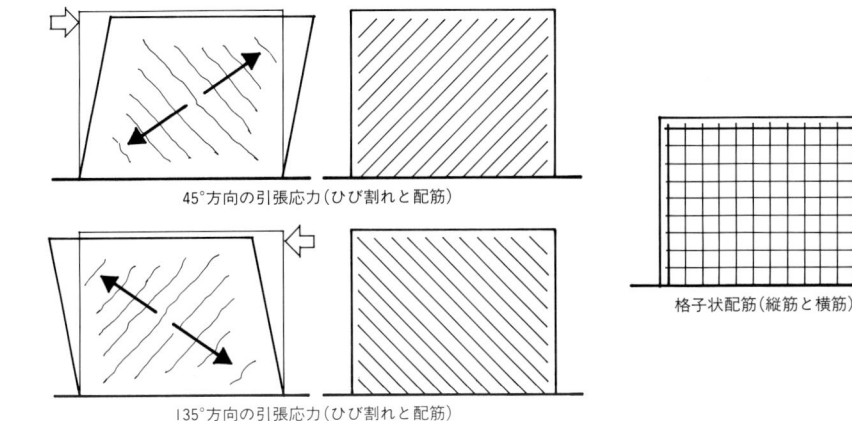

図 9-3 耐力壁の配筋の原理

耐力壁の壁量と壁の厚さ

■壁量とは、梁間（X方向）と桁行（Y方向）それぞれの方向の耐力壁の水平面方向の長さの合計$\Sigma \ell_x$(mm)、$\Sigma \ell_y$(mm)を、その階の床面積 A(m²) で割った値をいう。なお、上の階にバルコニーや連続した庇がある場合は、その面積の半分を床面積に加算する。

■壁量は階数と高さに応じて最小値（表 9-1）が定められ、この規準値以上の壁量を保つように設計しなければならない。

たとえば、床面積 70 m²、庇面積 10 m²の平屋の場合、梁間・桁行それぞれの方向の耐力壁の水平方向の長さの合計は、

(70+10/2)m²×120 mm/m²=9,000 mm

以上必要になる（図 9-2）。

■壁量に含めることができる耐力壁は、水平面の長さ l が 450 mm 以上で、かつその部分の壁の高さ（h）の 30% 以上ある場合に限られている。

長さが高さのわりに小さい（縦に細長い）壁は、構造特性が柱に近いため曲げ変形の可能性があり、有効な耐力壁とはならないからである。

■耐力壁の厚さは、規準値（表 9-2）に示す数値t_0以上とするが、一般階の内壁は 180 mm 以上、外壁は 200 mm 以上とするのが望ましい。

■地下階の場合、規準値では 180 mm 以上、片面が土に接する部分は、普通コンクリートを用いる場合 190 mm 以上、1種・2種軽量コンクリートでは 200 mm 以上と規定されている。

しかし、外壁は土圧や水圧を受ける場合が多く、また曲げ補強筋の径やかぶり厚さなどを考慮すると、普通コンクリートでも、外壁 210 mm 以上、内壁 200 mm 以上とするのが望ましい。

耐力壁の配筋の原理

■建物に地震力のような水平方向の力（水平荷重）が働くと、ラーメン構造の柱と梁には主として曲げ応力が生じるのに対して、壁式構造の耐力壁には面内剪断応力が生じる（耐力壁の面内方向に水平荷重が働く場合）。

■この面内剪断応力は、垂直方向に対しおおよそ 45 度あるいは 135 度方向に引張応力（斜張力）として働き、引張りに弱いコンクリートの耐力壁は斜め（引張力の主応力方向と直角方向）に剪断ひび割れを起こす（図 9-3）。そのため、耐力壁の強度や剛性が低下するので、縦横方向に格子状に剪断補強筋（図 9-4）を入れて、ひび割れの発生と進行を防ぐ。

耐力壁の鉄筋の名称と役割

■剪断補強筋

1) 剪断補強筋（縦筋および横筋）
   (reinforcing bar for shearing)
- 耐力壁および壁梁内の鉛直方向の縦補強筋と水平方向の横補強筋の総称で、水平力により耐力壁に生ずる面内剪断応力に対して働く鉄筋をいう
- コンクリートのひび割れの発生と進行を防ぐ効果もある
- 剪断補強筋（横筋および縦筋）の径はD10以上、間隔は300mm以下としなければならないが、複配筋の場合は片側の横筋および縦筋の鉄筋間隔は450mm以下でもよい
- 厚さ200mm以上の耐力壁は複配筋とする

2) 肋筋（あばら筋 stirrup）
- 壁梁の剪断補強筋（⇒ SS-10）

■曲げ補強筋

3) 曲げ補強筋（reinforcing bar for bending）
- 各部材に生ずる曲げ応力に対して働く鉄筋をいう
- 耐力壁の端部やL形・T形などの交差部、耐力壁と壁梁が交差する隅角部、開口部の鉛直方向の縁、など構造耐力上主要な部分に縦方向に配される鉄筋
- 設計規準に示す鉄筋量あるいはこれ以上の鉄筋量を曲げ補強筋として配する必要がある
- 曲げ補強筋の径は、剪断補強筋より太径とし、通常はD13～D16、地下壁はD19～D22、高層の場合はD25が使用される
- ＋形交差部は大きな曲げ応力が生じないので、1-D13程度でよいが、複配筋の交差部は、鉄筋の納まりから4-D13とする

4) 上端筋（上筋）・下端筋（下筋）
- 壁梁・基礎梁・小梁の上下端に横方向に配される軸方向鉄筋をいう

■亀裂防止・組立用補助筋

5) 斜め補強筋（diagonal reinforcement）
- 開口部四隅の亀裂防止用の補強筋
- 開口部四隅は、地震力や建物の不同沈下あるいはコンクリートの乾燥収縮により応力が集中し、亀裂が生じやすい
- 溶接金網（welded wire fabric）を配する場合もある。金網は径2.60～8.00mmのワイヤーを縦横の格子状に配し、交点を電気抵抗溶接したもの

6) 幅止め筋
- あばら筋の変形を防ぐ鉄筋（⇒ SS-10）
- 耐力壁、壁梁、小梁にD10以上の鉄筋を用いて、壁長さまたは梁せい600mm以上のものに間隔1,000mm程度で設ける。

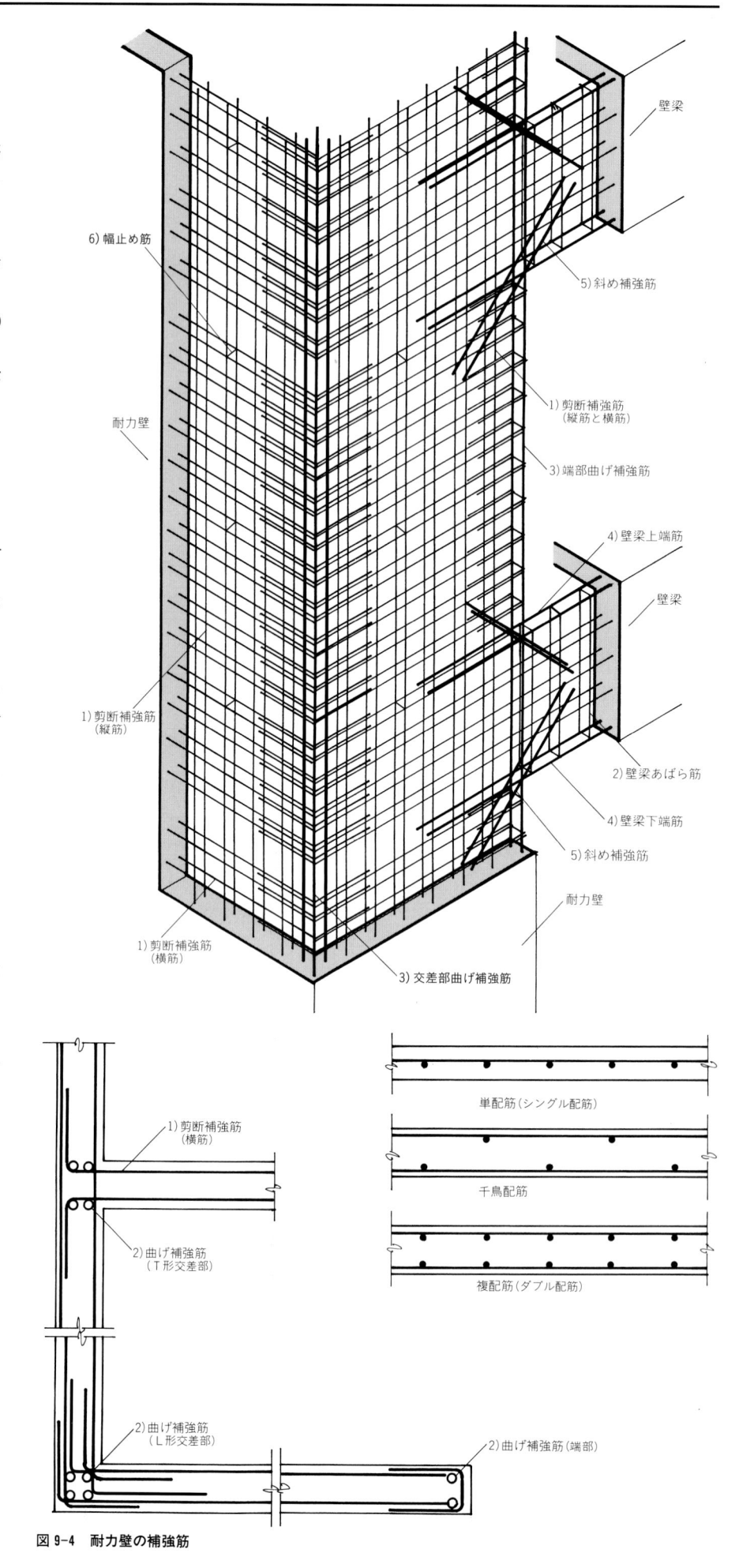

図 9-4 耐力壁の補強筋

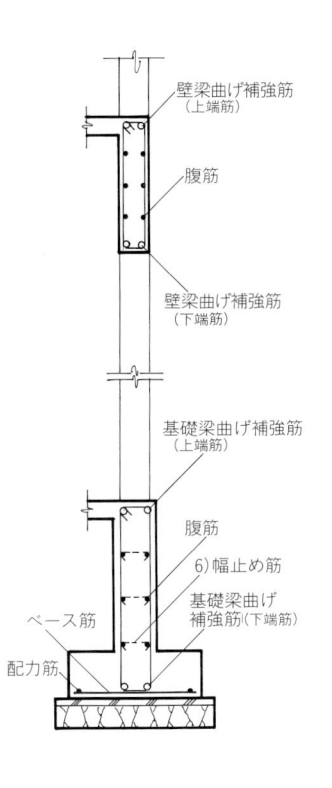

壁梁・基礎梁・基礎

■耐力壁がスラブ、壁梁、基礎梁でバランスよく拘束されると、壁式構造はRCラーメン構造より数十倍の剛性をもつ。

■地震力などの水平荷重に対して、耐力壁が有効に働くためには、各階耐力壁の上部は壁梁、最下階耐力壁の下部は基礎梁を通してつなぎ、壁相互を一体にする必要がある。壁梁は、梁幅を壁厚より大きめにとり、梁型を設けるほうが構造上や施工上好ましいが、実例では、屋内の仕上げの納まりや空間の利用効率を考慮して、壁梁を耐力壁の中に埋め込み、梁型を設けないケースが多い。

■最下階の耐力壁の下部には、基礎梁と基礎スラブを有効に連続して設ける。

■基礎梁は、①上部構造の変形を防ぎ架構全体の剛性を高める、②上部構造の鉄筋より太径の曲げ補強筋が挿入される場合が多い、③土に接するため鉄筋のかぶり厚さを十分に保つ、などの理由から、梁幅は壁厚より大きめにとることが必要である。

■基礎は、上部構造を安全に支えたり建物の不同沈下を防ぐ機能をもち、上部構造のさまざまな荷重を、直接または杭を介して地盤に導く重要な要素である。

一般に、耐力壁が線状に連続する壁式構造では、基礎梁と基礎スラブが一体になった連続フーチング基礎(布基礎)が使用される。

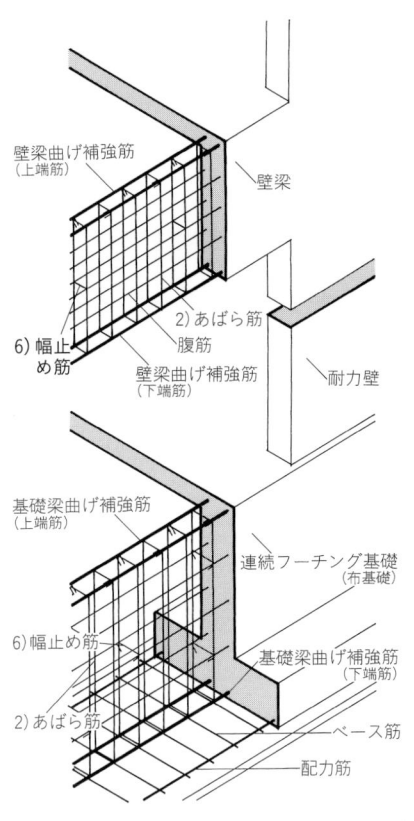

図 9-5 壁梁・基礎梁・基礎の補強筋

参考文献
1) 日本建築学会編「構造用教材」 丸善 1995年
2) 日本建築学会編「壁式構造関係設計規準集・同解説」 丸善 2003年
3) 日本建築学会編「壁構造配筋指針」 丸善 1987年

□コーヒーブレーク **トランクと汽船と耐力壁**

■関東大地震(1923)の6年前のこと。米国留学中の日本人青年が、サンフランシスコからワシントンへ身の回り品や書類を詰め込んだトランクを発送した。ところが、届いたときには無残な姿に変わっていた。持ち物をなるべくたくさん詰め込むために、トランクの仕切りを外してしまったためだとに気づいた彼は、次からは仕切りをできるだけ多く入れ、外側を太ひもでしばって運ぶことにした。

■耐震構造の理論研究という野望に燃えていた彼は、1年あまりの留学生活ではその糸口すらつかめず、帰国のため横浜港に向かう氷川丸でも悶々とした日を過ごしていた。

■帰国後1年ほどして、彼は氷川丸とトランクのことを思い出した。船のデッキと隔壁、トランクの仕切り、これらは変形を抑え、強度を増す重要な構造要素ではないか。この断片的なヒントから〈建物が変形するから壊れるのであって、形が歪まないように設計することが耐震構造のポイントである〉との確信をえた。そして、次のような結論を導き出した。「建物の部分で一番強いのは壁である。壁だけでつくられた建築は、おそらく強靱無比であろう。しからば、強さのわかっている壁を、建物の中にいかに配分すべきかが問題である」

■壁式構造の生みの親は内藤多仲(1886-1970)である。関東大地震の3年後、内藤は耐震耐火建築の見本としてRC造3階建ての自邸を設計し、晩年次のように述べている。

「住宅程度では柱はじゃまで不用だから、箱を作るように壁とスラブだけで十分だろう。そのほうが工費も安く、便利だからということでできたのがこの家である。これが図らずも戦後の壁式構法の先駆第1号となったわけである」

日本初の壁式鉄筋コンクリート構造 旧内藤邸 1926年 (「内藤多仲博士の業績」 鹿島出版会 1967年)

コンクリート系の構造システム

10 鉄筋コンクリートラーメン構造
REINFORCED CONCRETE RIGID FRAME STRUCTURES

キーワード

ラーメン　大梁　小梁　基礎つなぎ梁　床スラブ
独立フーチング基礎　複合フーチング基礎　べた基礎　杭基礎
主筋　上端筋　下端筋　ベント筋　腹筋　幅止め筋　あばら筋
帯筋　スパイラル筋　ベース筋　配力筋　剛接骨組　**剛接合**
ピン接合（ヒンジ接合）

■鉄筋コンクリートとは"Reinforced Concrete"の訳で、＜補強されたコンクリート＞を意味している。

■コンクリートは脆く、圧縮強度は鋼材や良質の木材に比べて低く、比強度（自重に対する強度の比）は鋼材の約5分の1、木材の約7分の1から10分の1しかない。また、引張強度は圧縮強度の10分の1程度で、曲げ応力の働く構造物に用いる場合は、引張強度の高い材料で補強する必要がある。棒状の鋼材で補強されたコンクリートを、とくに鉄筋コンクリート（以下RC）といい、コンクリートには圧縮力、鉄筋には主に引張力を負担させる複合材料である。

■ラーメンとはドイツ語の"Rahmen"のことで、語源は＜額縁＞のような四角い枠組を意味する。柱や梁のような線状の部材で構成され、節点が硬く（剛に）接合されている骨組をいい、英語では"rigid frame"（剛接骨組）という。剛接骨組のある部材に力が働くと、つられて他の部材にも変形がおよぶ。言いかえれば、骨組全体に力が分散するため、木造や軽量鉄骨造のようなピン接合された軸組構造よりも強くて変形しにくい（強度や剛性の高い）骨組が可能となる。

■RCラーメン構造（図10-1）は、コンクリートによって柱や梁の接合部が一体化されるため、鉄骨ラーメン構造（⇒ SS-17）よりも剛性の高い骨組になる。

■一般的には、8〜10階建て・高さ30m以下の建物に採用されているが、40階以上、高さ100m以上の事例もある。

■標準的なスパン（柱と柱の間隔）は、耐力壁で十分に補強されている場合で5〜8m、経済的なスパンは6〜7mであるが、材料強度を上げれば長辺スパン10m程度も可能となる。なお、1本の柱が支持する床面積は30〜50 m^2 を目安として、短辺・長辺方向のスパンを決めるとよい。

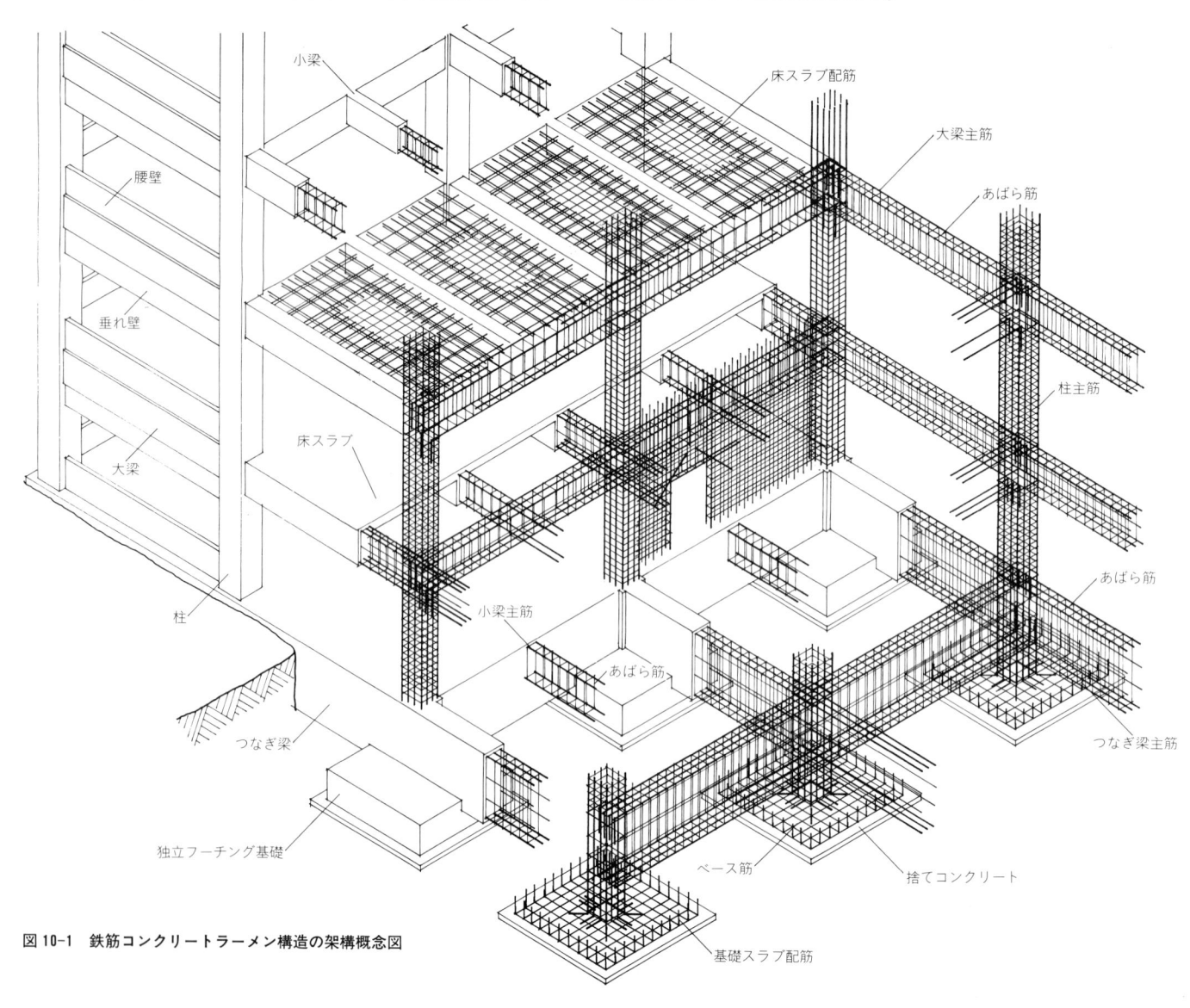

図10-1　鉄筋コンクリートラーメン構造の架構概念図

Structural Systems for Concrete

単純梁の応力と初期の鉄筋コンクリート梁

■図10-2は、ヒンジとローラーで両端を支持された単純梁に、等分布荷重や集中荷重が働いたときの主な応力の流れを示している。

この図を等応力度線図（isostatics）といい、実線は圧縮力、破線は引張力の作用線を表している。鉄筋コンクリート梁では、引張作用線（引張の主応力方向）にそって、鉄筋を補強するのが最も効果的である。

■初期の鉄筋コンクリート梁にはこの配筋法の事例が多く、図10-3はウィルキンソン（英）の特許（1854）による配筋法の例で、引張作用線に沿って曲線状にワイヤロープを配し、端部はワイヤをほぐして輪をつくりコンクリートに定着している。

■現在の鉄筋コンクリート造は、作業性を考慮して、部材断面の周辺部に直線状に補強筋を入れる方法が一般的である。

鉄筋の配し方の原理

■図10-4は、門形ラーメンに鉛直荷重と水平荷重が加わり、柱と梁に曲げモーメントが作用したときの骨組の変形と配筋の関係を示している。

■鉛直荷重（常時荷重）が作用すると、梁は下向きに、柱は外向きに凸に変形して、梁の両端部の上側と中央部の下側、柱の頭部の外側と脚部の内側が伸びる。伸びた部分には引張応力が生じるので、補強筋を入れてひび割れの発生や進行による骨組の強度や剛性の低下を防ぐ。

■地震力による水平荷重（臨時荷重）が作用すると、梁の両端部の上側と下側、柱の頭部と脚部の両側が荷重の加わる方向によって交互に伸びる。

したがって、水平荷重と鉛直荷重が同時に作用する短期荷重時には、門形ラーメンの柱と梁のすべての位置に補強筋（曲げ補強筋）を入れる必要がある。とくに、梁の両端部上側の補強筋の量は他の部分に比べて多くなる傾向がある。

■柱や梁には、上に述べた引張力や圧縮力の他に剪断力が作用する。図10-5のように、鉛直荷重が作用したときの単純梁の端部は、剪断力により平行四辺形を保つように変形し、力の合力により対角線方向の力（斜張力）が生じる。

そこで(a)のように、斜張力の方向にあばら筋（剪断補強筋）を入れると最も効果的であるが、地震のときに生ずる応力の方向は一定ではないこと、配筋工事が煩雑になること、などを考慮して、(b)のように、曲げ補強筋と直角方向に配筋する。

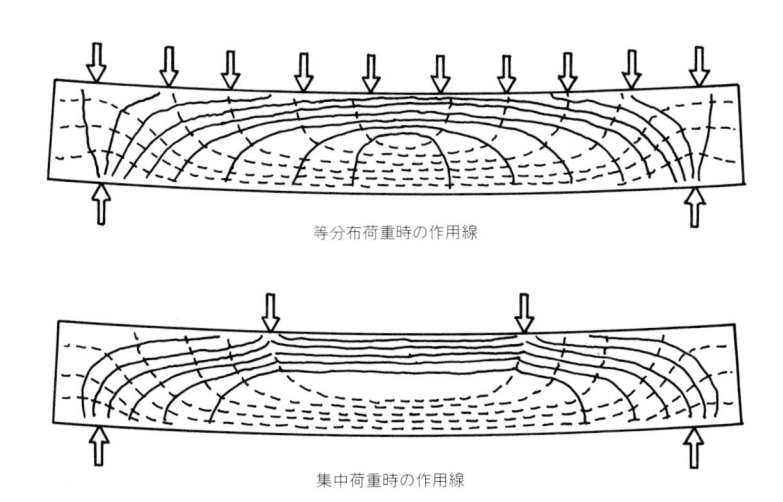

図10-2　等分布荷重時と集中荷重時の単純梁の等応力度線図

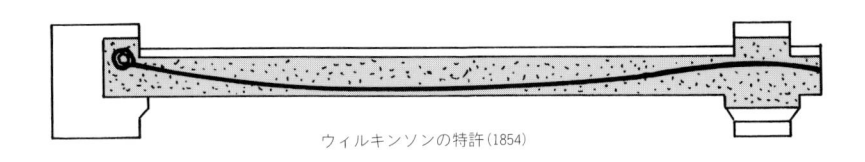

図10-3　初期の鉄筋コンクリート梁の配筋

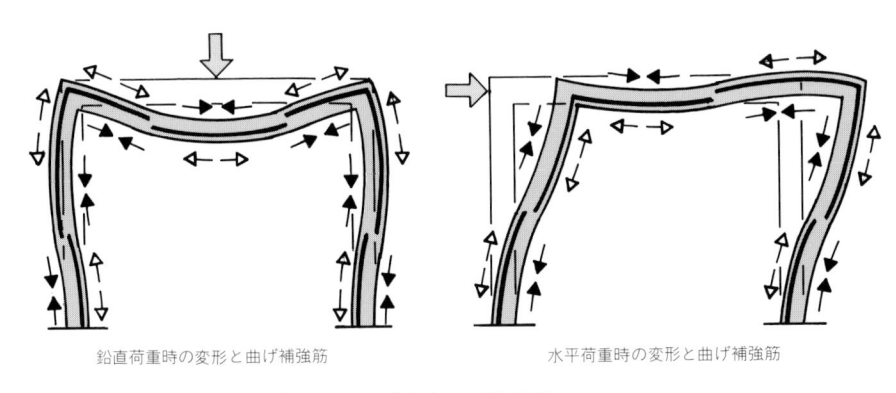

図10-4　ラーメン構造の鉛直荷重時と水平荷重時の変形と配筋

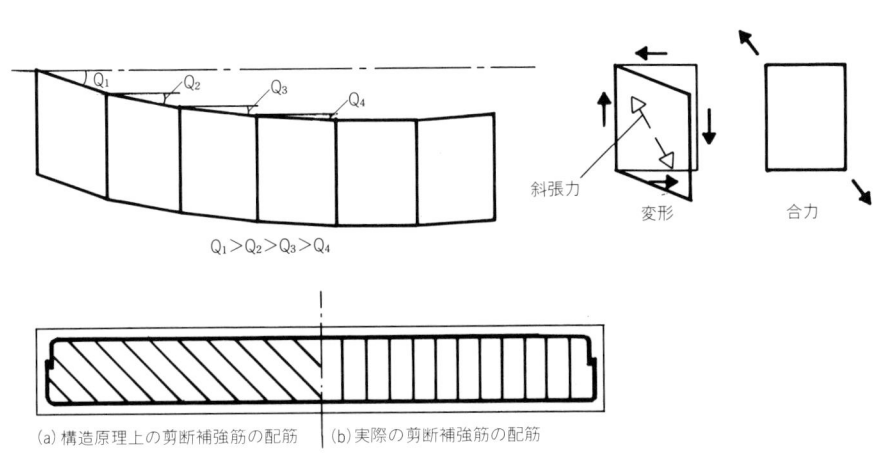

図10-5　単純梁の剪断力による変形と配筋

梁の鉄筋の名称と役割

■梁の曲げ補強筋

1) 梁筋・主筋（main bar）
- 曲げによる引張力を負担する補強筋
- 梁に靱性を与え、逆方向の曲げモーメントに対するため圧縮側にも挿入する
- 梁の上側と下側の主筋を梁上端筋（上筋）・梁下端筋（下筋）という

2) カットオフ筋
- スパンの途中で定着された主筋
- トップ筋ともいう

3) 2段筋
- 上端筋・下端筋を数段に配する場合の2段目の主筋
- 上下外側主筋の総称は1段筋

4) ハンチ（haunch）筋
- 梁端部にハンチを設け梁成を増す場合ハンチの下端に挿入する主筋

5) 折曲げ筋（bent up bar）
- 曲げによる引張力を負担する主筋の一種でベンド筋ともいう
- 折曲げ部は剪断力に抵抗する
- 梁の両端部・中央部の主筋の量を調整する場合にも用いられる

■梁の剪断補強筋

6) あばら筋・スターラップ（stirrup）
- 剪断補強として梁の上下主筋を囲む鉄筋で、この補強筋には次の効果もある
  (1) 主筋を所定の位置に保つ
  (2) 主筋のはらみ出しを防ぐ
  (3) スラブによる曲げに抵抗する
  (4) コンクリート乾燥収縮時のひび割れを分散する
  (5) 圧縮鉄筋の座屈を防ぐ
  (6) 鉄筋とコンクリートの付着力を高める

7) 副あばら筋（中子筋）
- 梁幅が大きい場合、隅筋以外に挿入する補強筋で、あばら筋の一種

■梁の組立用補助筋

8) 腹筋（web reinforcement）
- 梁成が大きい場合、主筋重量によるあばら筋のたわみを防ぐ補助筋
- 梁成が60 cm以上の場合、成が30 cm増すごとに挿入する
- 一般にD 10（直径10 mmの異形棒鋼、通称異形鉄筋）を使用
- 主筋を所定の位置に保つ
- 梁のひび割れの発生を防ぐ
- 振り応力に対して有効に働く

9) 幅止め筋
- コンクリートを打つときにあばら筋の横方向のはらみ出しを防ぐ補助筋
- 腹筋のはらみ止めも兼ねる

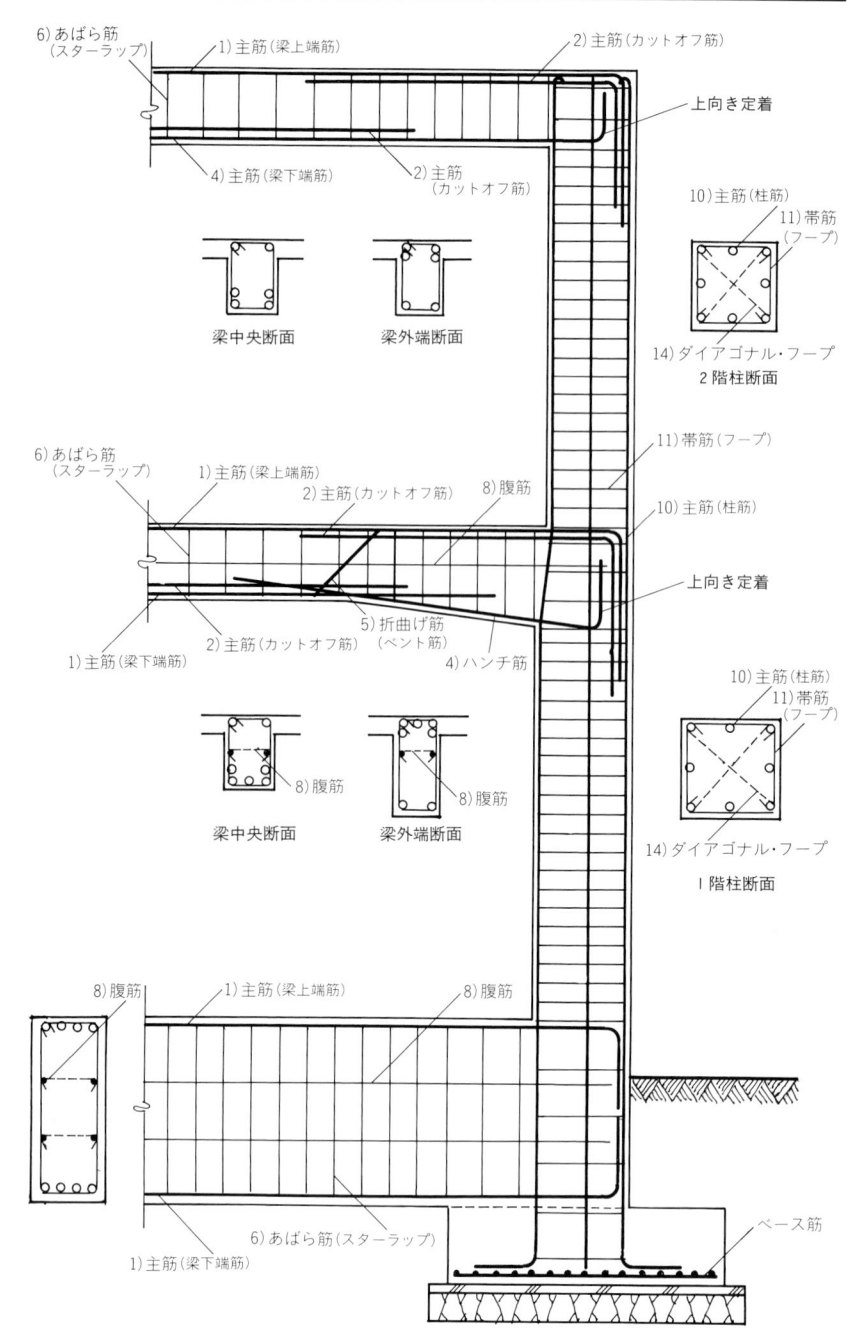

図 10-6 ラーメン配筋詳細
梁下端筋の折曲げ定着では、接合部側へ曲げ上げるほうが、接合部のせん断性能の観点からも良いため、接合部パネル内定着を基本とする。

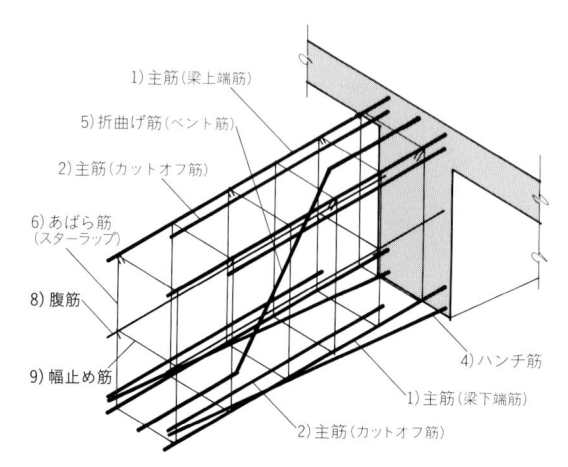

図 10-7 梁の補強筋の名称

Structural Systems for Concrete

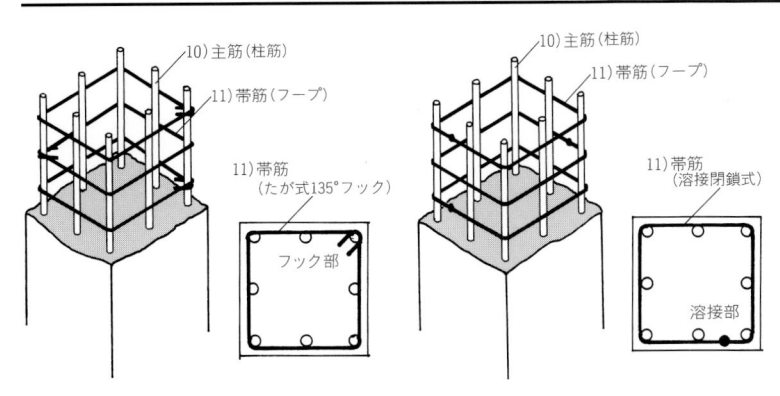

図 10-8　柱の補強筋の名称

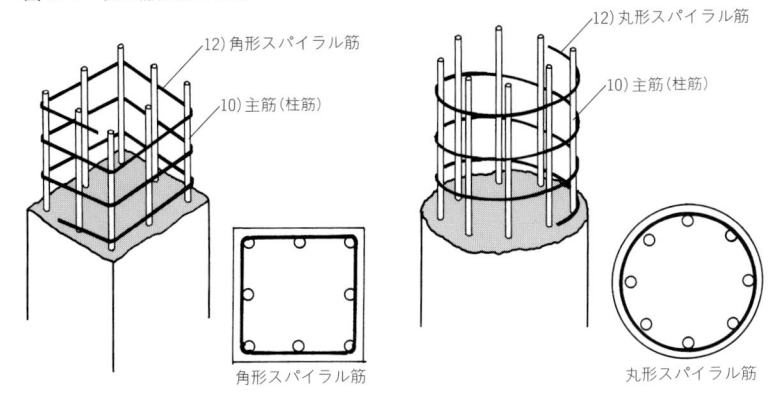

図 10-9　スパイラル筋のタイプ

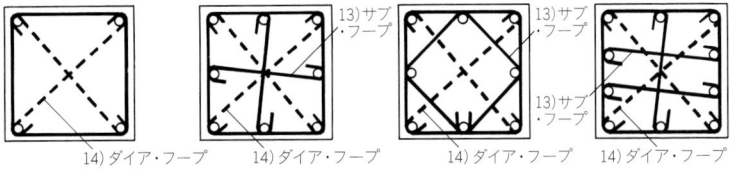

図 10-10　サブ・フープ（実線）とダイアゴナル・フープ（点線）の挿入例

参考文献
1) 日本建築学会編「構造用教材」　丸善　1995 年
2) 日本建築学会編「鉄筋コンクリート構造計算規準・同解説」　丸善　2010 年
3) 日本建築学会編「鉄筋コンクリート造配筋指針・同解説」　丸善　2010 年

柱の鉄筋の名称と役割

■柱の曲げ補強筋

10) 柱筋・主筋（main bar）
- 柱の軸方向に配筋され、曲げモーメントや軸方向力を負担する鉄筋

■柱の剪断補強筋

11) 帯筋・フープ（hoop, tie hoop）
- 柱の主筋を囲む水平方向の鉄筋で、柱に生ずる剪断力を負担する
- 間隔は鉄筋径にかかわらず 10 cm 以下とする
- この補強筋には次の効果もある
  (1) 圧縮鉄筋の座屈を防ぐ
  (2) コンクリートの横方向のはらみ出しを防ぎ、柱の強度や靱性を高める
  (3) 主筋とコンクリートを一体化する

12) スパイラル筋（spiral hoop）
- 帯筋と同じ役割をもち、主筋を囲むようにらせん状に配した鉄筋（図 10・9）
- 角柱用の角形と円柱用の丸形がある

13) 副帯筋・サブフープ（sub hoop）
- 剪断補強が不十分なときや柱幅が大きい場合隅筋以外の相対する主筋を結ぶ鉄筋
- この補強筋には次の効果もある
  (1) 隅筋以外の主筋の変形を防ぐ
  (2) 柱の捩れを防ぐ
  (3) 柱に粘り強さを与える

■柱の組立用補助筋

14) ダイアゴナル・フープ（diagonal hoop）
- 柱の隅筋を対角線状に結ぶ組立用鉄筋でダイア・フープ（図 10-10）ともいう
- 主筋の捩れを防ぎ、配筋位置を保つ
- 帯筋間隔が密な場合やコンクリートの充填性を損なう場合は省くこともある

☕コーヒーブレーク 超高層 RC ラーメン構造の話

■わが国の RC ラーメンは 6 階建て以下の工法として普及し、1970 年代に入り 15 階建て以上のものが実現するようになった。最初の高層建築は東京の椎名町アパート（18 階、高さ 48 m）で 1974 年に竣工している。設計条件が異なるとはいえアメリカではシカゴを中心に 50〜80 階の RC 高層ビルが建てられていた頃である。

■その後サンシティ G 棟（25 階、1980）、グランドハイツ光が丘（25 階、1987）、パークシティ新川崎（30 階、1987）などが建ち、わが国も高層化時代を迎えた。90 年代には、大阪の桜名リバーシティ・ウォータータワープラザ（41 階、高さ 129.4 m、1992）のような超高層 RC ラーメンも実現している。

■RC ラーメンの階数を決める条件は、1 階柱のコンクリート強度である。6 階以下の低層 RC には、普通コンクリートの設計規準強度が 21〜27 N/mm² のものが使用され、高層 RC では 36 N/mm² 以上の高強度コンクリートが必要になる。25 階以上の共同住宅では、スパン 5 m 前後、下階柱の断面寸法を 85〜90 cm とすると、柱の F_c は 25 階で 36 N/mm²、30 階で 42 N/mm²、40 階で 54 N/mm² 程度が目安とされている。

■1990 年代から、コンクリートや鋼材（鉄筋）の高強度化が進み、近年、150〜200 N/mm² の超高強度コンクリートが実用化され、現在では、60〜70 階クラス、高さ 200 m を超える超高層 RC ラーメン構造が可能となっている（地震のないマレーシアでは 88 階建て、高さ 451.9 m の世界一高い超高層 RC ビルが 1997 年に完成）。

日本最初の高層 RC ラーメン　東京の椎名町アパート
（鹿島建設　1974 年）

コンクリート系の構造システム

11 鉄骨鉄筋コンクリートラーメン構造
STEEL FRAMED REINFORCED CONCRETE STRUCTURES

キーワード

鉄骨鉄筋コンクリート　ラーメン　充腹梁　ラチス梁　合成梁　プレートガーダー　合成スラブ　**耐震壁**　**筋違**　平鋼　鋼板　形鋼　鋼管　ダイアフラム　スチフナ　高力ボルト　**フランジ**　**ウェブ**　シアコネクタ　ベースプレート　アンカーボルト

■鉄骨(S)造の骨組の周りに鉄筋を配して、コンクリートで一体化した構造システムである(図11-1)。鉄骨鉄筋コンクリートは"Steel Reinforced Concrete"のことで、SRCと略称されている。

■骨組が粘り強さをもつ鉄骨造と変形しにくい鉄筋コンクリート(RC)造の構造特性を生かした合成構造である。関東大地震以降、1963年に高さ制限が緩和されるまでは、7〜9階建て(高さ20〜31m)のラーメン構造のほとんどはSRC造であった。現在では、10〜25階程度の中層・高層の集合住宅やホテル建築の事例も多い。

■SRCラーメン構造(図11-1)は、鉄骨(S)ラーメン構造(⇒SS-17)より、(1)地震や風による水平変位が小さく、(2)振動も少なく居住性が良い、(3)耐火被覆の必要がなく、(4)耐水性・耐久性に優れる、などの利点があるが、(5)自重が大きく、(6)施工は複雑で工期は長くなる、などの問題点がある。

■またRCラーメン構造(⇒SS-10)より、(1)粘り強さ(靱性)があり、(2)耐震性に優れ、(3)大スパンが可能になる反面、(4)躯体コストが高く、(5)工期も長い、(6)鉄骨が多い場合はコンクリートの打ち込みやすい納まりを検討する必要がある、などの特徴をもつ。またS造やRC造に比べ、納まりが複雑になり、鉄骨と鉄筋の納まり具合によっては、柱や梁の断面を小さくすることがむずかしい。

■最近では、鉄骨造やRC造の異種部材と組み合わせた混合構造も普及している。たとえば、スパンに応じて梁のみを鉄骨にしたSRC造としたり、作業性を考慮して鉄骨梁を用いた鋼管コンクリートやプレキャストSRC造にしたり、鉄骨造の高層建築や超高層建築の低層部分に用いる、などの例がある。

■標準的なスパンは、耐震壁で十分に補強された場合で、6〜9m、経済的なスパンは7〜8mを目安とする。

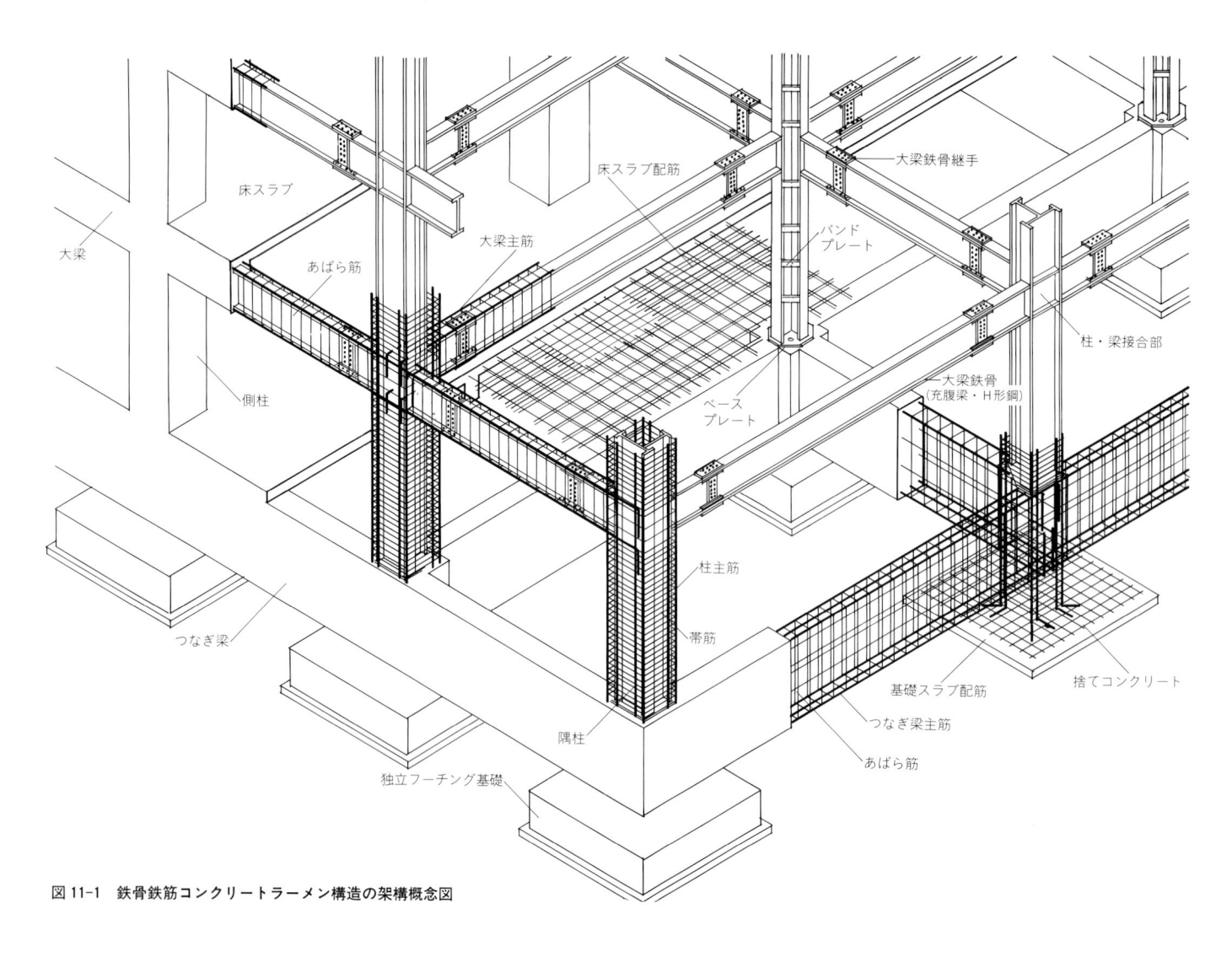

図11-1　鉄骨鉄筋コンクリートラーメン構造の架構概念図

Structural Systems for Concrete

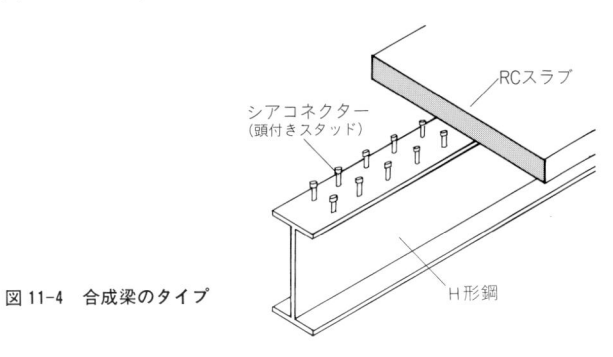

鉄骨鉄筋コンクリート梁のタイプ

■梁の形式には、鉄骨梁のウェブ部分に開口のないフルウェブ材(充腹材, full web member)と開口のあるオープンウェブ材(非充腹材, open web member)による梁、フランジとウェブに異種部材を組み合わせた合成梁の三つのタイプがある。

■充腹梁(full web beam, 図11-2)
(a)H形鋼をそのまま用いたI形断面の梁と(b)鋼板を溶接加工した組立梁(built-up beam)の形式がある。

積載荷重が大きな梁や大スパンの梁では、梁成がフランジ幅より大幅に大きくなり、プレートガーダー(plate girder)と呼ばれる組立梁が使われる。ウェブプレートは剪断によって座屈しないように補剛材(stiffener)を設けた梁で、橋桁で多用される。いずれの形式もウェブ材で梁断面が分断されるため、コンクリートの一体性は損なわれる欠点がある。

■非充腹梁(open web beam, 図11-3)
山形鋼(フランジ材)と平鋼(ウェブ材)を高力ボルトで接合した組立梁である。作業性に劣るがコンクリートの一体性は保ちやすく、剪断応力の少ない梁には多用される。

(a)ウェブ材が3角形を構成し剪断変形を防ぐラチス梁(lattice girder)で、フランジ材が山形鋼の2丁合せの形式
(b)ラチス梁のフランジ材が単一の山形鋼で構成された形式
(c)ウェブ材が帯状の鉛直材で構成された帯板梁(tie plate beam, Vierendeel girder)粘り強さや耐力はラチス梁より低い
(d)ラチス梁(b)を平鋼でつないだ箱形断面梁(box girder)の形式
(e)溝形鋼による箱形断面梁形式。コンクリートの一体性が損なわれるので使われない
(f)H形鋼のウェブ部を波形に切断、波頭相互を溶接加工したハニカム梁(castellated beam)形式。自重を増さずに梁成を大きくして曲げ剛性を高めた組立梁で、作業性にも優れ、SRC造よりもS造の大断面の梁で多用される。ただし、作業性に劣るため、最近ではあまり使用されない。

■合成梁(composite beam, 図11-4)
SRC柱とS梁のように異種部材を組み合わせる混合構造(mixed systems)では、H形鋼の梁とコンクリート床板を一体化した合成梁が用いられる。

両者は頭付きスタッドのようなシアコネクタ(shear connector)により一体化され、鉛直荷重に対してはコンクリートが圧縮力、鋼材が引張力を吸収するT形梁として荷重に抵抗する。

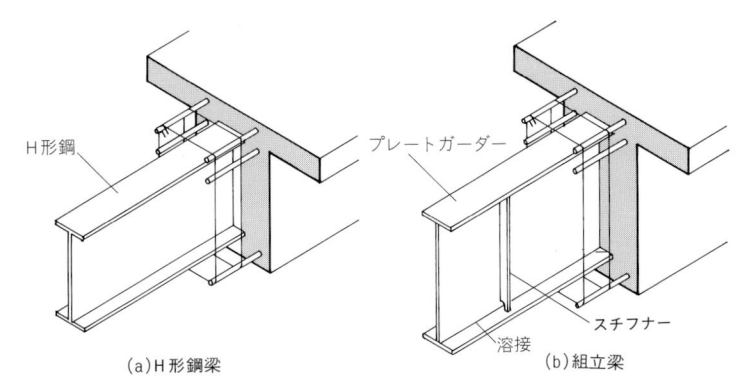

図11-2 充腹(フルウェブ)梁のタイプ
(a)H形鋼梁
(b)組立梁

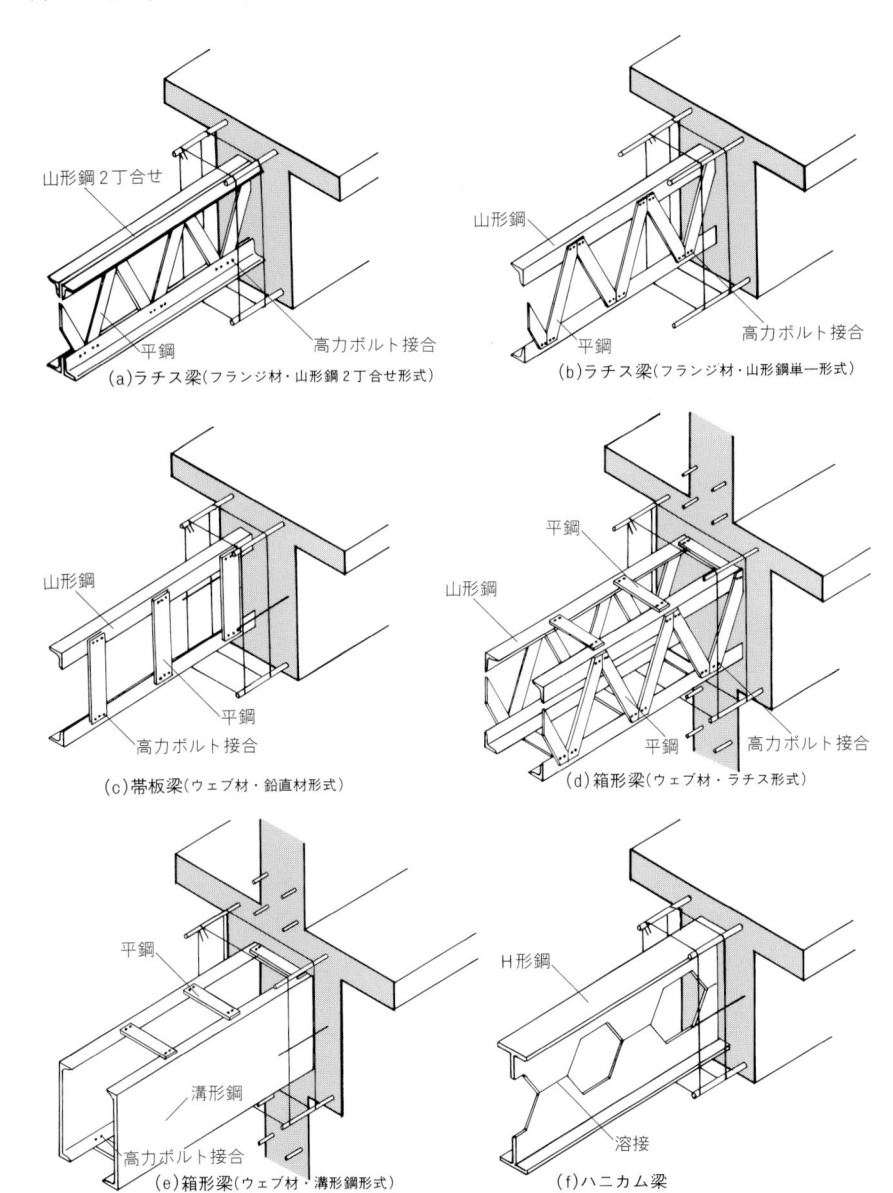

図11-3 非充腹(オープンウェブ)梁のタイプ
(a)ラチス梁(フランジ材・山形鋼2丁合せ形式)
(b)ラチス梁(フランジ材・山形鋼単一形式)
(c)帯板梁(ウェブ材・鉛直材形式)
(d)箱形梁(ウェブ材・ラチス形式)
(e)箱形梁(ウェブ材・溝形鋼形式)
(f)ハニカム梁

図11-4 合成梁のタイプ

コンクリート系の構造システム

鉄骨鉄筋コンクリート柱のタイプ

■柱の形式は、鉄骨柱のウェブ部に開口のないフルウェブ材（充腹材）と開口のあるオープンウェブ材（非充腹材）がある。最近は、鉄骨を鋼管で置き換えた鋼管コンクリート柱がよく使用される。

■**充腹形柱**（図11-5）

溶接技術の進歩とともに、H形鋼やT形鋼などの圧延形鋼が大量に生産されるようになり、大型形鋼をそのまま用いたり、鋼板を溶接加工した組立材が用いられる例が多い。

組立柱（built-up columun）は、柱の位置により断面形が異なる。

(a) 中柱用の充腹十字形
(b) 側柱用の充腹T字形
(c) 隅柱用の充腹L字形
(d) 組立柱の弱軸方向（ウェブ材に直角の方向）

■**非充腹形柱**（図11-6）

山形鋼などの小型形鋼や平鋼を溶接やボルトで組み合わせた組立柱。

ウェブ材が、(a)斜材により構成されたラチス柱（lattice column）、(b)主材と直角方向に帯板部材をつないだ帯板柱（tie plate column、梯子柱）、などがある。

鋼材とコンクリートの一体性を保ちやすいが、作業性に劣るため、最近ではあまり使用されない。

■**鋼管コンクリート柱**（図11-7）

円形や角形鋼管を用いた鋼管コンクリート（steel pipe reinforced concrete）は、①鋼管の拘束効果により内部コンクリートの強度が上がる、②鋼管の局部座屈がコンクリートにより防止される、③地震や風などの水平荷重に対し柱断面の方向性がなく、特に円形鋼管（管鋼）が優れている、などの構造特性をもち、柱に適した構法である。コンクリートの打設位置により次の三つのタイプがある。

(a) 鋼管の外側のみをコンクリートで包む被覆形鋼管コンクリート柱
(b) 鋼管の内側のみにコンクリートを打設する充填形鋼管コンクリート柱
(c) 内側と外側ともにコンクリートを打設する充填被覆形鋼管コンクリート柱

とくに(b)と(c)タイプの充填形鋼管コンクリート柱は、鋼管とコンクリートが拘束しあうため、局部座屈が防止され、変形性能も高くなる特性をもつ。(b)形式は、コンクリート打設用の型枠が不要になる利点もある。鉄骨ラーメン構造（⇒ SS-17）の柱部材としても使用される。

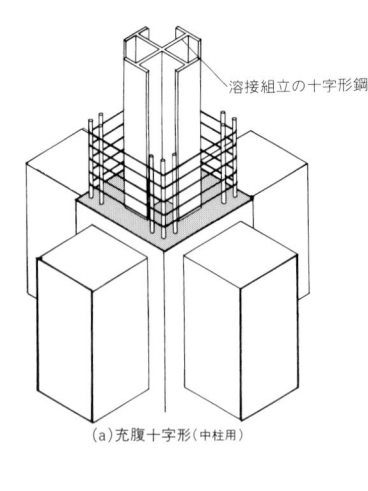

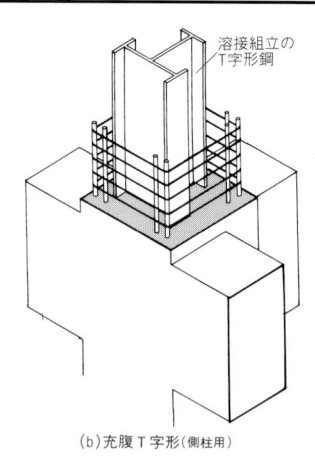

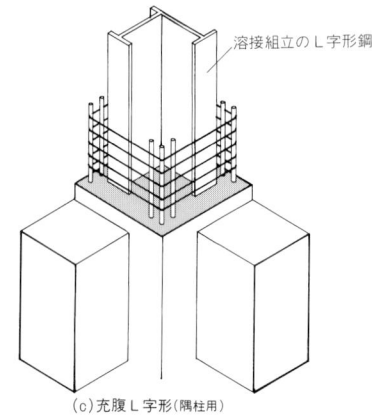

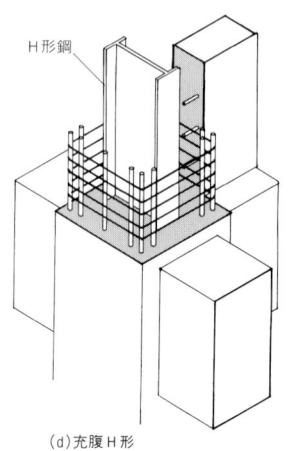

(a) 充腹十字形（中柱用）
(b) 充腹T字形（側柱用）
(c) 充腹L字形（隅柱用）
(d) 充腹H形

図11-5 充腹（フルウェブ）柱のタイプ

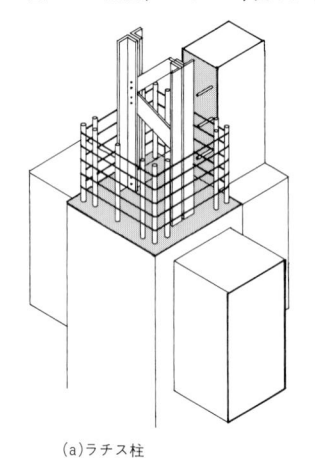

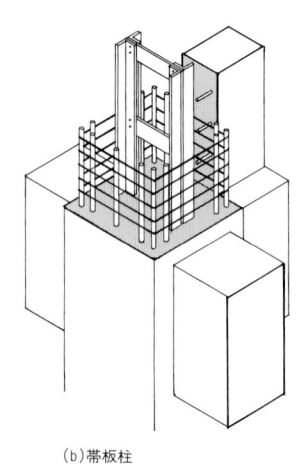

(a) ラチス柱
(b) 帯板柱

図11-6 非充腹（オープンウェブ）柱のタイプ

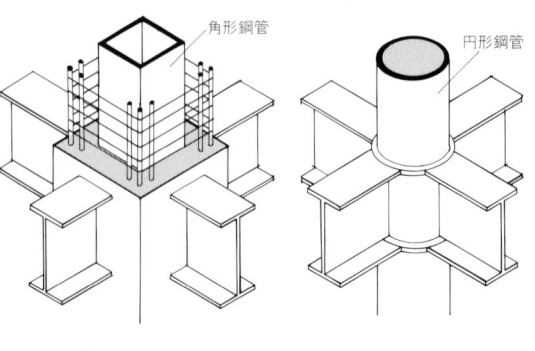

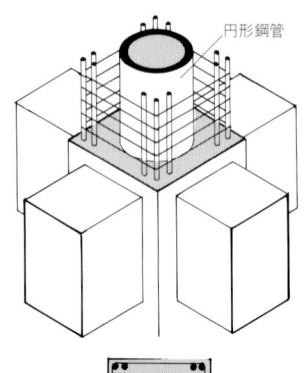

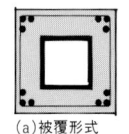

(a) 被覆形式
(b) 充填形式
(c) 充填被覆形式

図11-7 鋼管コンクリート柱のタイプ

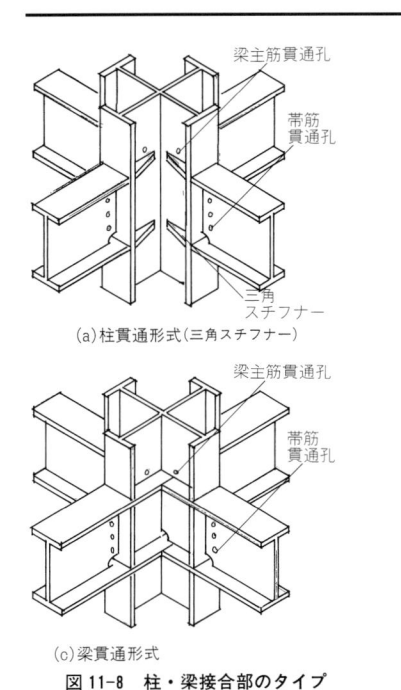

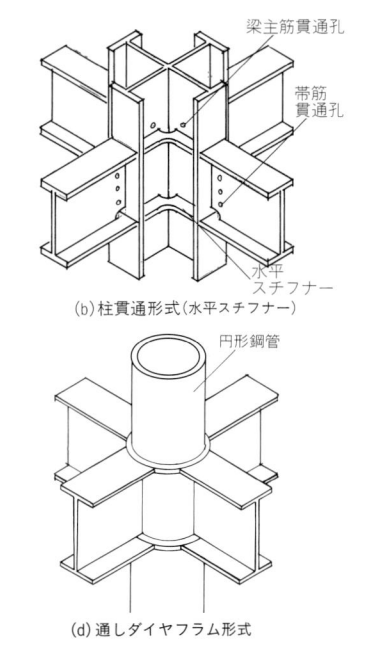

Structural Systems for Concrete

(a) 柱貫通形式(三角スチフナー)
(b) 柱貫通形式(水平スチフナー)
(c) 梁貫通形式
(d) 通しダイヤフラム形式

図11-8 柱・梁接合部のタイプ

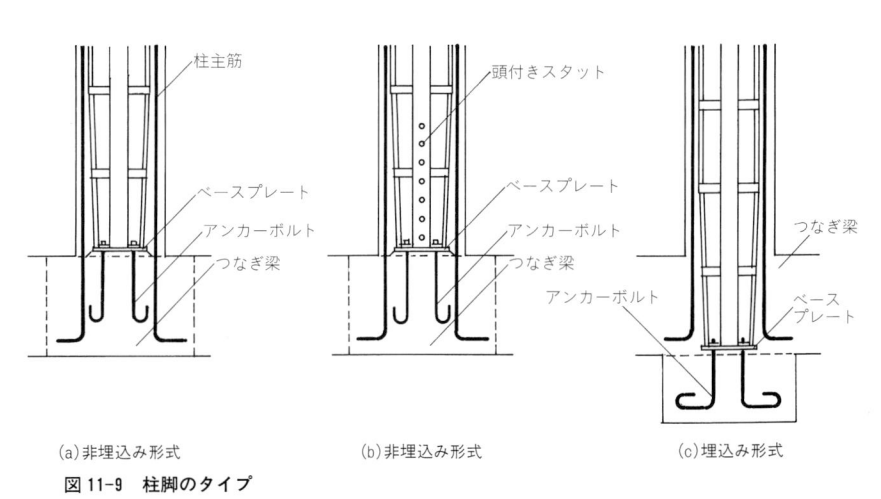

(a) 非埋込み形式
(b) 非埋込み形式
(c) 埋込み形式

図11-9 柱脚のタイプ

柱・梁接合部と柱脚

■ ラーメン構造の柱と梁の接合部は、架構の性状を左右する重要な構造要素である。SRC ラーメン構造は、鉄骨造の接合部を RC 造で包み込んで一体化するので、理想的な剛接合が可能になる。しかし、RC 造や鉄骨造の接合部と比べて複雑になりやすいので、コンクリートが隅々まで充填されるような単純な納まりとなるように計画する。

■ 鉄骨主材の接合形式 (図11-8) には、柱材の連続した柱貫通形式(a)(b)と、梁材の連続した梁貫通形式(c)(d)の二つがある。

前者の形式(a)と(b)は、柱の軸方向力の大きな場合や柱の左右で梁成の異なる場合に用いられる。梁の応力がスムーズに流れるように水平スチフナーや鉛直スチフナーを設けて補強する。

後者の形式(c)では、上下階の柱のフランジを連続させる補強材が必要になる。

鉄筋は原則として主材に当たらないように配するが、梁筋や帯筋が柱や梁のウェブ材に当たる場合は、断面欠損の少ないように貫通孔をあけておく。

■ 柱脚部は、柱を流れてくる上部構造の鉛直荷重を基礎構造に伝える重要な構造要素である。また、地震時に生ずる水平剪断力に耐えるように十分な配慮が必要になる。

SRC 造の柱脚は、剛接合された固定柱脚とする。柱脚の形式 (図11-9) は基礎梁の上端で固定する非埋込み形(a)(b)と基礎梁の下端で固定する埋込み形(c)がある。前者は柱主筋とアンカーボルトで、後者は鉄骨主材も含めて基礎梁に固定される。(c)の固定度はよいが、施工性・経済性に問題がある。

参考文献
1) 日本建築学会編「構造用教材」 丸善 1995年
2) 日本建築学会編「鉄骨鉄筋コンクリート構造計算規準・同解説」 丸善 1988年
3) 日本建築学会編「鋼管構造設計指針・同解説」 丸善 1990年

□コーヒーブレーク 関東大地震とSRC造ビル

■ SRC 造は日本で開発され、独自に発展した工法である。

東京が震災にあう前、まだ日本の高層建築の技術レベルは低く、多くは欧米の技術に頼っていた。とくに、アメリカ式工法の鉄骨と煉瓦による高層ビルは、軽量・安価で、工期が短くてすむので、主流を占めていた。当時、アメリカ式工法の耐震性に不安を抱いていた内藤多仲は日本興業銀行の設計の際に、耐震壁を入れ、鉄骨のまわりは必ず鉄筋コンクリートで包むことを提案した。

「本建築は南北に長く東西に短きを以て東京の地震に対し不幸にして不利の状態にあり、その上営業室は大なる空間を作るを以て、外囲四隅は特に充分剛強なる耐震壁をもうけて之を補強せり。又金庫の鐵筋壁及階段エレヴェーターの周囲等何れも都合よく之を耐震壁とし、・・・柱は皆之を鐵筋コンクリートにて包覆し外壁はカーテンウォール煉瓦一枚半となす」(架構建築耐震構造論/1923年)

■ 東京を襲った大地震 (1923年) で、技術移入により完成した鉄骨造や RC 造の建築が軒並み被害を受けるなか、1921年に竣工した丸の内の日本興業銀行は、ほかの建築物に比べて被害が少なく、SRC 造の耐震性が証明された。

世界初の本格的SRCラーメン 日本興業銀行(1921年)
(「内藤多仲博士の業績」 鹿島出版会 1967年)

コンクリート系の構造システム

12 鉄筋コンクリートシェル構造
REINFORCED CONCRETE SHELL STRUCTURES

キーワード

シェル　膜応力　曲率　曲率半径　推動面　回転面　線織面
母線　剛性　曲げ剛性　圧縮帯　拘束作用　補剛効果　圧力線
アーチ作用　カテナリー作用　梁作用

■鶏の卵や蛤は薄い殻でおおわれているだけで、骨のような支えがなくても自立する。そして、動植物の中身を保護している殻の形のほとんどが曲面で、力の集まるところの曲面の曲りぐあい（曲率）が大きいことは、経験的に誰でも知っている。

シェル（Shell、貝殻）構造は、自然のつくりだす形と力の関係の原理を応用した構造システムである（図12-1）。

■薄い曲面板の一部に集中して力を加えると変形したり壊れたりするが、全体に均等な力を加えると曲面板は大きな抵抗力をもつ。つまり、局部的な荷重による曲げ応力や剪断応力には弱いが、曲面全体に均一に広がる荷重に対しては圧縮応力や引張応力により強く抵抗する、という力学的特性をもっている。

このように、シェル面の中立軸にそって圧縮応力や引張応力が主応力として作用し、曲げ応力や剪断応力は2次的な応力となる。この応力状態を＜膜応力＞といい、テント構造（⇒ SS-21）や空気膜構造（⇒ SS-22）は、圧縮応力や曲げ応力のない膜応力の作用する構造システムである。また、膜応力の大きさは曲面の曲率半径に比例しているので、動植物の殻と同じように、シェル面の曲率が大きいほど有利になる。

■シェル構造は、曲面板の形と力の流れ方の違いにより、次の五つのタイプ（図12-2）に分類される。

1) 筒形シェル（long shell）：任意の曲線を直線の（母線）にそって平行移動させたスパン方向に長いシェル
2) 筒形シェル（short shell）：任意の曲線を直線の（母線）に沿って平行移動させた横断面方向に長いシェル
3) 球形シェル（spherical shell）：任意の曲線を1本の軸のまわりに回転させたドーム状のシェル
4) 鞍形シェル（hyperbolic paraboloidal shell）：平行の直線群が互いに捩れてできた鞍形状のシェル
5) 自由曲面シェル：幾何学的な形態によらない曲率の変化する自由な曲面を用いたシェル

図12-1　架構概念図　写真12-1　アルヘシラスの市場　構造：E.トロハ　スペイン　1933年（写真：松江泰治）

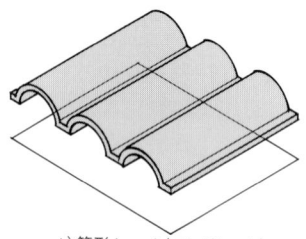

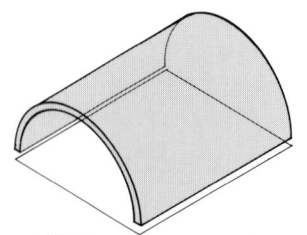

1) 筒形シェル（ロングシェル）　　2) 筒形シェル（ショートシェル）　　3) 球形シェル　　4) 鞍形シェル

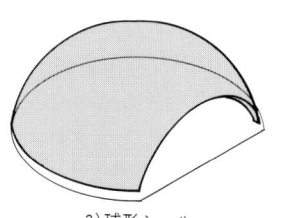

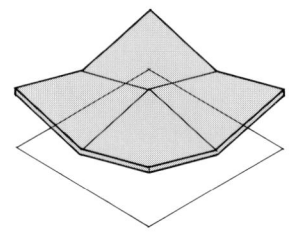

図12-2　鉄筋コンクリートシェル構造のタイプ

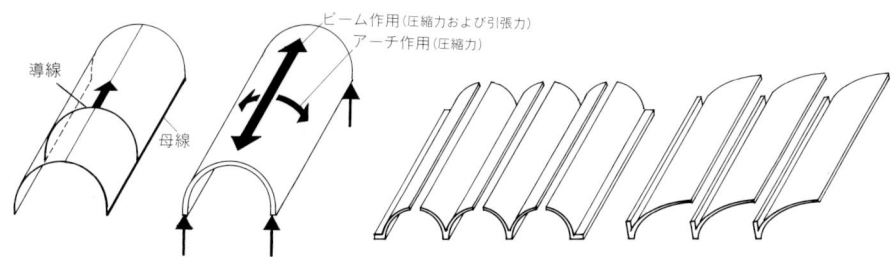

Structural Systems for Concrete

図12-3 ロングシェルの形と単純化された力の流れ方

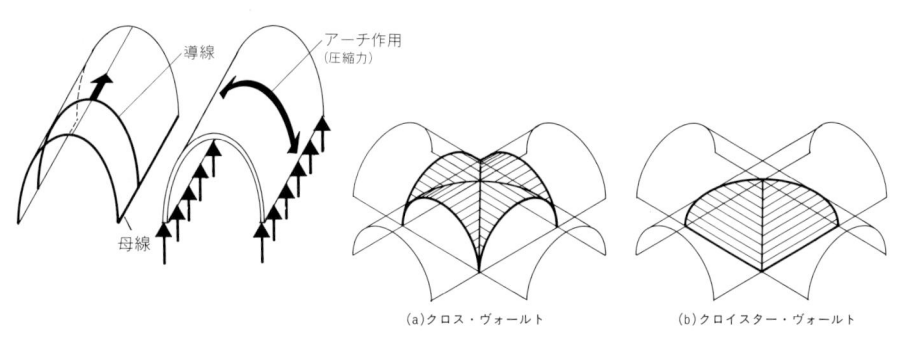

図12-4 ショートシェルの形と単純化された力の流れ方
(a)クロス・ヴォールト　(b)クロイスター・ヴォールト

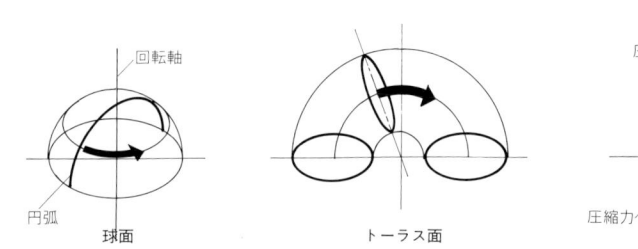

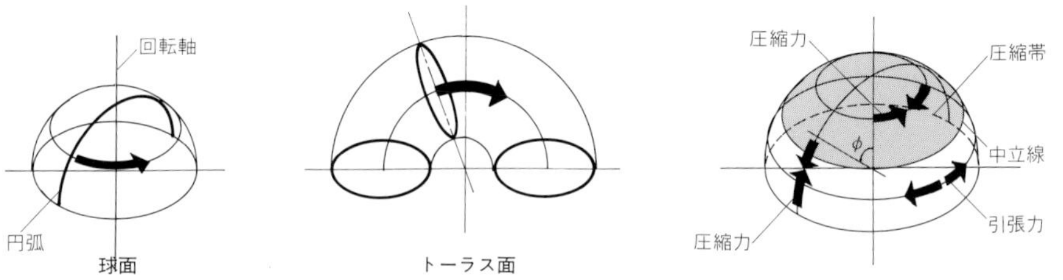

図12-5 球形シェルの形と単純化された力の流れ方

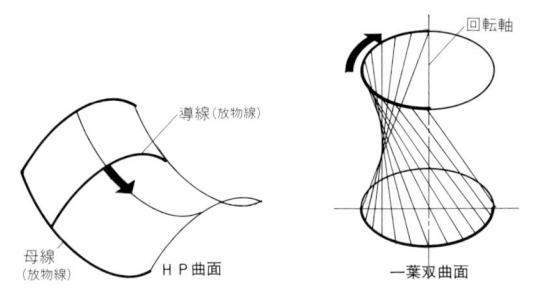

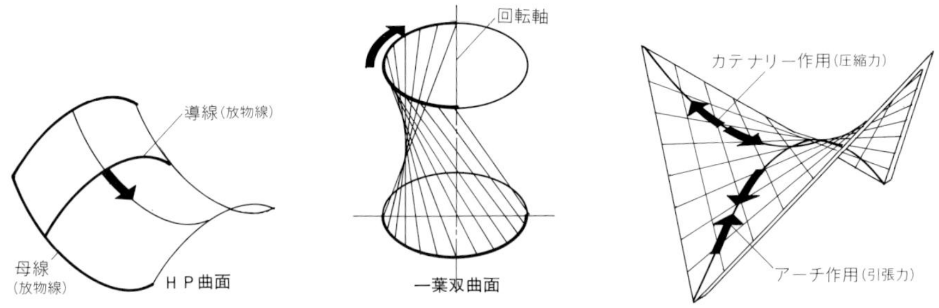

図12-6 鞍形(HP)シェルの形と単純化された力の流れ方

参考文献
1) 坪井善昭・田中義吉・東武史共著「空間と構造フォルム」建築知識社　1980年

シェル構造のいろいろ

■ロングシェル（筒形シェル，図12-3）

横断面の形は円弧が多く、スパン中央付近は頂部に圧縮力、下部に引張力が作用する曲面板状の梁として働く。シェル面の自由端は変形しやすく大きな応力を受けるので、その部分の厚みを増すか、垂直板、水平板、傾斜板などのリブを設けて補剛する。シェルを円弧方向に連続させ、工場や体育館などの細長い平面をおおう事例が多い。

■ショートシェル（筒形シェル，図12-4）

横断面方向に圧縮力の作用するヴォールト（vault）として働き、横断面の形は円弧よりも圧力線に近い放物線や圧力線と一致する懸垂線が合理的である。筒形シェルを相貫したクロスヴォールトやクロイスターヴォールトでは円弧断面が多い。正3角形、正方形、正6角形などの平面形をおおうのに適し、隣接するシェル相互の拘束作用や交差部アーチの補剛効果により、架構全体の剛性は極めて高い。

■球形シェル（ドームシェル，図12-5）

回転軸に中心をもつ円弧で構成。経線方向には圧縮力のみが働き、荷重はアーチ作用で下部に伝えられ、緯線方向は上部に圧縮力、下部に引張力が作用する。RCシェルでは圧縮応力のみが作用する圧縮帯を用いるのが有利である。

■鞍形シェル（HPシェル，図12-6）

鉛直面内の下向きに開いた放物線を、上向きに開いた放物線上で平行移動させた双曲放物面をHP曲面という。

アーチ作用（圧縮力）とカテナリー作用（引張力）により荷重を伝える。

■自由曲面シェル

逆さ吊り模型による曲面（引張力のみで釣り合った形）を上下逆にすると、圧縮力のみが作用するシェルができる。幾何学的曲面によらない自然な形をしたシェルが可能で、あらゆる平面形をおおうこともできる。

□コーヒーブレーク　RCシェルの先駆者

■1920年代、鉄筋コンクリート造を組積造の延長として捉えていた当時の建築家や構造技術者たちの中で、鉄筋コンクリートの特性を理解して平面板や曲面板の可能性を追い求めた構造技術者がいた。軽やかなアーチ橋を数多く残したスイスのR.マイヤール（1872-1940）である。

■スイス博覧会（1939）のセメント館は、彼が橋梁設計で蓄積したノウハウが随所に生かされ、新素材の鉄筋コンクリートの秘めている可能性を世に訴えた。

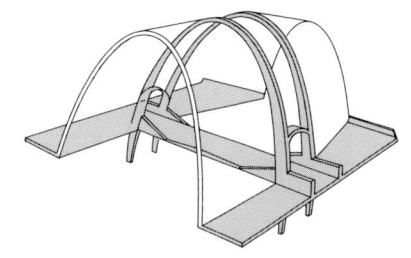

スイス博覧会セメント館（1939年）

■スパンは約20m、厚さわずか6cmのヴォールト状の曲面板は、2列のアーチ状のリブ、リブに連続したブリッジ、シェル裾部に張り出したバルコニー、などで補剛され、大胆な鉄筋コンクリート板として安定を保っていた。

■S.ギーディオンはこれを「浮き上がろうとする絹の気球のよう」と評した。

コンクリート系の構造システム

13 鉄筋コンクリート折板構造
REINFORCED CONCRETE FOLDED PLATE STRUCTURES

キーワード
折板　平面板　**剛性**　壁梁　連続梁　**床板(slab)作用**
壁板(plate) 作用　**中立面**　スラスト(thrust,推力)
タイロッド(tie rod)　　リブ(rib)　　**補剛**　拘束作用

■平らな画用紙を離れた台の間にかけ渡すと、紙は自らの重みでたわんでしまう。ところが、かけ渡す方向に画用紙を折り曲げると、単行本程度なら支えることができる。さらに本を載せると、折られた画用紙は開きはじめ耐力を失うが、変形を防ぐように端部を画用紙で補強して糊付けなどで固定すれば、数冊の本なら簡単に支えることができる。

■折板構造（図13-1）は、この折り紙の強さの原理を応用したもので、傾斜した板をアコーディオン状やピラミッド状に連続させ、シェル構造（⇒ SS-12）のように、形のもつ強さ（強度）や硬さ（剛性）を利用した構造システムである。
　"folded-plate shell" とも呼ばれ、平面板で構成されたシェルとして分類されることもある。

■鉄筋コンクリート折板構造は、次の利点をもっている。
1) 曲げ剛性が得やすい
2) 平面板で構成されるため型枠工事が簡便である
3) 接合部（稜線部や支持部）の処理が簡単である
4) 耐火性が優れる

■一方、スパンに対する成が10分の1程度は必要で、大きなスパンでは屋根の表面積が増え、自重を軽くすることがむずかしい。むしろ、30 m以下の規模で用いると、経済的にも鉄筋コンクリート造の利点が得やすい。大スパンの場合はプレストレスを与えることが多く、ひび割れ防止の効果もある。

■折板構造は、平面板の形と力の流れ方の違いにより、次の三つのタイプ（図13-2）に分類される。
1) 角筒折板（1方向折板）：矩形、3角形あるいは台形の単位板で構成された波形状のタイプ
2) 多角形折板（放射状折板）：3角形に近い単位板を中心から放射状に連続させたタイプ
3) 角錐折板（ピラミッド状折板）：3角形や台形の単位板で構成されたピラミッド状のタイプ

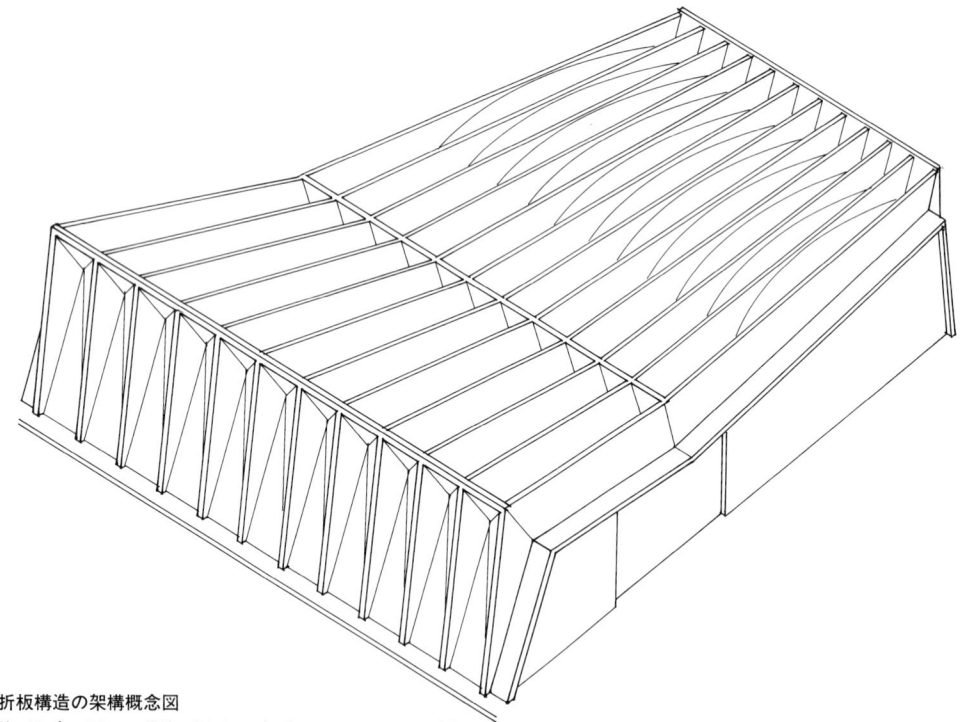

図13-1　鉄筋コンクリート折板構造の架構概念図
(ユネスコ本部ビル会議場　設計：M.ブロイヤー　構造：P.L.ネルビィ他　フランス　1958年)

(1)角筒折板　　(2)多角形折板　　(3)角錐折板
図13-2　折板構造のタイプ

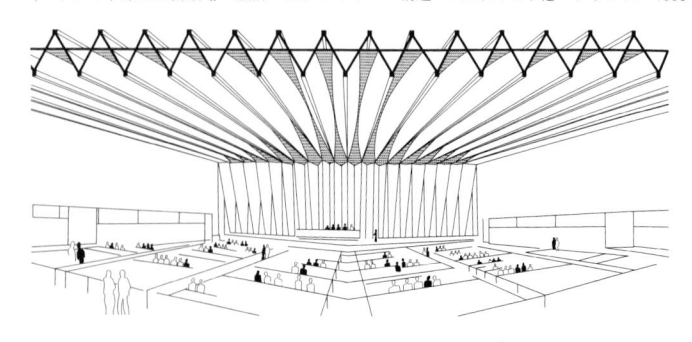

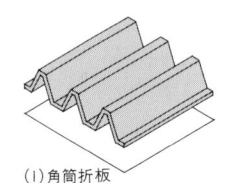

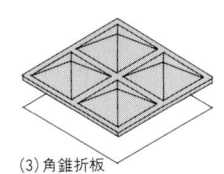

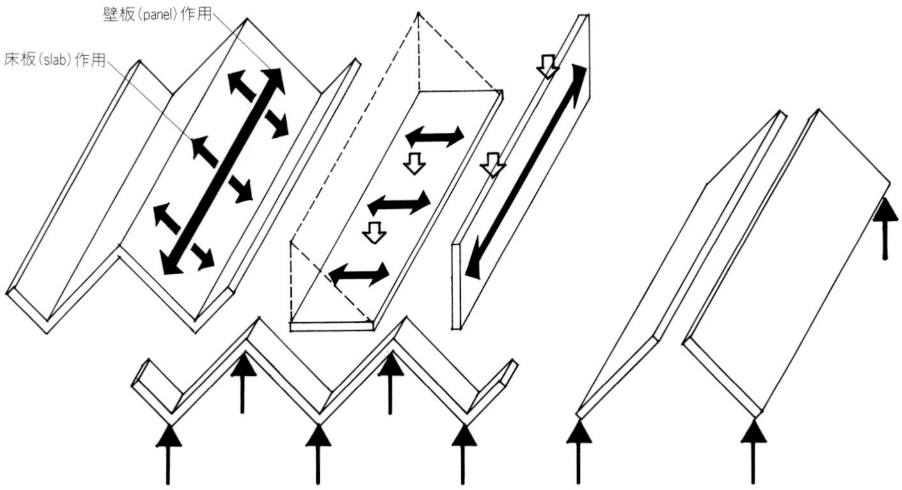

Structural Systems for Concrete

折板構造のいろいろ

■ 角筒折板（1方向折板）

横断面の形状は、VやW字、連続山形、波形、多角形などがある。平面が扇形になることが多い劇場や会議場などでは、3角形や台形の単位板で構成される。この単位板は、応力の変化に応じて横断面の形状を変えることが可能である（図13-4）。

力学的には、平面板の中立面に直角方向に力を受ける床板的な作用と、中立面の方向に力を受ける壁板的な作用を示す。スパンと直角方向では、連続した波形の床板が稜線で支持された連続梁、一方スパン方向では、互いにもたれあった壁梁に近い応力となり、曲げ応力と剪断応力が主に作用する（図13-3）。

このような力学的作用を保つためには、折板の変形を防ぐための補剛法や応力集中を避けるための折板の支持方法に十分な配慮が必要になる。

梁間方向端部の補剛の方法（図13-5）には、(a)妻壁、(b)タイロッド、(c) Y形柱などがある。中央部は大きなスパンにならない限り、単位板相互の拘束効果があり、補剛の必要はない。

桁行方向（横断面方向）の自由端は変形しやすく、応力が大きいので、板厚を変えたり、垂直板、水平板、傾斜板、リブによる補剛が必要になる。

応力の集中しやすい棟や谷の折れ目にリブを設けると、曲げ剛性が高くなる。

■ 多角形折板（放射状折板）

逆V字形の角筒折板を相貫させたタイプで、平面が(a)正3角形、(b)正4角形、(c)正6角形（図13-6）、あるいは円形に近い建物などに適している。屋内の音響性能がシェル屋根より優れているので、体育館の事例が多い。

主応力の流れ方は、3角形板で構成された角筒折板に近い。

外周には外側に向かってスラスト（水平推力）が生じるので、外周の裾部をタイロッドで結ぶなどのスラスト処理が必要になる。

■ 角錐折板（ピラミッド状折板）

3角錐体、4角錐体、6角錐体などのタイプがあり、4角錐体を平面的に連続させることが多い。機能上から4角錐体の頂部を水平に切り落としたタイプ(b)、(a)や(b)タイプを複合した(c)や(d)タイプ（図13-7）もある。

外周自由端は変形しやすいので、単位板の傾斜に応じて、水平リブや垂直リブで補剛する。応力の集中する稜線部は、板厚を増すと角錐体の剛性が高まり、応力の流れもスムーズになる。

図13-3 折板構造の単純化された力の流れ方

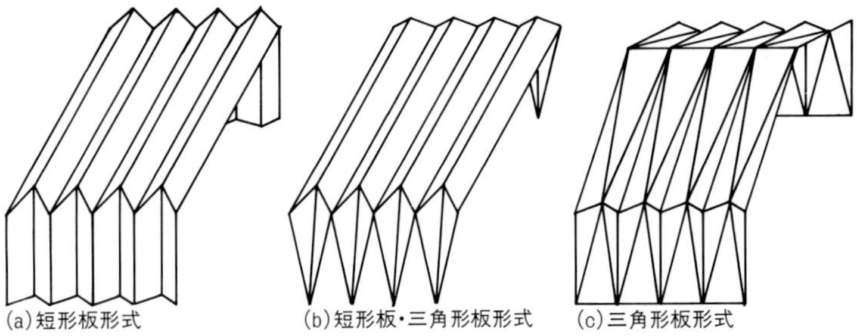

図13-4 各筒折板のタイプ
(a) 短形板形式
(b) 短形板・三角形板形式
(c) 三角形板形式

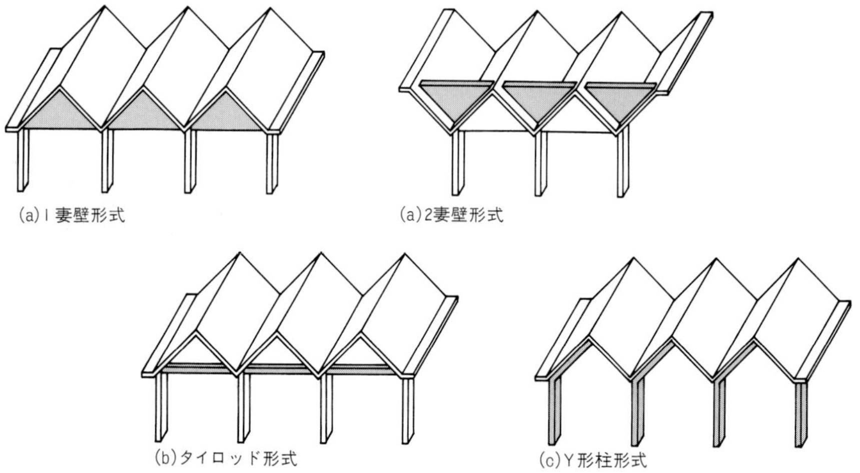

図13-5 梁間方向の端部の補剛法のタイプ
(a)1 妻壁形式
(a)2 妻壁形式
(b) タイロッド形式
(c) Y形柱形式

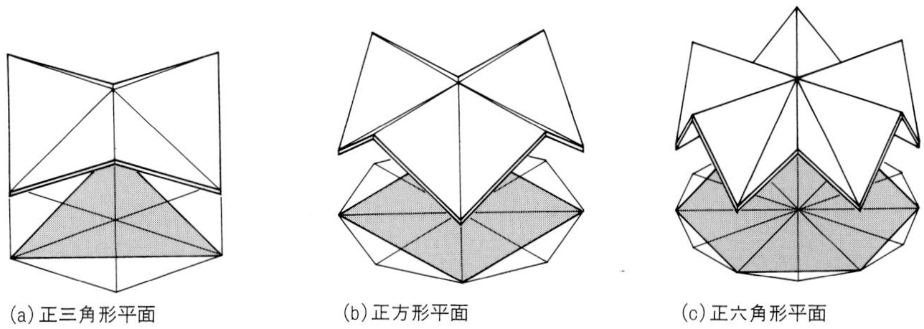

図13-6 多角形折板のタイプ
(a) 正三角形平面
(b) 正方形平面
(c) 正六角形平面

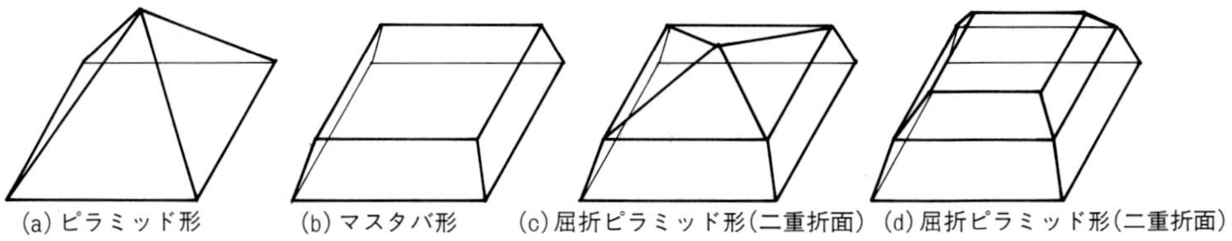

図13-7 角錐折板のタイプ
(a) ピラミッド形
(b) マスタバ形
(c) 屈折ピラミッド形（二重折面）
(d) 屈折ピラミッド形（二重折面）

参考文献

1) 坪井善昭・田中義吉・東武史共著「空間と構造フォルム」建築知識社 1980年

14 プレキャストコンクリート構造
PRECAST REINFORCED CONCRETE STRUCTURES

キーワード
大型パネル　運搬　揚重　建方　部品の大きさ　部品の重量　接合部　ウェットジョイント　ドライジョイント　**耐力壁**
耐震壁　壁板　床板　屋根板　応力の伝達　PCのデザイン
面内応力　面外応力　**剛性**　**靱性**

■プレキャストコンクリート構造とは、現場以外の場所で製造された鉄筋コンクリートあるいは、鉄骨鉄筋コンクリートの部材を現場へ運び、組み立てる工法の総称である。

最近は＜PC工法＞と呼ぶことも多いが、"Precast reinforced concrete construction" の略と思っておけばよい。

欧米では、この工法を "Eary Prefabrication" などといい、"Precast concrete construction" とは呼んでいない。したがって＜プレキャストコンクリート工法＞も＜PC工法＞も日本で生まれた呼び名である。

■プレキャストコンクリート部材は、一般には工場で製造される。その種類は多く、花台や手摺り、パラペット笠木や面格子、カーテンウォールや間仕切壁、階段や杭などたくさんのPC部品があり、それらを建築の一部に用いることもPC工法の一種である。たとえば、PC工法による手摺とかPC工法によるカーテンウォールなどという。また床や壁、柱や梁などをプレキャストコンクリートの部品にし、それらを現場で組み立て、建築の主要部分をPC工法でつくることがある。

実際に現場打ち鉄筋コンクリートでできる建築のほとんどは、PC工法で建設することが可能と考えてよい。

■建築の主要な軀体部分をつくるPC工法は、構造上の特徴から、次の五つのタイプに分類することができる（図14-1）。

1) 骨組式構造：柱や梁、桁等の軸部をプレキャストの部品にして、現場で組み立てるタイプ。床は中型パネルを用いることが多い。

2) 中型パネルによる壁式構造：プレキャストコンクリートの幅が60cmから1m前後で長さが3m程度のルームサイズのPCパネルを用いたタイプ

3) 大型パネルによる壁式構造：壁式鉄筋コンクリート構造の床・壁・屋根をルームサイズのプレキャストコンクリートパネルに分割製造し、現場で組み立てるタイプ

4) 骨組と壁式の併用による構造：柱や梁の軸部を、壁や床の面材をプレキャストコンクリートにして組み立てるタイプで、梁と壁、桁と壁などを一体のPC部品にすることが多い

5) 立体ユニット型による壁式構造：壁式構造の床・壁を一体にしてPC化し、積み重ねるように組み立てるタイプ

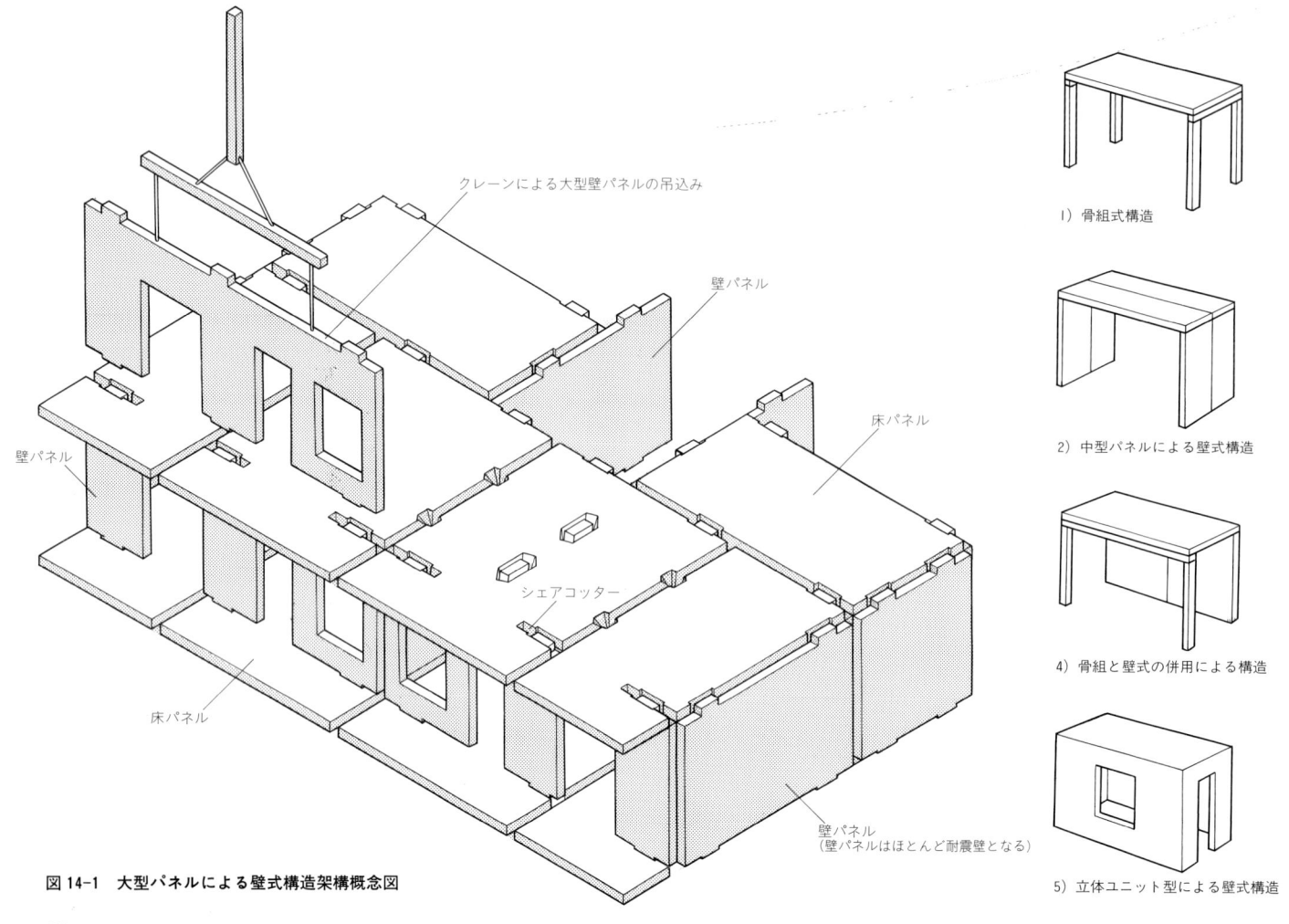

図14-1　大型パネルによる壁式構造架構概念図

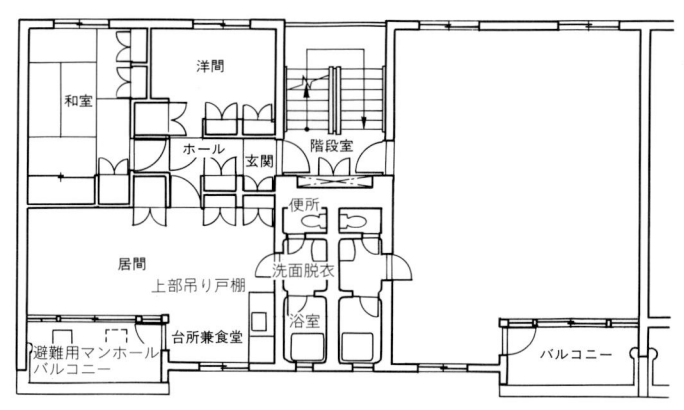

Structural Systems for Concrete

大型パネル工法の構造計画
■空間の大きさ

わが国では、壁式プレキャスト鉄筋コンクリート造では建築の耐震性を考慮して、耐力壁に囲まれる空間の面積を原則として 60 m²[*1]以下にすることになっている。

現実には PC 版の製作・運搬の制限があり、かつ床スラブのたわみや振動の問題から、今日、わが国でつくられる壁式の集合住宅では、耐力壁に囲まれる空間は 20 m² から 30 m² 前後までが多く、その広さの中で間取りを工夫する。

また耐力壁は釣り合い良く配置する必要があり、桁行方向・梁間方向とも床面積 1 m² あたり、15 cm 以上や 12 cm 以上の耐力壁の長さが必要[*2]である。例えば 5 階建の場合、1 階と 2 階は 15 cm 以上、3 階から 5 階の上層 3 階は 12 cm 以上の耐力壁の長さとする基準がある。

[*1] 壁式鉄筋コンクリート造の構造安全性のための技術的基準であるが、保有水平耐力計算によって安全が確かめられた場合は 60 m² を越えてもよい。
[*2] 耐力壁の壁量の基準であるが、耐力壁の壁厚が厚い場合や、使用するコンクリートの強度が高い場合に、壁量を減じることができることになっている。
[*1]、[*2]ともに、適切な構造計画と構造計算によって、現実の対応をはかることが求められる。

■耐力壁の配置

耐力壁となる PC 壁板の配置は住戸の平面計画に大きく影響する。

住戸の間仕切壁をすべて PC 板でつくり、耐力壁にすれば耐震性は増すが、プランが固定化し自由度がなくなる。プランの変化に応じて PC の間仕切位置を変えることは生産性を落とし、一度完成したら変更できない。

したがって、躯体となる PC 板はできるだけ集約して耐力壁に囲まれる空間を大きくとり、非耐力の 2 次的な間仕切壁（例えば木造壁など）を用いて細かい仕切りとする。

つまり PC 壁板の配置は、いくつかのプランに対応する融通性を考慮して決定すること。

■床板の計画

床板は、その 2 辺ないし 3 辺が PC 壁または梁の上に乗るように計画する。

床板の大きさは PC 板の道路輸送を考えれば、一辺はほぼ 3 m 以内にすること。

したがって、床を支える PC 壁が 3 m 以内に向きあう場合は、その幅を短辺となるように計画することができる。相対する耐力壁が 3 m を超える場合は、その距離が PC 床板の長さとなり、幅は 3 m 以内で計画する。

PC でつくる床では、PC 板の継ぎ目が床板の反りやクリープの違いで目立つことがある。直接仕上げ下地となる場合はとくに注意する必要がある。

耐力壁に囲まれる空間の大きさ構造体となる PC 壁を最大限にまとめた例
間仕切を非耐力壁としてプランの自由度を確保している
（東急 SM 工法，基準階平面図）

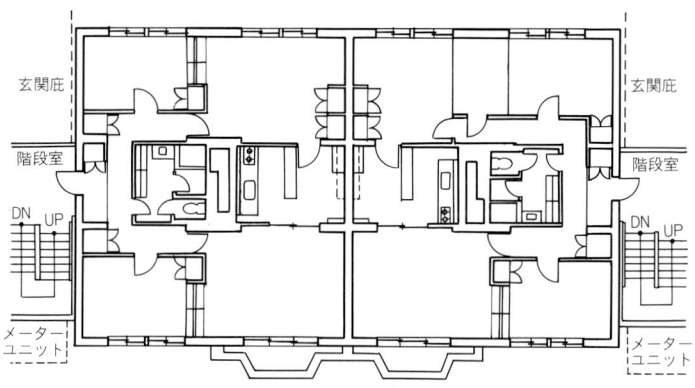

壁の配置
構造体となる PC 壁と非耐力の間仕切りとをたくみに組み合わせて，多様なプランを実現している例
（清水建設 CCSS，基準階平面図）

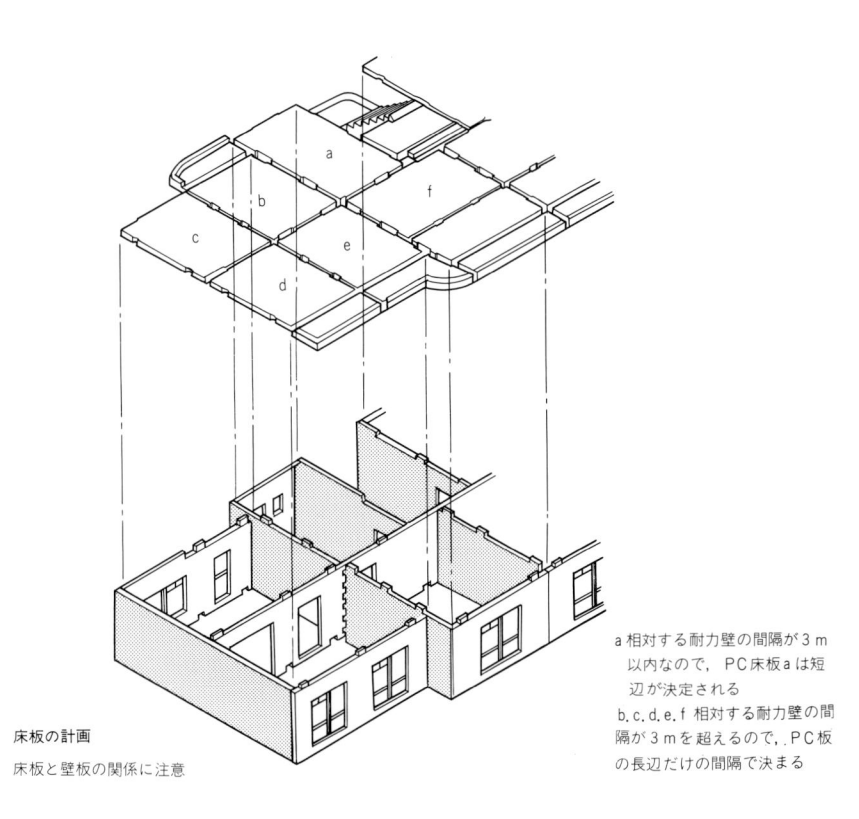

床板の計画
床板と壁板の関係に注意

a 相対する耐力壁の間隔が 3 m 以内なので，PC 床板 a は短辺が決定される
b, c, d, e, f 相対する耐力壁の間隔が 3 m を超えるので，PC 板の長辺だけの間隔で決まる

図 14-2　大型パネル工法による構造計画のポイント

大型パネル構造の応力の流れ

■接合部の性能

PC工法の接合部は、床から壁に伝わる力の流れや壁の変形を拘束する床の働きなど力学的性能が重視される。そのほかに、接合部には防水性や遮音性、製作や組立の難易性など、すべての性能の問題が集中するので、総合的な検討が必要である。

すなわち、力学的には剛性や靱性の確保、建築的には耐水、仕上げ、耐久性や防錆の性能もあり、製作・組立の面からは型枠製作、脱型の容易性、搬送建て方時の変形や壊れにくさ、接合の作業性、など細かくチェックして必要な性能を実現するよう工夫しなければならない。

■鉛直荷重の応力の流れ

鉛直荷重は床板から、床を支えている下階の壁板に伝わる。

壁に伝達された応力は、接合部の敷きモルタルや鋼製の飼い物を介して下階の壁に伝達されるが、その応力は圧縮応力であるのでかかりさえ十分とれるなら、応力の流れに関しては、接合はとくにむずかしくはない。

■水平荷重の応力の流れ

地震力の大きいわが国の建築は、とくに現場で組み立てるプレハブ建築においては水平荷重に対する備えが大切である。

1層を単位としてみると、面外の荷重を受ける壁板は、上下階の床板または面内で隣接する壁板との接合部で面外剪断力によって支えられる（図14-3 A）。

床板の受ける水平荷重は、床板の面内応力によってこれを荷重方向の壁板に伝える。

またこの壁板は、図14-3 Bのように桁行方向でみると、水平接合部では上階壁板と下階壁板との間に剪断力が伝達され、鉛直接合部では隣接壁板同士で剪断力、縁端部で鉛直方向力が伝達されることになる。

これを梁間方向でみると、図14-3 Cのようになる。この場合、玄関などのために設ける開口部の上の梁が通常の設計では納まらないことがあり、そのときは2枚の独立耐震壁として扱い、開口部端部に引張接合鉄筋を入れることになる。

また、開口部梁と耐力壁との間には、剪断力を伝える接合部を構成する必要がる。

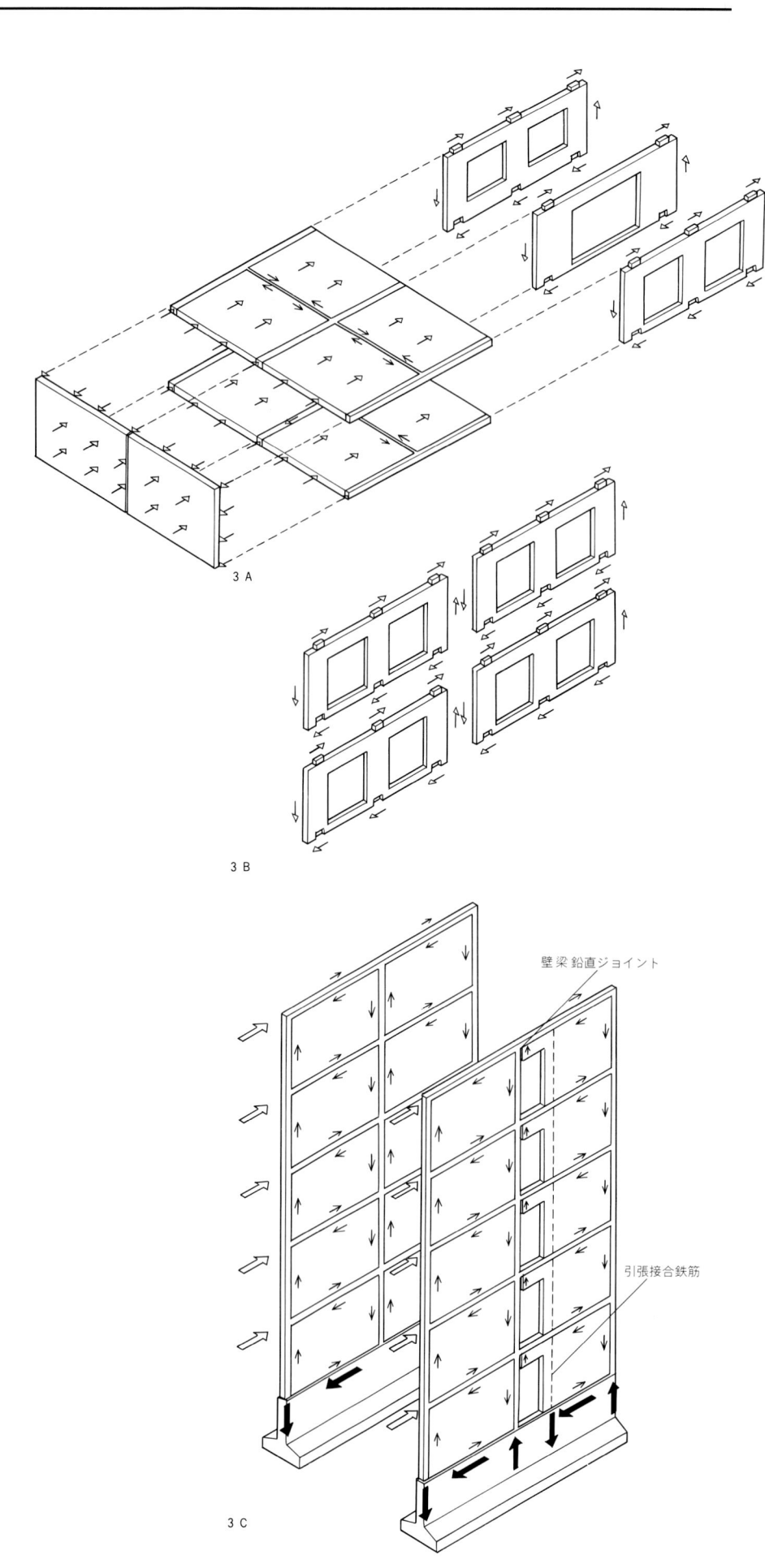

図14-3　接合部を介して伝達される応力の流れ（高坂清一著「プレハブ建築の構造計画と設計」より）

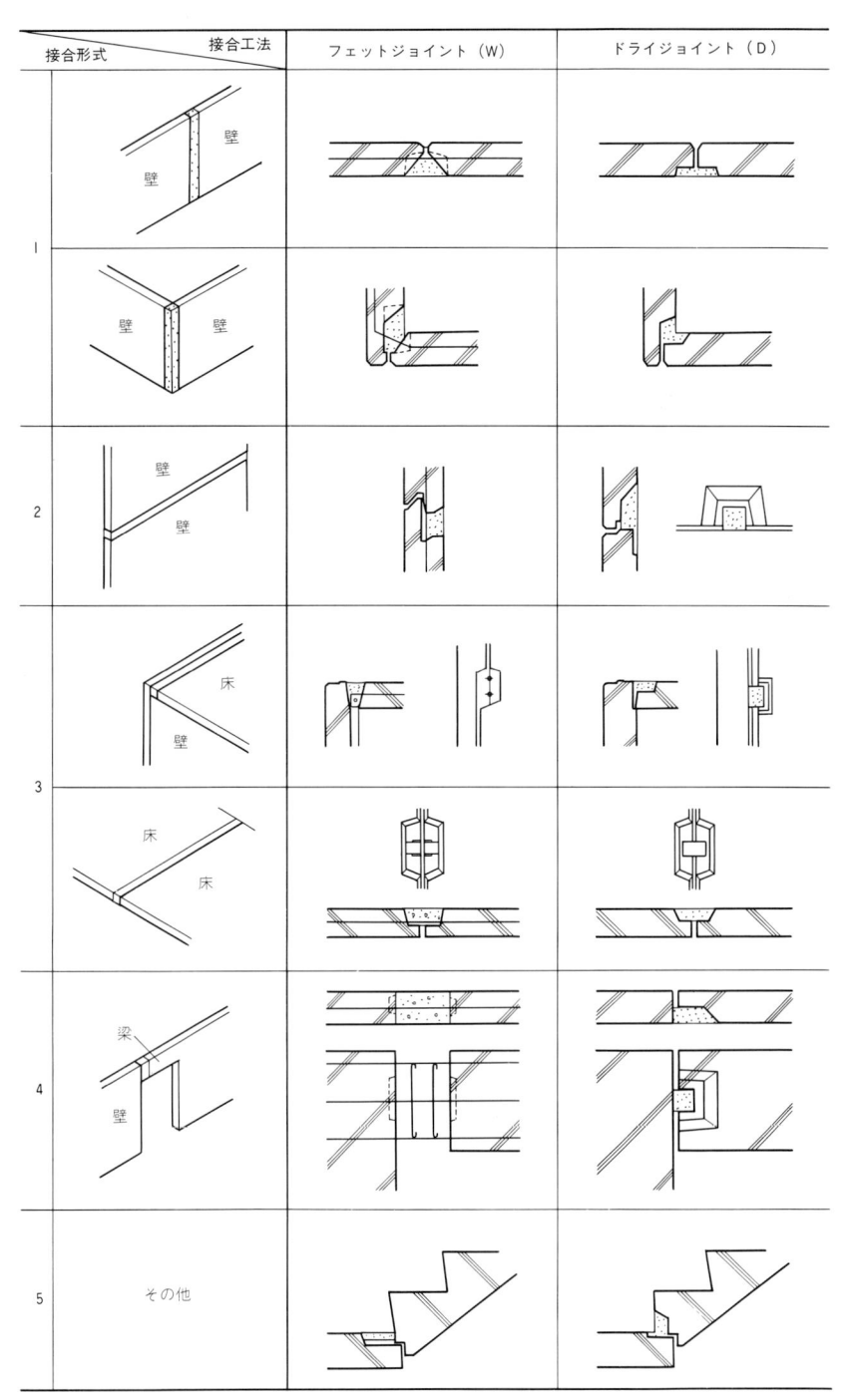

Structural Systems for Concrete

大型パネルの接合部の種類
■接合部の種類は、接合部の方向や部材および工法によって分類される。
1) 方向による分類
 ・鉛直接合部
 ・水平接合部
2) 部材による分類
 ・耐力壁と耐力壁
 ・耐力壁と床板および屋根板
 ・床板と床板
 ・その他階段、間仕切り壁、壁梁などと耐力壁または床板との接合
3) 工法による分類
 ・コンクリートまたはモルタルで接合する方法——ウェットジョイント
 ・溶接接合——ドライジョイント
 ・機械的接合——ドライジョイント

接合形式	接合工法	フェットジョイント（W）	ドライジョイント（D）
1	壁／壁		
1	壁／壁（隅角）		
2	壁／壁（水平）		
3	壁／床		
3	床／床		
4	梁／壁		
5	その他		

図14-4 接合部の種類（高坂清一著「プレハブ建築の構造計画と設計」より）

□コーヒーブレーク 大型パネル工法の可能性

■都市への人口集中の対策として生産量を最大の目標とし、工期短縮、コストダウン、労務の省力化などを重視して開発された大型パネル工法の中層集合住宅は、高度成長期の申し子のようであった。
　しかし、1970年代前半をピークにその勢いを減じた。それはオイルショックに伴う不況期に、現場打ち工法による中層集合住宅の在来工法が、仕事不足と労務費の安さから巻き返した感があった。
■建設量が急増したバブル期は労働が不足し、鉄筋や型枠など現場作業の品質の低下が目だち、PC工法が再び見直されてきた。しかしこれは、経済的理由から生じる浮き沈み現象である。
　このような状況が続くかぎりPC工法のよさはなかなか発展しない。
■PC工法にしかできないデザイン、たとえば、変形した断面や複雑なディテールは数が多くなればなるほどPC工法に適したデザインである。そういう新しい価値を生みだすことで、PC工法に社会的・文化的意味で存在が認められることになろう。

ピカソアリーナ　M.N.ヤノウスキー
フランス　1986年

コンクリート系の構造システム

15 プレストレストコンクリート構造
PRESTRESSED CONCRETE STRUCTURES

キーワード

プレストレス　緊張材　高強度鋼材　PC鋼材　PC鋼線
PC鋼棒　PC鋼より線　プレキャスト　軽量化　大スパン
耐久性　プレテンション方式　ポストテンション方式
フル・プレストレッシング　パーシャル・プレストレッシング

■プレストレストコンクリート構造は、引張力に対する抵抗力の小さいコンクリートにあらかじめ緊張材によって圧縮力を加えておき、荷重を受けたときにコンクリートに生じる引張応力を打ち消すように考えられた構造システムである。

■よく知られているように、コンクリートは圧縮力に対する耐力は強いが引張力に対する耐力は弱く、後者は前者のほぼ10分の1程度である。そのため、鉄筋コンクリート造では圧縮力はコンクリートが負担するが、引張力は鉄筋が負担するように構じられている。それでも、引張力に耐えている鉄筋の周囲のコンクリートには引張応力が発生し、コンクリートに亀裂が生じることがある。

■したがって、あらかじめコンクリートに圧縮力を加えておくことによって、この亀裂を防ぐことができる。プレストレスとはあらかじめ応力が加えられたという意味で、"Prestrssed Concrete Structures" を略してPCということもある（わが国ではプレキャストコンクリートも同様にPCと略されることが多く両者は混同されやすい）。

　プレストレストコンクリート構造の建て物は、柱、梁、床、耐力壁など主要構造要素のすべてにプレストレストを加えたものをいうが、そういう建築はむしろまれで、多くの場合、主要構造要素の一部にプレストレストを加え、ほかは従来の鉄筋コンクリートなどと併用して用いられる。

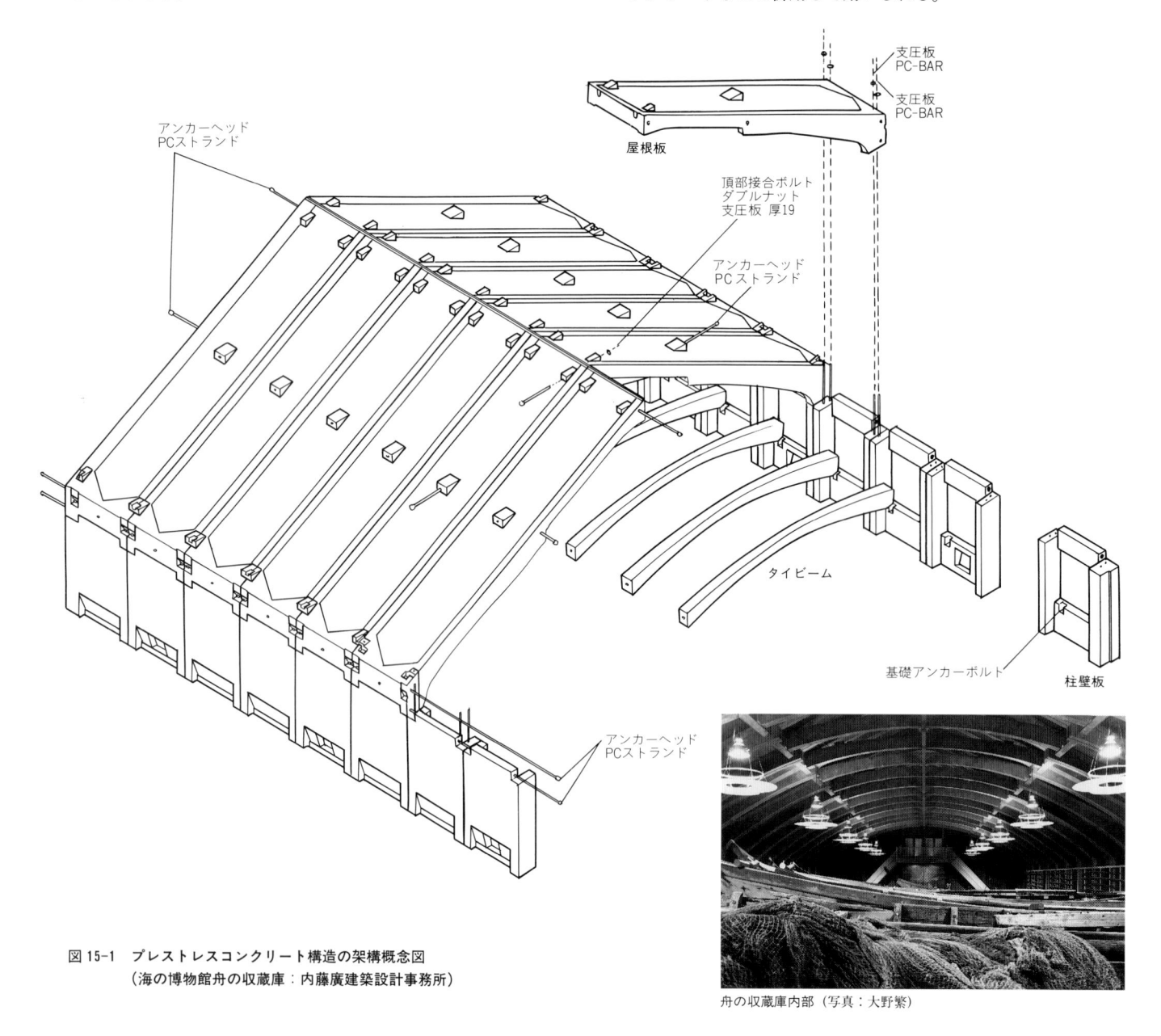

図15-1　プレストレスコンクリート構造の架構概念図
　　　　（海の博物館舟の収蔵庫：内藤廣建築設計事務所）

舟の収蔵庫内部（写真：大野繁）

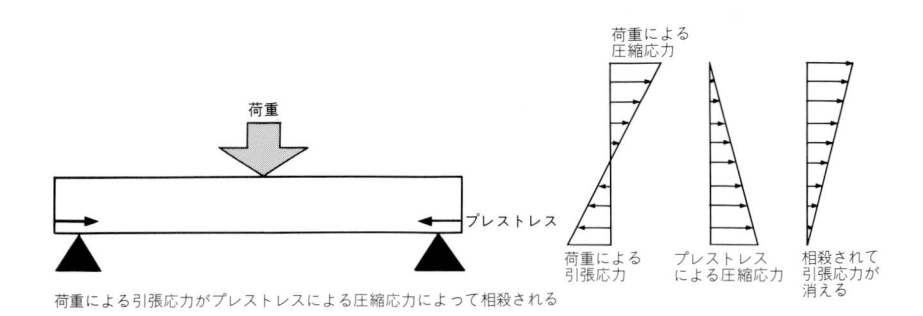

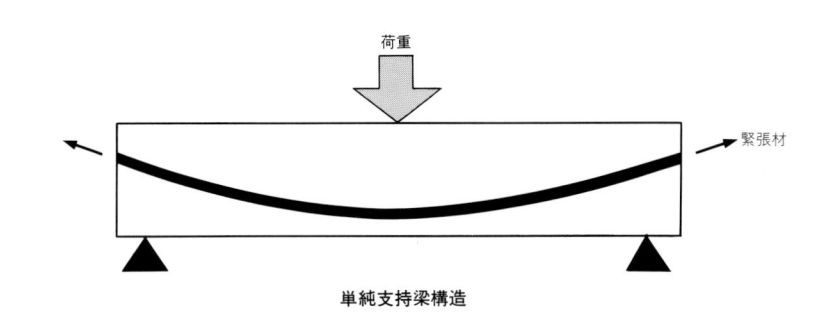

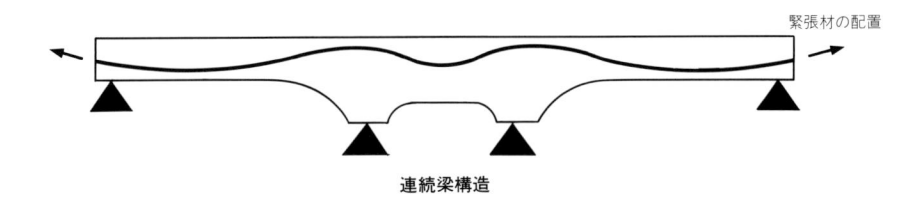

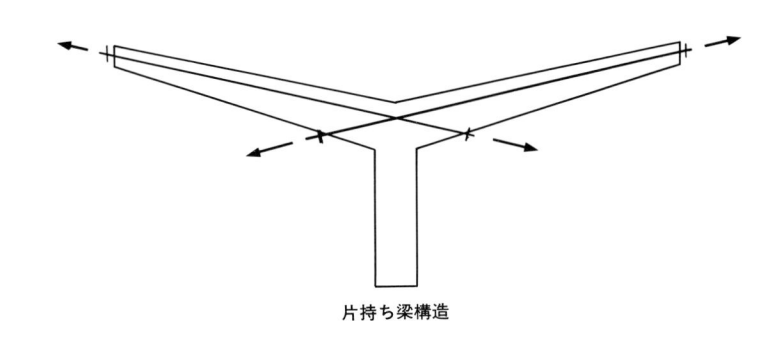

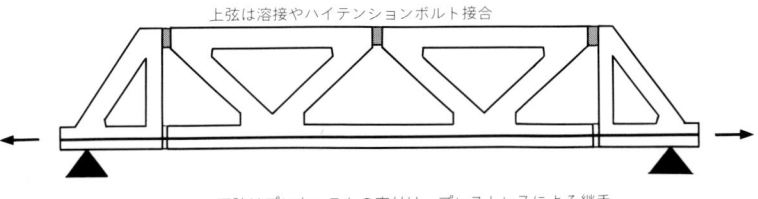

Structural Systems for Concrete

プレストレストコンクリートの工法

■ PC工法の材料

プレストレストコンクリート工法では緊張材に高強度の鋼材とそれに釣り合う高強度の高いコンクリートが用いられる。普通の強度の鉄筋には大きなプレストレスを加えることはできないし、普通の強度のコンクリートにプレストレスを加えると収縮やクリープによる歪みが起きるからである。

緊張用の高強度鋼材を＜PC鋼材＞と呼び、PC鋼材にはPC鋼線、PC鋼棒、PC鋼撚(よ)り線などの種類がある。

■ プレテンション方式とポストテンション方式

プレストレストコンクリートは、コンクリートにプレストレスを与えるタイミングによって＜プレテンション方式＞と＜ポストテンション方式＞の二つに区別される。

プレテンション方式は、PC鋼材に引張力を与えておいてから、コンクリートを打ち、コンクリートの硬化後に緊張力をゆるめ、PC鋼材に与えられた引張力をPC鋼材とコンクリートの付着力によってコンクリートにストレスを与える方法である。

ポストテンション方式は、コンクリートが硬化した後にPC鋼材に引張力を与えて、その反力としてコンクリートに圧縮力を生じさせるようPC鋼材をコンクリートに定着してプレストレスを与える方法である。

■ 現場打ち工法とプレキャスト工法

プレストレストコンクリート工法は、現場打ちコンクリート工法にもプレキャストコンクリート工法にも適用される。

■ PC工法の可能性

高強度コンクリートと高強度PC鋼材を使用するプレストレスト建造物は、材料の量が少なく、軽量化することができる。このことは、構造要素である杭、基礎、柱、梁、床、耐震壁など、すべての要素に有効に影響する。

工事には高い精度が必要なため自然に信頼性が高まり、プレキャスト工法により工業化を図ることができる。

また、力学的な特徴を生かして部材を細くしたり大スパンの構造を可能にし、新しい造形や空間を実現する可能性がある。

図15-2　原理と各種構造

プレストレストコンクリートの応用
■部分的な構造要素への適用

主要構造要素のすべてにプレストレスを導入する建造物は少なく、特性を生かしてその一部に活用するケースが多い。

1) 桁構造あるいは梁構造：柱や壁の上に1方向に桁あるいは梁を並べて床を支える構造である。桁・梁にポストテンションを導入して、柱や壁にはできるだけ軸力だけを伝えるようにした構造システムである。プレストレスの導入によって、断面の成は一般にスパンの13分の1から20分の1程度に小さくなる。

2) トラス構造：コンクリートをトラスの引張部材として用いることは不適当で、複雑な部材と接合が生じるため敬遠されてきた。しかし、プレストレストコンクリートを導入すれば引張材として有効に用いることができる。

3) 片持ち梁構造：片持ち梁にプレストレスを導入すると片持ち梁の長さに比して、高い剛性が得られるので、競技場スタンドの屋根などに適用される。

4) ジョイストスラブ構造：リブの付いた床板を1方向に架け渡す構造システムである。リブにプレストレスを導入してリブの成を小さくし、床全体を軽量化することができる。同一部材を並べる構造だから、部材はプレキャスト化することも可能となる。

■フル・プレストレッシングとパーシャル・プレストレッシング

フル・プレストレッシング（full prestressing）とは、コンクリートに導入されたプレストレスの応力と長期設計荷重によって生じる応力との差が、引張応力として表れない程度の比較的大きなプレストレスを与えることである。

パーシャル・プレストレッシング（partial prestressing）とは、プレストレスによる応力と長期設計荷重による応力度との差が引張応力として表れるが、コンクリートの引張許容応力度を超えない大きさのプレストレスを与えることである。

無柱空間と耐久性を期待した事例
■有田焼参考館は200年を超える長い耐久性が期待される収蔵展示施設で、そのための工夫が凝らされている。

■その第一が、プレキャストコンクリートによるプレストレストコンクリートの採用である。さらに、耐久性を高めるために、そのコンクリートが雨にうたれず、紫外線に曝されないこと、温度変化による伸縮の幅を少なく

写真-1　一次緊張（プレストレスト）の状況（PC工場におけるポストテンション）
コンクリート打設後6時間の間、60℃±5℃の蒸気養生を行い、翌日にコンクリート強度35 N/mm²を、打設と同時に採取した試験体で確認した上、シース管内にPC鋼線を通し、油圧ジャッキを用いて一次緊張を行う。
緊張導入力は約900 kN。

写真-2　PC工場におけるシース管へのモルタルグラウト材の圧入状況
一次緊張終了後、シース管にセットしたフレックスホースを使ってシース管内にモルタルグラウト材を圧入する。
モルタルグラウト材の4週圧縮強度は20 N/mm²を必要をする。

写真-3　現場におけるPC床板の揚重状況―1
クローラークレーン550 tを使用して、大型PC床板を揚重する。

写真-4　現場におけるPC床板の揚重状況―2
16 mのスパンの大型PC板は、PC工場で一次緊張（プレストレスト）を行っているために、自重で形状を保持し、コンクリートの亀裂を防止している。

写真-5　二次緊張（プレストレスト）（現場ポストテンション）のためのPC鋼線と油圧ジャッキのセット状況
油圧ジャッキをセットした緊張端部の反対側（PC梁を挟んだ向こう側のPC床板）は、固定端部となっている。

写真1～5　プレストレストコンクリートを用いた東京都立晴海総合高等学校の工事写真

Structural Systems for Concrete

することを目指し、コンクリートの外側を断熱材でおおい、さらにその外側を屋根は金属板で、外壁は石綿セメント板で仕上げている。

■ここでは、プレストレストコンクリート構造が2階の外壁と屋根の軀体に適応されている。スパン12m60cmの半分の屋根と外壁が「へ」の字型で一体となり、桁行方向は幅90cmで27個に分割されてプレキャスト化された。

■個々のプレキャスト部材には工場でプレストレスが導入され、さらに、現場の組立に際してもスパン方向では屋根頂部に、桁行方向では屋根頂部、屋根外壁の屈折部、外壁の下部でプレストレスを与えて接合している。

■片側27個、両側で54個のプレストレスト・プレキャストコンクリートが、ポストテンションによってトンネルのような一体的構造体となって、8本の柱の上にセットされた構造である。部材はリブのコーナーや外壁と屋根の屈折部のデザインが丁寧に設計され、インテリアは極めて繊細な感覚の仕上がりとなっている。

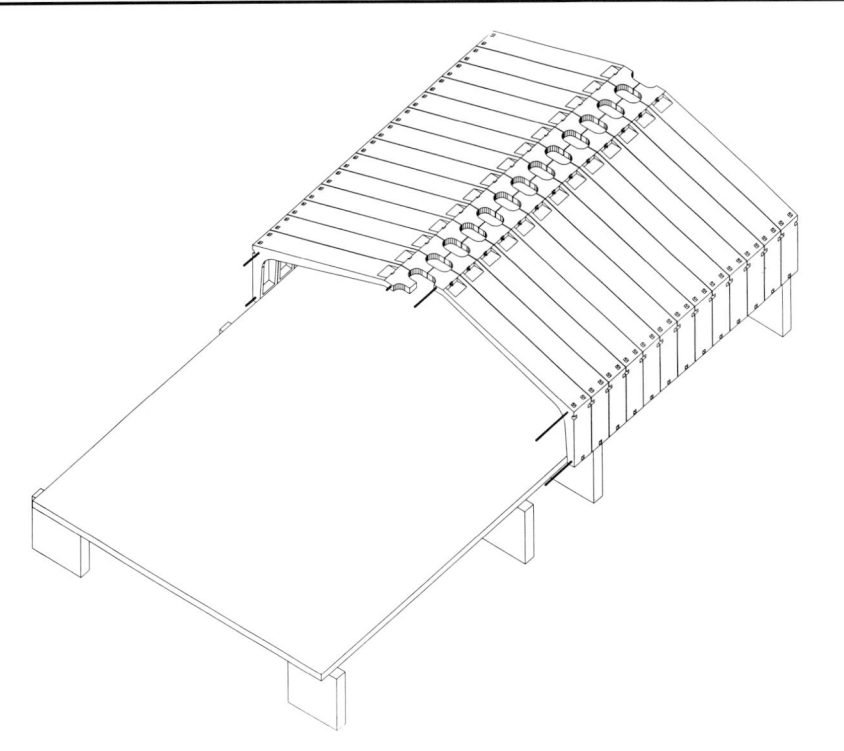

有田焼参考館 CG図（内田祥哉＋アルセッド建築研究所）

外観見おろし　　内観見上げ

外観側面姿図　　PS・PC板形状図　S＝1:80　外観正面姿図　断面　内観正面姿図　断面

□コーヒーブレーク **プレストレストコンクリートの歩み**

■プレストレストコンクリートの研究開発は、1880年代から90年代にかけてアメリカ、ドイツ、オーストリアなどで原理が究明されたり、特許が申請されたりしている。今日までおよそ100年の歴史をもつ技術である。新しい技術と思われているが、鉄筋コンクリートの歴史とほぼ同じ古さがある。

■フランスのE.フレシネは、高強度鋼材と高強度コンクリートによるプレストレストコンクリートを提唱した。

1928年、彼はプレストレストコンクリートに関するさまざまな考案をフランス政府に特許申請を行い、1932年にはその原理特許を日本政府にも登録してる。

その頃から日本でも研究が始まったが、第2次世界大戦で研究は中断した。

■1952年、フレシネの代理店として極東鋼弦コンクリート振興株式会社が設立されて、建築への適用が始まった。

そして、1956年にフレシネの原理特許の期限が切れて、欧米のいろいろな工法も導入され、プレストレストコンクリートの実用化が一段と図られるようになった。

東名道路インターチェンジ料金所：坂倉建築研究所

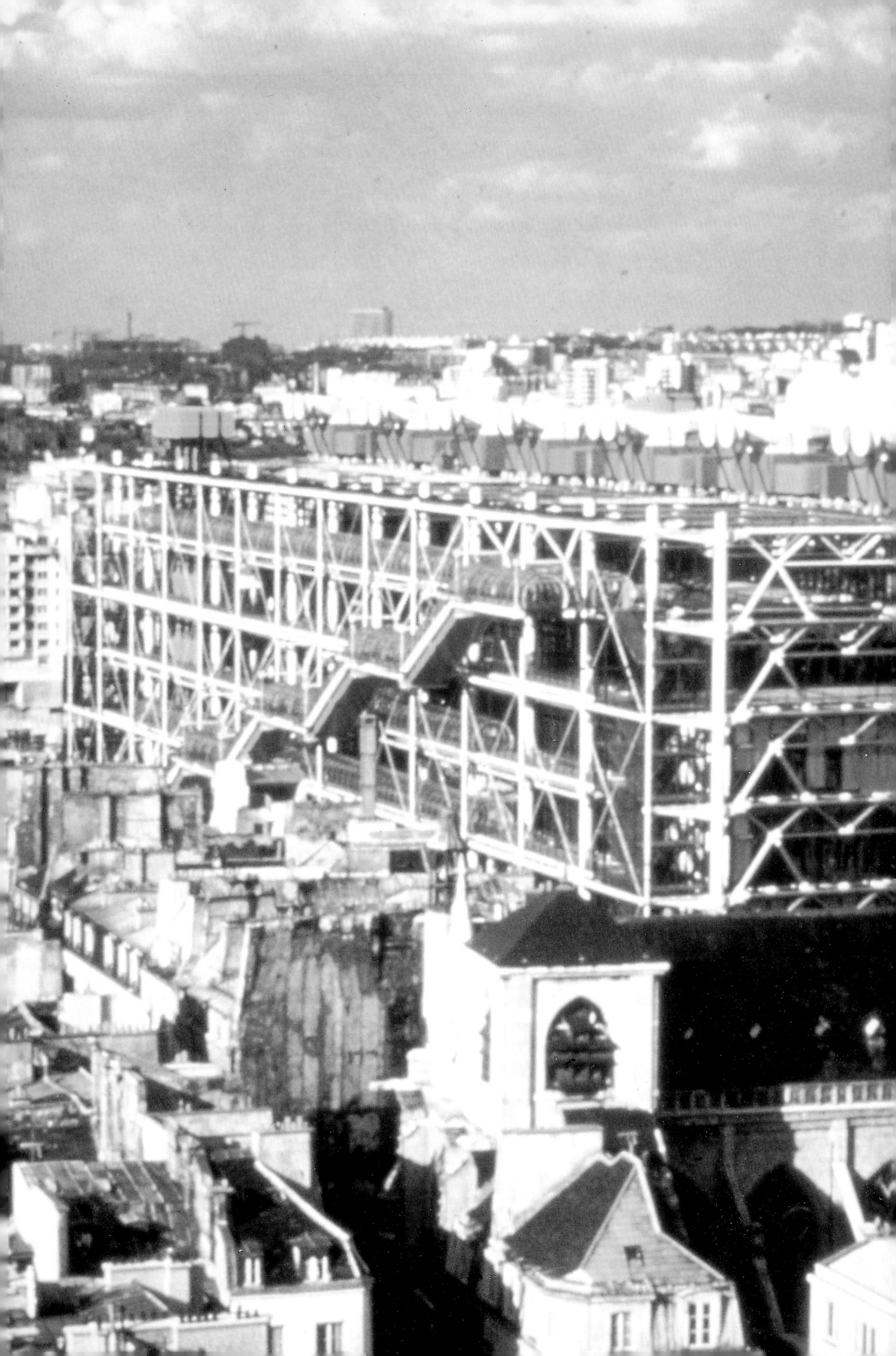

IV 鋼材系の構造システム

STRUCTURAL SYSTEMS FOR STEEL

16 軽量鉄骨系プレハブ構造……………………78
 軽量鉄骨の種類と構造原理
 軽量鉄骨を用いた一般構法
 軽量鉄骨系プレハブ構造の主体構法
 各部構法(屋根・外壁)
 □ コーヒーブレーク

17 鉄骨ラーメン構造……………………82
 柱・梁の接合部
 柱・梁の断面形
 柱・梁の座屈
 鉄骨造の接合法
 □ コーヒーブレーク

18 鉄骨平面トラス構造……………………86
 平面トラスの構造原理
 平面トラスのタイプ

19 鉄骨立体トラス構造(スペースフレーム構造)…88
 立体トラスの接合法

20 ケーブル構造(吊り構造)……………………90
 1方向吊り屋根の特性
 2方向吊り屋根の特性
 放射式吊り屋根の特性
 ビーム式吊り屋根の特性
 複合式吊り屋根の特性
 吊り床の特性

ポンピドー・センター(オーヴ・アラップ・アンド・パートナーズ+R. ピアノ、
R. ロジャース フランス 1977年 写真：Ove Arup & Partners)

16　軽量鉄骨系プレハブ構造
PREFABLICATED LIGHT GAUGE STEEL STRUCTURES

キーワード

軽量鉄骨造　薄板鋼材　軽量形鋼　軽山形鋼　軽溝形鋼
リップ溝形鋼　軽Z形鋼　リップZ形鋼　ハット形鋼
軽量H形鋼　冷間圧延　プレハブ住宅　ブレース構造　トラス
ピン接合　普通ボルト接合　局部座屈

■鋼材の中で厚さ6mm以下の薄板を加工して作られる材を一般に軽量鉄骨（light gauge steel）と呼ぶ。薄板は曲げに弱いため、軽量鉄骨の多くは右ページ（図16-2）のようなさまざまな形をした軽量形鋼として用いられる。

軽量鉄骨造とは、軽量形鋼を主要部材に用いた構造システムのことである。もっとも軽量鉄骨造でも、部分的には厚さ6mmを超える重量鉄骨を用いる場合もある。

■軽量鉄骨造は一般に小規模建築に用いられる。工場での標準生産に適しているため、とくにプレハブ住宅に広く採用されている。そこで本稿では低層プレハブ住宅用システムとしての軽量鉄骨系プレハブ構造（図16-1）を主に記すことにする。

■鋼をはじめとする金属材料の長所は、工場加工によって自由な寸法・形の部材が容易に高い精度で量産できることである。

鋼は熱すれば軟化して加工が容易になるが、薄板はもともと曲げやすく、軟らか過ぎるとかえって加工がむずかしくなるので、常温下で成形される。この加工法を冷間加工と呼ぶ。一方、重量鉄骨や鉄筋の場合は、軟化状態のほうが加工しやすいことから高温下で成形されるが、これを熱間加工と呼ぶ。

鋼材はその物性により500℃付近を境として熱間加工と冷間加工とに分かれる。冷間加工は塑性変形による加工法であり、常温下で行うことができる。したがって、成形における寸法精度の確保は比較的容易で、この意味からもボルト接合等によるプレハブシステムに適している。

■薄板部材の長所は断面積に比して曲げに強いなど、大きな断面諸係数をもっていることにある。その反面、局部座屈や捩れが生じやすく、応力集中に対しても弱い。また板厚の薄さゆえに、腐食に対する抵抗が弱いことから、錆止めの配慮が重要である。溶接に際しても、溶接温度が高いと鋼材に穴があきやすいので、少なくとも主要な接合部に関しては現場溶接を避け、ボルト接合とするのが望ましい。

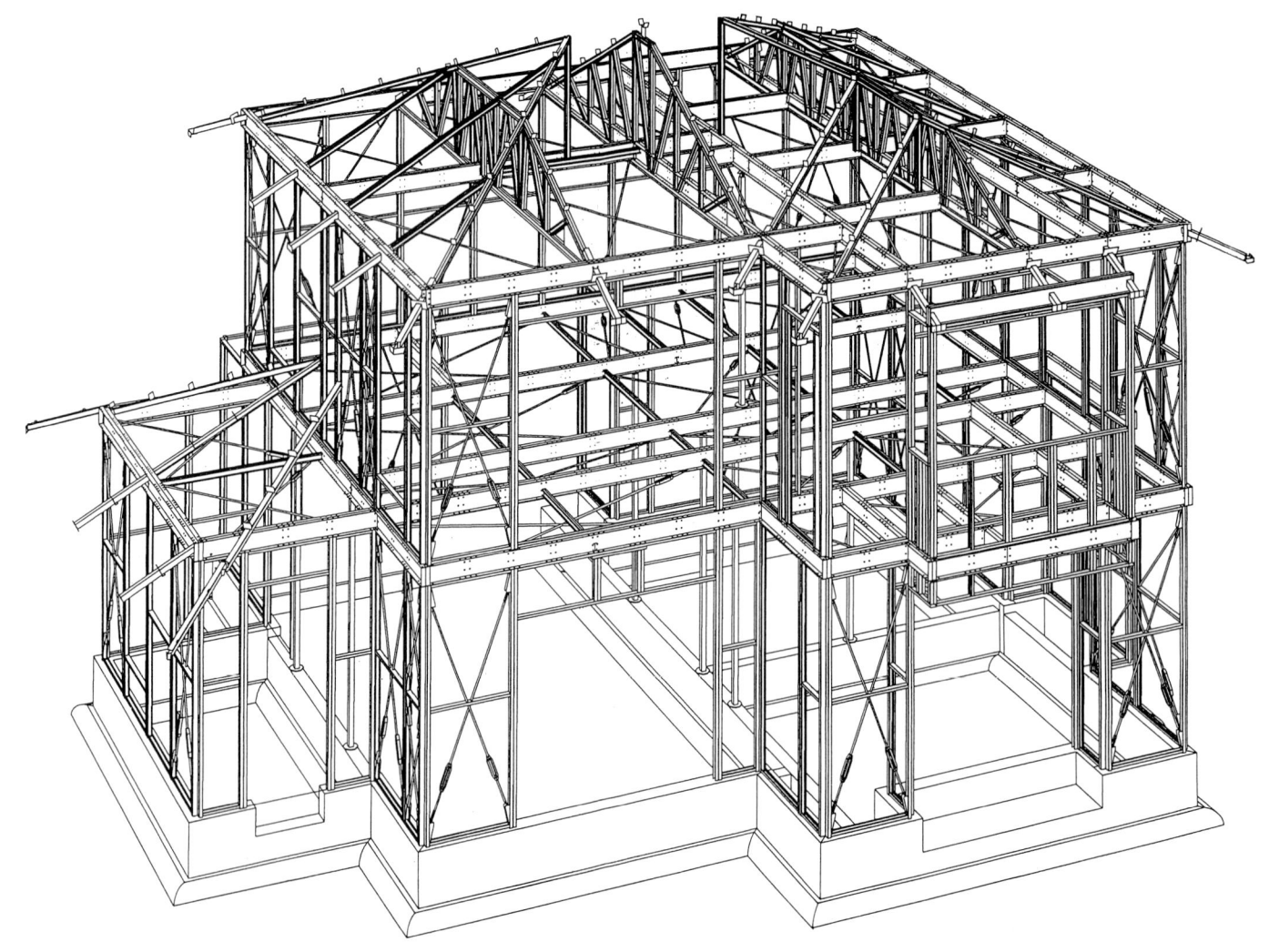

図16-1　軽量鉄骨系プレハブ構造の架構概念図

Structural Systems for Steel

軽量鉄骨の種類と構造原理

■軽量鉄骨には図 16-2 のようにさまざまな種類があるが、その断面の形はいずれも、より少ない鋼材量でより大きな曲げ抵抗を得るために工夫されている。

軽山形鋼、リップ溝形鋼などの「軽量形鋼」および「デッキプレート」は冷間成形で作られ、「軽量 H 形鋼」は帯状の薄板鋼板を連続溶接して作られる。

■軽山形鋼に一定以上の圧縮力を加えると、材が薄いために両端の自由辺の部分は比較的たやすく面外方向に変形してしまう（図 16-3）。これは材の座屈現象であるが、ここでは材全体でなく部分的に起こっているので、とくに「局部座屈」と呼ぶ。

これに対して薄板面が出合う直角の部分は、両方の面が互いに拘束しあうため、座屈せずに圧縮力に抵抗する。つまりこの軽山形鋼では、一定以上の圧縮力に対しては、角の部分しか有効に働かないことになる。

そこで、自由辺の部分にも折り曲げ（リップ、lip）を加えて圧縮力に対する抵抗を増し、局部座屈を防ぐ目的でリップ溝形鋼やリップ Z 形鋼が考案された。

軽量鉄骨を用いた一般構法

■軽量形鋼をはじめとする薄板鋼材は、すでに述べたように、鋼材を効率よく使うので経済的である。しかし冷間成形で製作できる断面は比較的小さいものに限られるため、その使用範囲は中小規模の建築に限られる。その点では重量鉄骨造よりも木造に近いが、不燃化、材料の精度、工場生産への適性などの点で木造にはない利点がある。

■プレハブ住宅以外の軽量鉄骨造の例としては、工場や倉庫などスパンの大きな建物があげられる。ただし、軽量形鋼は断面が 2 軸対称でないため、捩れなどの変形が生じやすい。このため、柱や梁などの主要部材では単一材をそのまま用いず、図 16-4 のように組み合わせて使うことが多かった。

しかし、こうした組合せは加工手間がかかる上、防錆や溶接にも十分な配慮が必要になる。そのため、今日では鋼材の量としては無駄があっても、重量鉄骨の単一材をそのまま用いるほうが経済的なことが多い。重量 H 形鋼や重量角形鋼管は、歴史上軽量形鋼よりも遅れて量産化された材料だが、それらが自由に使われるようになり、大スパンの建物に軽量鉄骨造が採用されなくなってすでに久しい。

■現在、軽量形鋼は胴縁や母屋などの補助部材として使われることが多い。一方、デッキプレートや鋼製内装下地などは、広く一般建築に使われるようになった。つまり軽量鉄骨

図 16-2　軽量鉄骨の種類

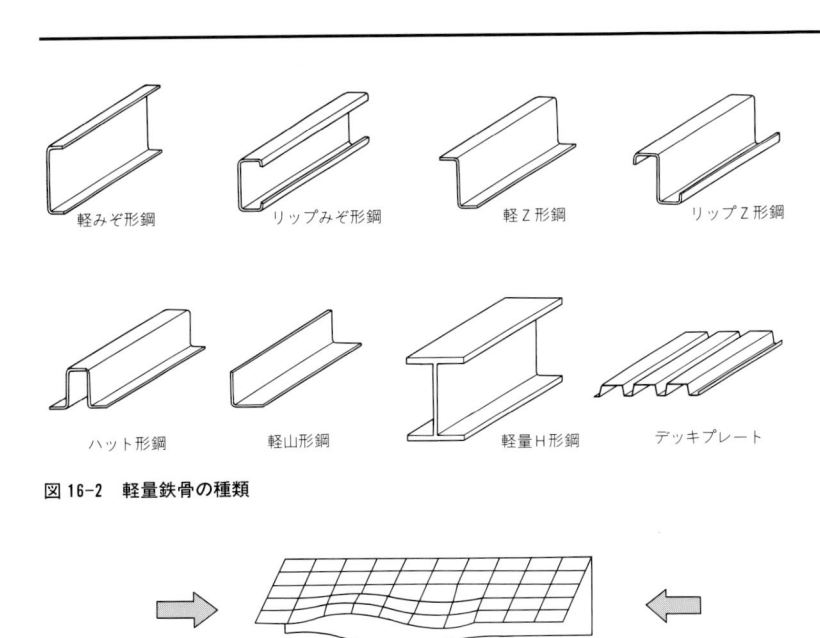

図 16-3　局部座屈の例

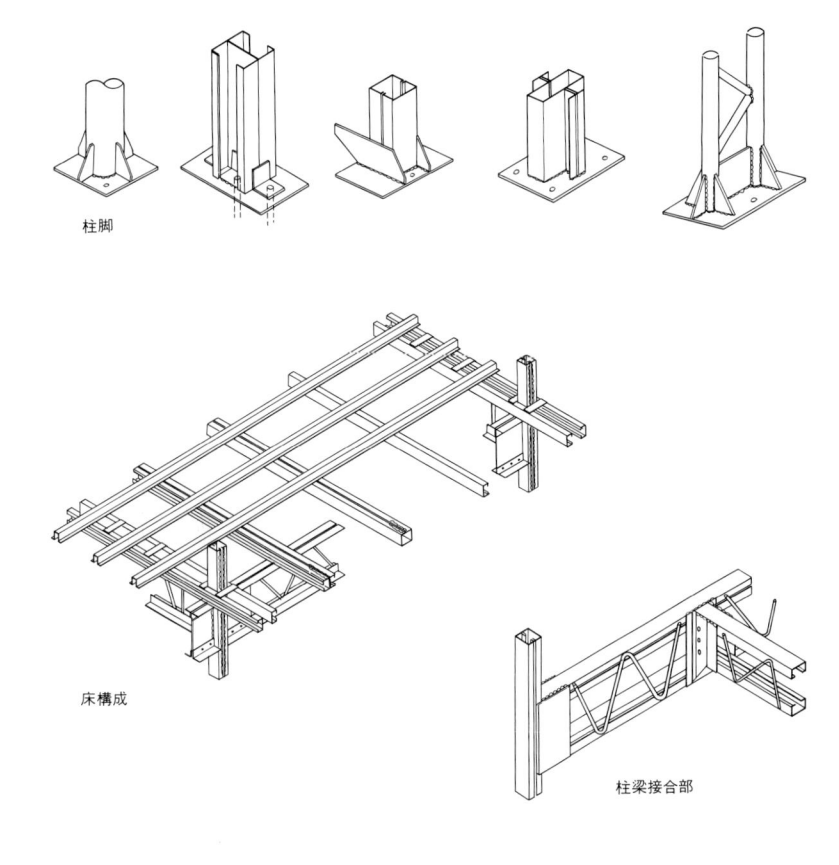

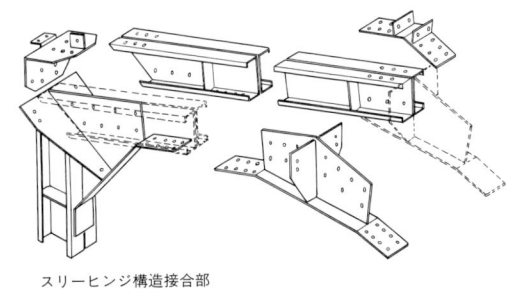

図 16-4　軽量鉄骨を用いた一般構法の例

は今日、プレハブ住宅を除けば、主に非主要構造部材として用いられている。

軽量鉄骨系プレハブ構造の主体構法

■軽量鉄骨系プレハブ構造にはメーカーごとにさまざまな種類がある。その多くは基本的に木造住宅の木材を鋼材に置き換えた形になっているので、木造の章を参照しつつ学ぶことが望ましい。ここではその一例を示す。

■小屋組は基本的にはトラスを用いた洋小屋である（図の三角形のトラスはキングポスト・トラス）。屋根が寄棟になる場合には、この切妻に台形トラスや登り梁、隅木等が加わる。

トラスの上弦材、束、方杖などにはリップ溝形鋼をダブルまたはシングルで用い、下弦材（陸梁）には軽量H形鋼を半分にしたカットT材が用いられる。この小屋組を壁軸組フレームのつなぎ目（外周の柱がある部分）の上にトラス梁のように直接架け渡す。ただし小屋組がフレームのつなぎ目でない部分に載る場合はフレームの上に軒桁をまわし、これに架け渡す。さらにフレームの上部には振止めや水平ブレースを付けて水平剛性を確保する。

■壁軸組は、リップ溝形鋼を外枠とする「壁軸組フレーム」を連結して作られている。フレームは両隣のフレームおよび上下の横架材、基礎などとボルトで接合される。隣りあうフレームの縦枠の材は互いに合わさって外周柱を構成し、鉛直荷重を支える。部屋内部には独立した柱材を立てる。

フレームの中には鉄筋のブレースを内蔵したものがあり、これが水平力に対する耐力壁として働く。開口のある壁は、開口の大きさ・種類ごとに対応するフレームが用意される。

■2階建ての場合は1階の壁軸組フレームの上に軽量H形鋼の梁または胴差を架け渡し、その上に2階の壁軸組フレームを建てる。梁や胴差はつなぎ梁でつなぎ、間に水平ブレースを入れて水平剛性を確保する。長い梁の中間部は角形鋼管の柱で支持する。この柱の間にブレース材を入れれば、内部に耐力壁を作ることもできる。

2階床組は、胴差と梁の間、梁と梁の間に鋼製根太（角形鋼管）を架け渡し、その上に床合板を張って作るが、胴差・梁に直接ALC板を載せて床とする場合もある。

■基礎は木造住宅と同じく、鉄筋コンクリート造の布基礎を用いる。ただし、土台は回さず、壁軸組フレームをアンカーボルトで基礎に直接固定する。

1階床組は大引・根太による木造床組が基本であるが、鋼製大引とALC板を用いることもある。

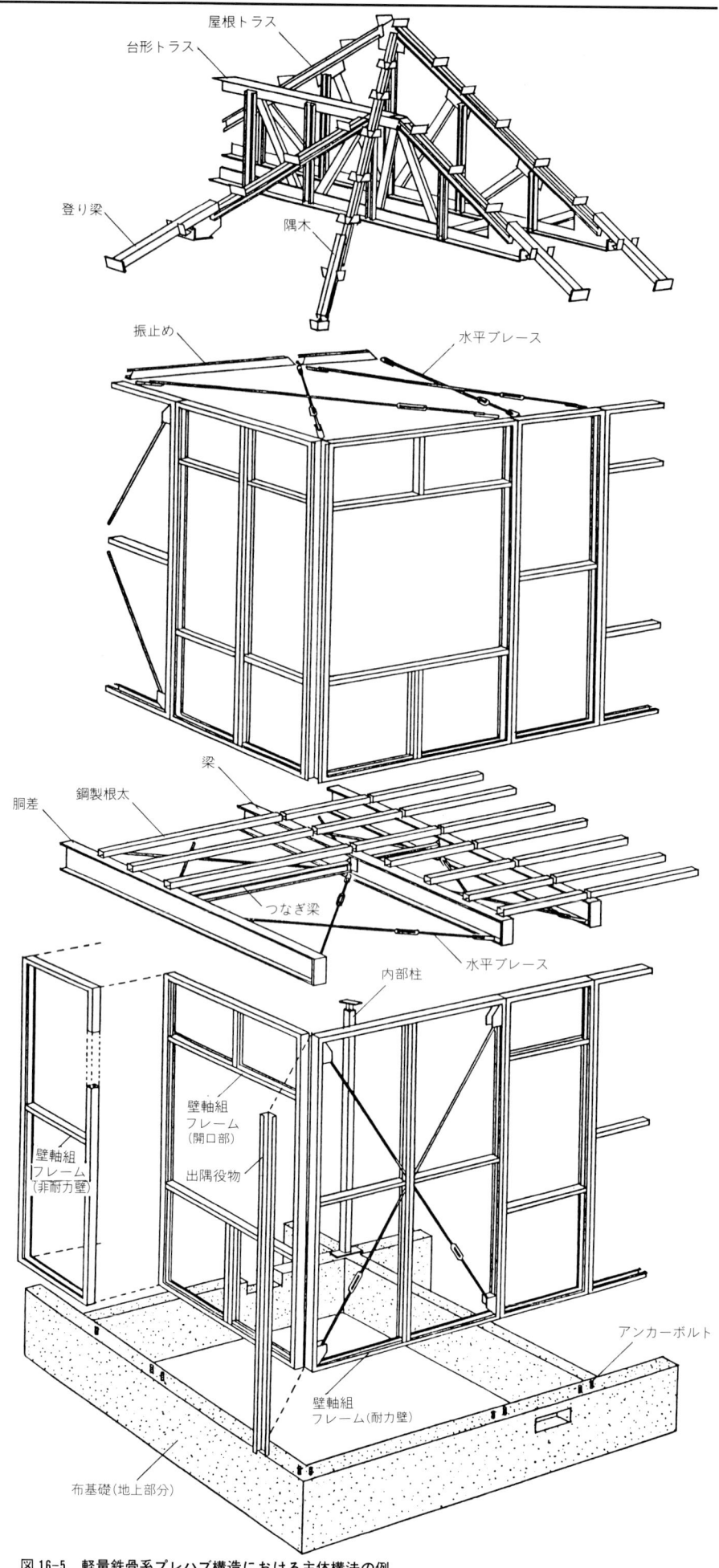

図16-5 軽量鉄骨系プレハブ構造における主体構法の例

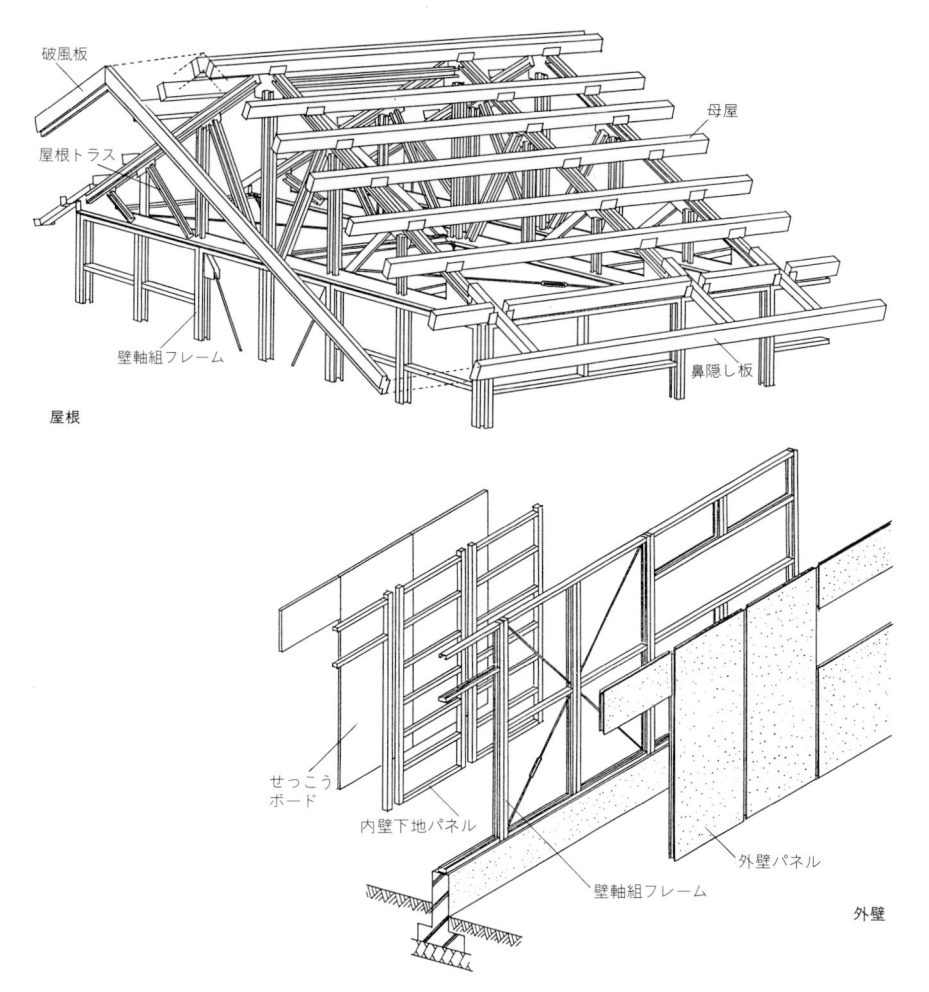

Structural Systems for Steel

各部構法（屋根・外壁）

■屋根：軽量鉄骨の屋根トラスの上弦材に木製の母屋材を架け渡し、この上に直接、野地板を張る。屋根葺き材は在来木造住宅と同じ方法で葺く。軒先には鼻隠し板、けらば部分には破風板を取り付ける。これらの部材は母屋材と同じく木材だが、塩化ビニール鋼板やアルミ材などの化粧カバーでおおわれる。

■外周壁：壁軸組フレームの外側には、断熱材を挟み込んだ外壁パネルを取り付ける。室内側には、木製の内壁下地パネルを取り付けた上に、石膏ボードを張って仕上げを施す。外壁パネルは窯業系ボードを基材としたもののほか、軽量気泡コンクリートなども用いる。

■軽量鉄骨プレハブ住宅は、もともと在来木造住宅のように、人力で組み立てることを前提として作られていたため、個々の部材はそれほど重くならないように配慮されている。しかしクレーンなど施工機械を使うことが容易になった現在では、部材の重さや大きさは問題ではなくなり、むしろ現場の省力化を図ることが重要になった。このため、屋根や外周壁では軽量鉄骨のフレームに工場であらかじめ仕上げ材までアセンブルしたものが用いられるようになってきている。

図 16-6　軽量鉄骨系プレハブ構造における各部構法（屋根，外壁）の例

□コーヒーブレーク　軽量鉄骨造の歩み

■軽量鉄骨に類するものが初めて生産されたのはアメリカにおいてである。その歴史は1850年代にまでさかのぼるが、建築構造に使われだすのは第二次大戦以降のことである。軽量鉄骨はまず航空機の分野で発達したが、1949年に "Specificaion for the Light Gauge Steel Structural Members" がアメリカ鉄鋼協会から刊行され、製品の標準化がなされたのを契機に、建築を含む広い分野でも用いられるようになった。イギリスやドイツ、ソ連（現・ロシア）などでも1950年代までには薄板による形鋼の生産が始まり、いずれの国においても新しい経済的な構造材として注目され、さまざまな分野で使われるようになった。

■わが国では1955年6月、八幡製鉄所が初めて軽量形鋼の生産を開始した。これに先立つ1952年、広瀬鎌二が曲げ加工による薄板鋼板を構造に使った住宅「SH-1」を建てたのが、わが国における最初の軽量鉄骨造の建築である。

1956年に日本住宅公団（現・都市再生機構）が軽量鉄骨造によるテラスハウスを試作し、後に標準化され各地に建設された。またこの時期、池辺陽や飯塚五郎蔵らも軽量鉄骨造の住宅をつくっている。これらは単に構造としてだけでなく、さまざまな意味でわが国のそれ以降の住宅に多くの示唆を与えることとなった。

■プレハブ住宅への応用は、大和ハウス工業の「ミゼットハウス」（1959年）が先駆で、これを契機にさまざまな軽量鉄骨造のプレハブ住宅が登場した。これらは、住宅の不燃化・工業化の流れの中で急速な発展を遂げ、軽量鉄骨造の主役として今日に至る。

■1990年代半ばにスチールハウスという新しい構法がわが国に初めて登場した。これは枠組壁工法のツーバイフォー材を板厚1mmほどの極薄の軽量形鋼に置き換え、セルフドリリング・ビス等で構造用合板と一体化して軀体を構成するもので、軽量鉄骨造というより一種の混構造であるが、薄板鋼の特徴を生かした構法といえる。

北米やオーストラリアでは普及が進んでいたが、わが国でも2001年より一般工法として認められるようになった。

SH-1　広瀬鎌二　1952年

鋼材系の構造システム

17 鉄骨ラーメン構造
STEEL RIGID FRAME STRUCTURES

キーワード
柱-梁接合部　ブラケット　**ブレース**　H形断面　角形鋼管　円形鋼管　**フランジ**　**ウェブ**　スプライスプレート　スタッドコネクタ　ベースプレート　アンカーボルト　デッキプレート　溶接　高力ボルト　工場加工　現場溶接　**剛接合**　**ピン接合**　摩擦接合　引張接合　露出柱脚　根巻き柱脚　埋込み柱脚　耐火被覆　座屈　**降伏**　**弾性**　**塑性**　**靭性**

■鉄骨ラーメン構造（Steel Rigid Frame）は、工場で鋼板や形鋼を必要な寸法、形に加工され組み立てられた部材を、建設現場で建て上げ、接合してつくられる（図17-1）。

鉄筋コンクリートラーメン構造（8SS-10）に比較べて、軽く、粘り強いという利点をもつ反面、軟らかいために梁の撓みや床の振動が生じやすく、地震に対して粘り強く耐えるが、地震中の揺れが大きいという問題もある。

■建築に使う鋼材は軟鋼の一種で、力に対して変形しつつ粘り強く耐えて、壊れにくい（靭性, ductility）性質に富んでいる。

同じ重さ分の材料で強さを比較すると、鋼材はコンクリートの5倍以上あるので、柱間を大きくして、広い空間を柱なしでおおうことができる。

■軟鋼のうちにも建築溶接構造用のSN材、一般構造用のSS材、溶接構造用のSM材などの種別があり、接合方法や使用箇所により使い分けられる。

■鉄骨構造の健全さを確保するのに重要なのは、接合の適切さと座屈を防ぐ配慮である。部材の強度があっても、工場や工事現場での接合に欠陥があると、建物全体が弱くなる。部分が弱く不適切であれば、構造全体が弱いものになってしまう。

座屈とは、細い柱や薄い板材が、強い圧縮力を受けて、横方向に変形し、はらみ出す現象である。座屈が生じると強度は失われ、変形が大きくなって、部材の一部が壊れたり、最悪の場合は倒壊に至ることもある。

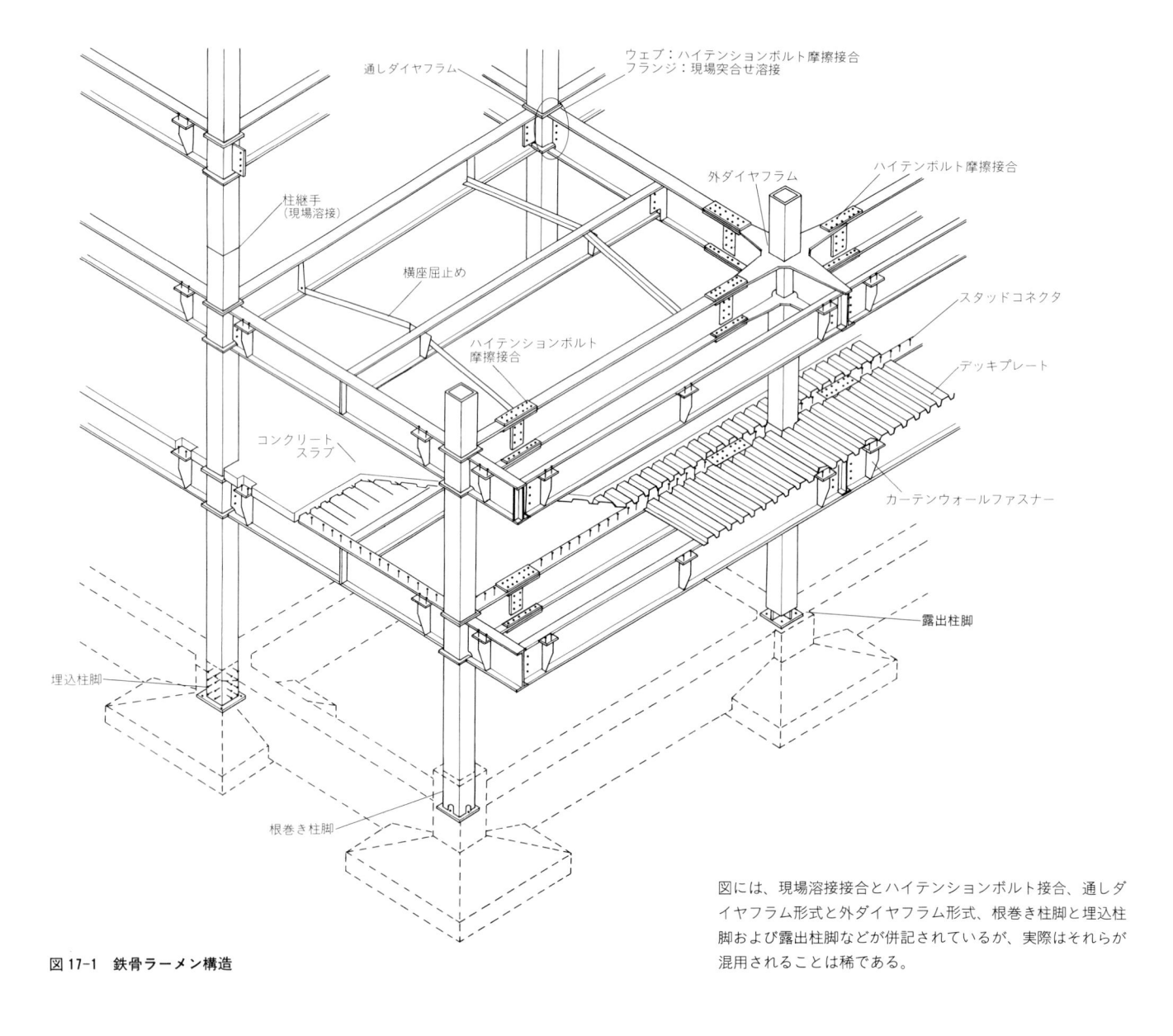

図17-1　鉄骨ラーメン構造

図には、現場溶接接合とハイテンションボルト接合、通しダイヤフラム形式と外ダイヤフラム形式、根巻き柱脚と埋込柱脚および露出柱脚などが併記されているが、実際はそれらが混用されることは稀である。

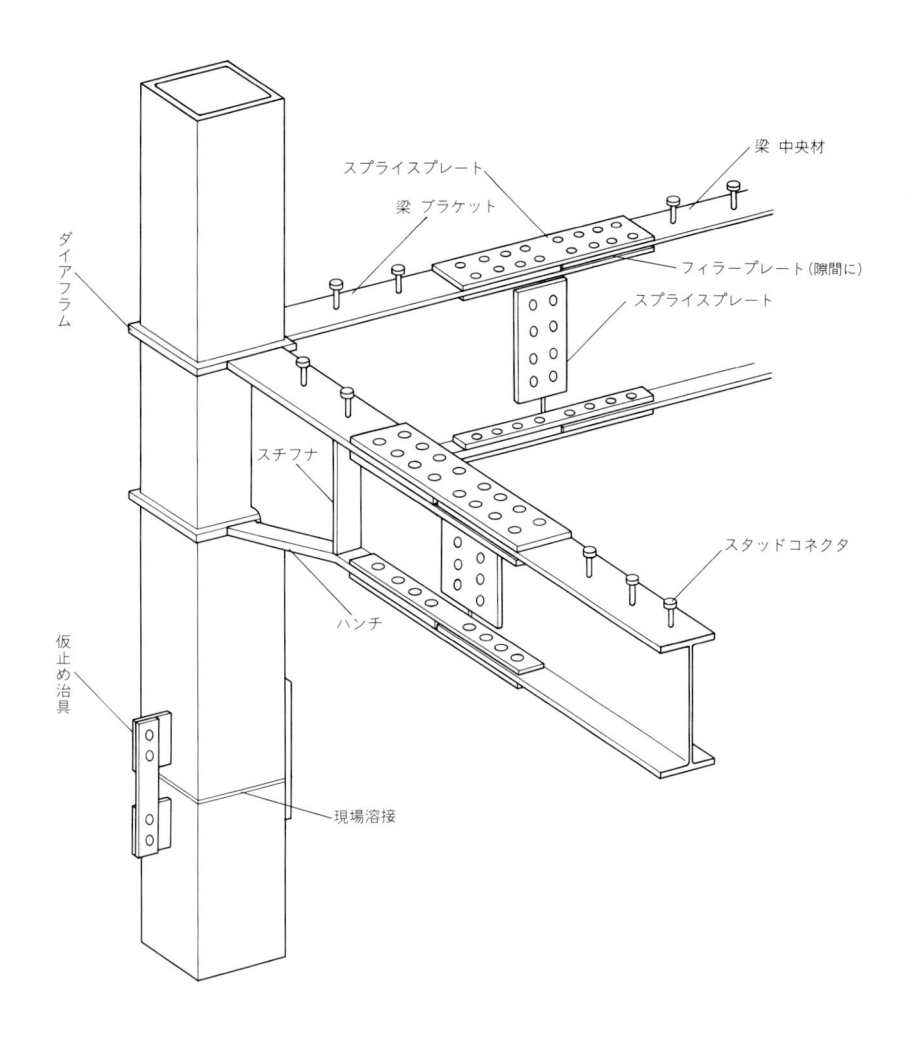

Structural Systems for Steel

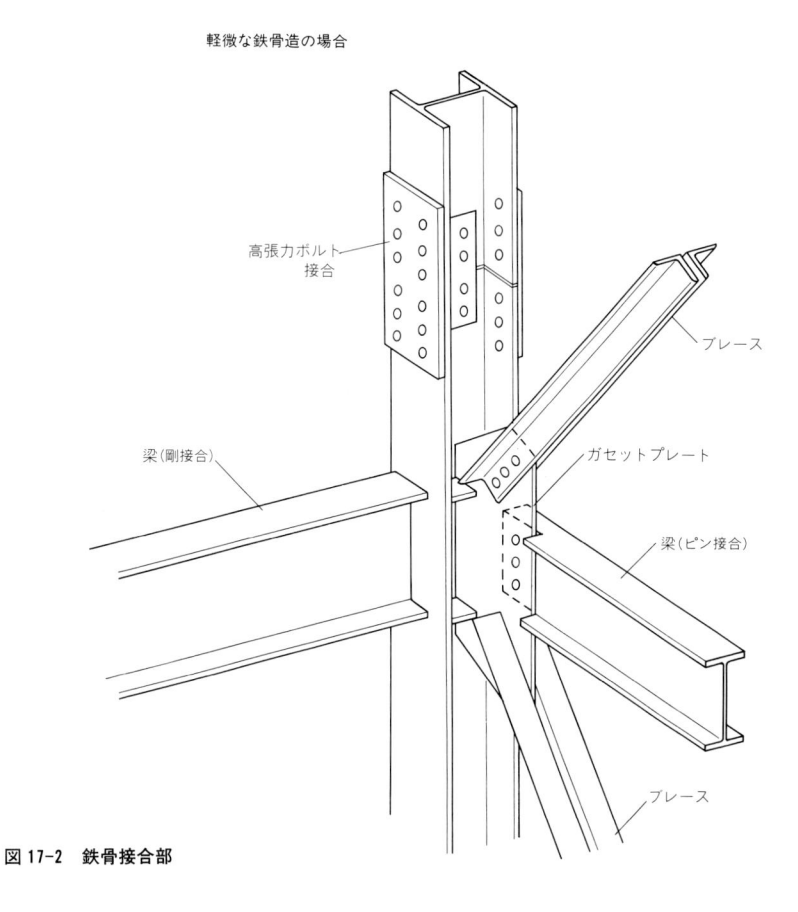

柱・梁の接合部

■鋼板や形鋼は工場で必要な寸法に切断され、ボルト用の穴をあけ、相互に溶接されて建築用鉄骨部材になる。部材の大きさはトラックで積める程度にとどめられる。たとえば柱と梁は、通常、数階分の柱に梁の端部（ブラケット）を付けた部分と、梁の中央材とに分けて運ばれる。

■部材の組立時の接合法には、ボルト締めと溶接がある。現場ではまず柱を建て、柱脚のベースプレートを基礎梁に埋め込まれたアンカーボルトに固定し、次いで梁の中央材とブラケットのフランジとウェブにそれぞれにスプライスプレート（添え板）をあてボルトで締める。ボルトはまず仮締めで全体を組み立て、歪みを直した後に本締めする。鉄骨構造には高張力ボルト（ハイテンション・ボルト）が使われる。

■上下の柱同士も、ボルト締めか溶接で接合される。閉鎖断面（鋼管）の柱は溶接される。H形断面の柱は高張力ボルトによる摩擦接合が普通だが、溶接も使われ、ボルトと溶接の併用の場合もある。

■柱にブラケットを付ける工場内加工を略し、単純な柱と梁を現場で溶接すれば、製作上も、運搬上も効率がいい。しかし、梁にかかる応力が最大になる梁端部の接合が建物全体の強度を左右するから、その部分の接合を工場内ほど確実性が期待できない現場溶接に安易に頼るべきではなく、高度な施工技術と確実な監理を前提としなければ採用できない。

■鉄骨構造の床スラブは、通常、梁の間にデッキプレートを架け渡して固定し、その上に配筋してコンクリートを打って作られる。この方法はデッキプレートが型枠と仮設床を兼ね、コンクリートが固まるまで型枠を支える手間（支保工）も不要になるなど施工上の便宜が多い。本設の構造用として開発されたデッキプレートを用いれば、コンクリート厚さなど構造的要件を満たすことによって、耐火被覆なしで構造体の一部（下端筋に替わるもの）とみなすことができる。

■デッキプレートの代わりに、型枠を兼ねたプレキャストコンクリート板（ハーフPC板）を使う場合もあり、また簡易な仮設梁を取り付けて通常の型枠を支える場合もある。

■鉄骨梁と床スラブを一体化するためにスタッド・コネクタという突起が付けられる。これはスタッド溶接機という道具で植え付けるように溶接される。

図 17-2　鉄骨接合部

柱・梁の断面形

■鉄骨の柱の断面は通常、□形（角形鋼管＝ボックス）や○形（円形鋼管）、H形の三つがある。□形と○形は地震や風などの水平力に対してどの方向にも同じ強さをもつが、H形には図のようにウェブ方向には強く、フランジ方向には弱いという、方向による差がある。梁の断面はほとんどH形である。梁の受ける力が鉛直方向に限られるので、強い方向、つまりウェブを鉛直にすれば、最も効率のよい形になるからである。

■これらの鋼材は既製品（形鋼）から選ぶのが普通だが、鋼板から溶接して作られる場合もある。

■鋼の部材は、「成」を大きくして板厚を薄くするほうが経済的で、かつ曲がりにくさ（剛性）が増す。たとえば、同じ降伏曲げ強度をもつ□−300×300の柱と□−400×400の柱を比べると、後者は板厚が薄くてすむので鋼材量は約3分の2になり、剛性は約3分の4倍になる。同様に「成」が400と500のH型梁を比べると、後者の鋼材量は前者の4分の3、曲げ剛性は4分の5倍になる。しかし部材の板厚が薄いと座屈に弱くなることを忘れてはならない。

柱・梁の座屈

■座屈には、次のような種類がある。[圧縮座屈] 線状の材（柱、ブレース、トラスの圧縮材など）が軸方向の圧縮力によって全体に湾曲変形する現象。長さに比して細過ぎるときに起こる。[横座屈または曲げ座屈] 梁の圧縮側フランジが曲げモーメントによって横にはらみ出す現象。梁長さに比して幅が小さ過ぎるときに起こる。[剪断座屈] 大きな剪断力がウェブ面内に生み出す圧縮応力によって梁のウェブが面外にはらみ出す現象。梁の「成」に比してウェブの板厚が薄過ぎるときに起こる。[局部座屈] 梁や柱の圧縮フランジが、曲げモーメントや軸圧縮力によって、部分的に面外にはらみ出す現象。フランジの板厚がその幅に比して薄すぎるときに起こる。

■このような各種の座屈を防ぐには、材の板厚を十分に確保するのが正攻法であるが、上記の鋼材量の経済性も考え合わせると、座屈を拘束するための補助鋼材（補剛材）を適所に配置することも有効である。

鉄骨造の接合法

■溶接には突き合わせ溶接と隅肉溶接の2種類があり、その部分で伝えられる力の向きによって、使い分けられる。

①突き合わせ溶接
母材（接合される部材）同士の隙間を溶接金

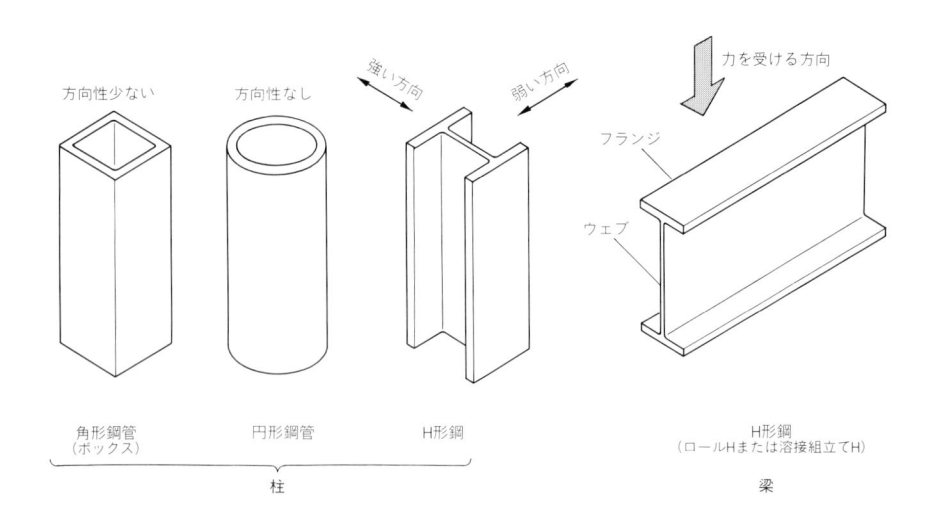

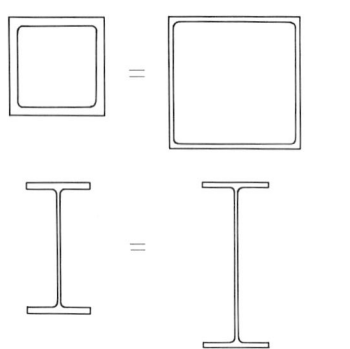

図 17-3 部材の断面形状

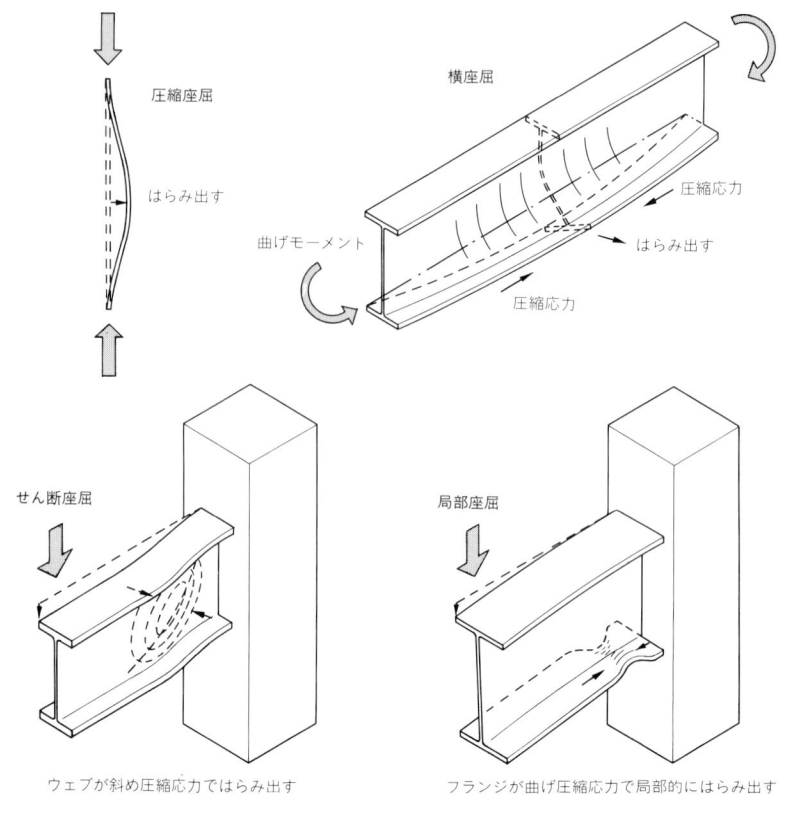

図 17-4 座屈のいろいろ

Structural Systems for Steel

属で完全に埋める溶接法。引張り・圧縮力を伝える部分に用いられる。溶接部分は母材と同等以上の強度が要求されるので、欠陥がないよう厳重な検査が必要である。

②隅肉溶接

直交する板同士の入隅を溶接金属で埋める溶接法。溶接方向の剪断力は伝えるが直角方向の力には弱い。ウェブ端など主として剪断力を伝える部分に用いられる。

■高張力ボルトによる接合法は、摩擦接合と引張り接合がある。いずれにおいても、ボルトはその引張り耐力の 70〜80％にまで強く締め付けられる。

①摩擦接合

板の接触面の摩擦力で応力を伝達する接合方法で、摩擦係数を高くするため、接触面はラフに仕上げたり、錆させたりする。この場合、母材に生じる応力は摩擦力を介して伝えられ、母材をつなぐボルトは、摩擦力が利いているかぎり、応力は負担しない。

②引張り接合

接合する部材端にフランジ部をつくり、ボルトの締め付け力によるプレストレス効果で一体にする接合法。建築では使われる例は比較的少ない。

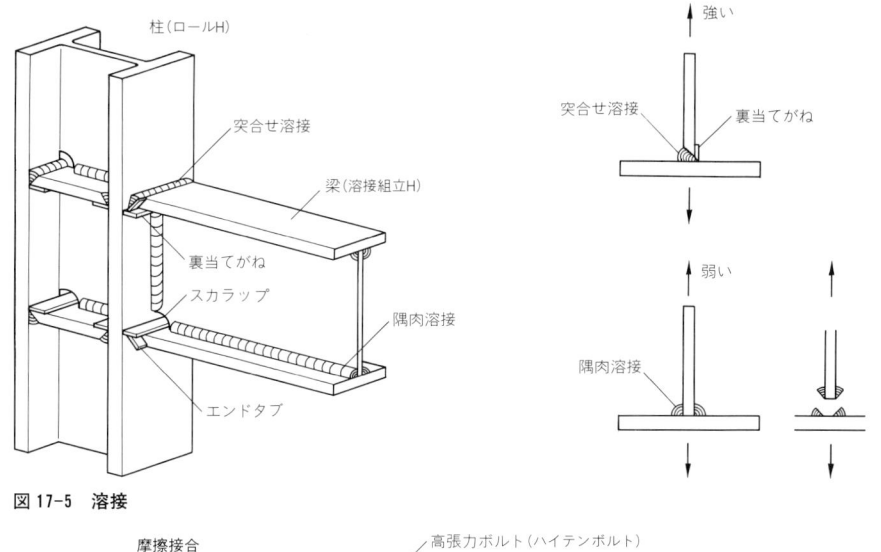

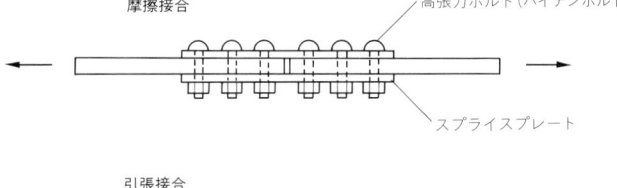

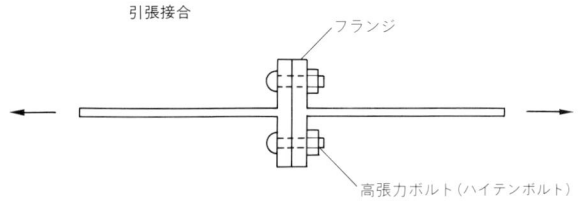

図 17-5　溶接

図 17-6　ボルト接合

□コーヒーブレーク リベット接合の話

■鉄は地球上で最も豊富な金属元素である。人類が鉄を精錬し、使い始めたのは銅より後の約 4,700 年前からであるが、その用途は武器や農具など小型の道具に限られていた。鉄が構造物の骨組として使われるようになったのは、イギリスでコークス高炉による製鉄が始まった 18 世紀以後である。

　初期の構造用鉄材は鋳鉄（Cast Iron）であった。鋳鉄は錆が出にくく、錆ても表層だけなので耐久性に優れているが、強度が低く脆いので、構造用材料としては限界がある。

■1779 年にできたスパン約 30 m の鋳鉄のアーチ橋がイギリスに現存している。アーチの両支点と頂部が鋳鉄製のボルトでピン接合されているほかは、はめ込みやくさび（楔）による締付けで組み立てられている。

■1784 年にヘンリー・コートが反射炉による精錬技術（パドル法）とロール圧延法を発明して、強度が高い錬鉄（Wrought Iron）の板材や I 型材がつくられるようになり、さらに 1866 年のジーメンス・マルティン平炉の発明によって鋼（Steel）がつくられるようになった。

■かつては錬鉄や鋼の板や形鋼をつないで大きな部材を組み立てたり、部材同士をつなぐのは、主に"リベット"が使われていた。リベットは、片側に頭のついた一種のピンで、高温に加熱した状態で接合部分の孔に挿しこみ、先端をリベットハンマーで叩いて頭を成形する。この過程でリベットは孔に隙間なく充填されてガタつきをなくし、さらに温度収縮で締付け力が上がる。リベットは接合法として優れていたが、工事中の騒音が大きく、また施工に熟練を要したので、溶接技術が発達したり、強度の高い高張力ボルトが普及すると次第に使われなくなった。

■昭和 30 年代までは、階下で真っ赤になるまで焼かれたリベットを職人が投げ上げ、それが暮れかかる空を背景に淡く輝く放物線を描いて飛ぶのを、上階の職人が器用に受けるのが鉄骨工事現場の風物詩になっていたが、それも今は昔の話である。

鋼材系の構造システム

18 鉄骨平面トラス構造
STEEL PLANE TRUSS STRUCTURES

キーワード

平面トラス　三角形　平行弦トラス　山形トラス　**弦材**　**斜材**
腹材（ウェブ材）　通し材　つなぎ材　節点　**剛接合**
ピン接合　静定構造　**軸力（圧縮力、引張力）**　大スパン
スーパーストラクチャー　メガストラクチャー

■トラス（Truss）構造とは、パイプや形鋼などの棒材を三角形の集合となるように組み立て、梁や柱として用いる構造システムである（図18-1）。

　トラス構造による柱、梁は、個々の構成部材の断面が小さくても全体として大きな応力を受けることができるので、それをH形鋼など単体の部材でつくる場合より少ない鋼材量でつくることができる。

　こうしたトラスの力学的特徴は、全体に加わる曲げモーメントや剪断力を、構成部材の軸方向の引張応力や圧縮応力に単純化して伝えることから生じている。

■トラスは素材を効率的に生かせる反面、組立に手間がかかる。そのため、かつては10mを超える程度の比較的小さなスパンの梁にも多用されたが、現在では主として数10mという大スパンか、とくに大きい荷重を支える梁、大スパンアーチ、あるいはスーパーストラクチャーの柱や梁に使われている。

■トラス構造では、通し材（弦材）が曲げモーメントを受け持ち、それをつなぐつなぎ材（腹材）が剪断力を受け持つ。

　節点を剛接合（回転できない接合）にした場合、部材に曲げモーメントが生じるが、通常は無視できる程度に小さい。

■梁のように力を伝える方向が一次元的なトラスを1方向トラス、あるいは平面トラス（Plane Truss）という。

　平面トラスを直交させて格子状に用いた場合も、交点での力のやりとりはあるが、それぞれ独立の平面トラスであり、立体トラス（Space Truss、⇒ SS-19）とは異なる。

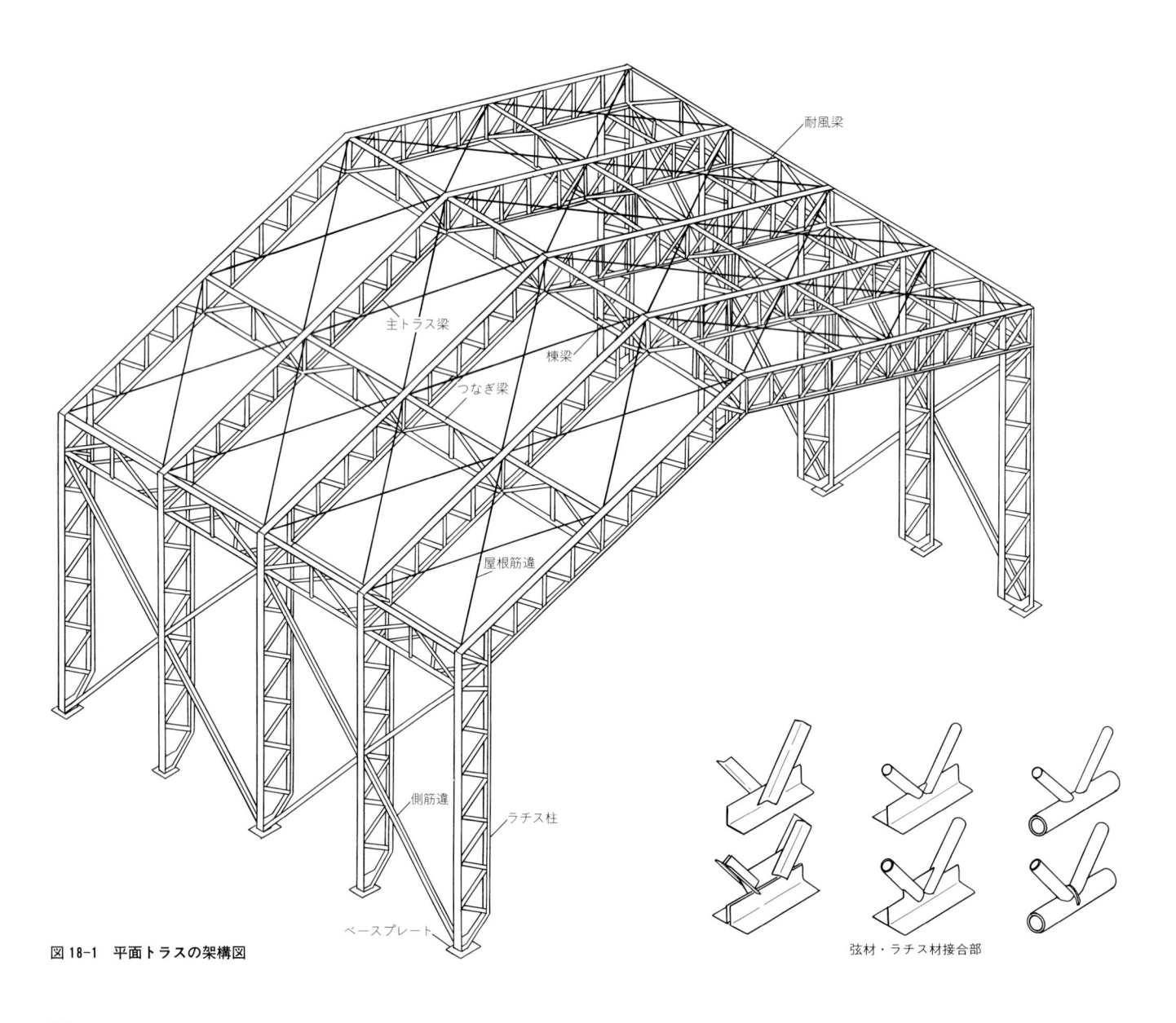

図18-1　平面トラスの架構図

弦材・ラチス材接合部

Structural Systems for Steel

平面トラスの構造原理

■剛な棒を端部同士でつないで四角形をつくっても、つなぎ目（節点）が回転可能なら自由に変形できる。ところが、三角形の場合は変形できない。つまり、四角形以上の多角形は不安定であるが、三角形は安定である。トラス構造は、この安定した三角形の集まりである。

■トラスの節点に外から力を加えると、それぞれの材には軸力（引張力あるいは圧縮力）が働く。節点が回転自由なピン接合であれば曲げモーメントや剪断力は全く働かない。

　安定であるために必要最少限の材で構成されたトラスでは、それぞれの材に働く力は力の釣合いから容易に求めることができる。これを静定構造という。

　必要最少限以上の材で構成されたトラスは不静定構造といい、力の釣合いだけで応力を求めることはできない。

■トラス材の中間に外力が働いたり、材のつなぎ目が節点からずれていたりすると、材には軸力以外に曲げモーメントや剪断力が働く。そのような場合に十分な検討がなされていないと、その部分から崩壊することがある。

■トラスの節点が回転自由でなく、剛接合されている場合には、材には曲げモーメントや剪断力が働く。しかし、この曲げモーメントは、通常は小さく、致命的な崩壊に至ることはない。

平面トラスのタイプ

■平面トラスは、形状や腹材の組み方の違いにより、いくつかのタイプがある。その代表的なものを、力の流れと併せて左に図示する。平行弦トラスは、大スパン建築の梁や橋梁などに使われ、山形トラスは、工場や体育館など、大スパンの屋根架構に使われる。

■通常の建物の数層分を構造的には一層として考え、スパンも大きくした構造物をスーパーストラクチャー、あるいはメガストラクチャーと呼んでいる。もし、このような大架構の柱や梁を単純な断面の単体部材でつくろうとすると、サイズが数mのH形材や口形材が必要になる。そこで現実的な手段として、材料の断面を効率的に使えるトラスを柱や梁にする。通常は単独で柱や梁に使うような大きな断面の部材を弦材や斜材に用いれば、非常に大きな応力にも耐えるトラス構造の柱や梁をつくることができる。

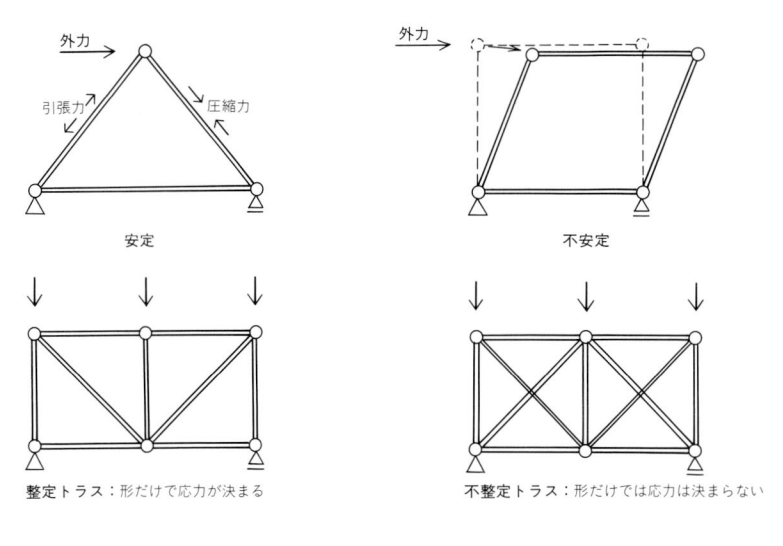

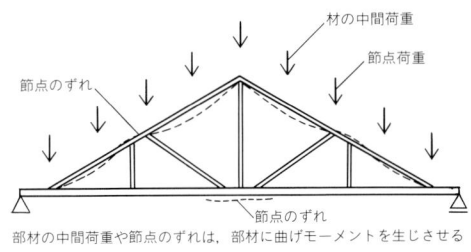

図18-2　トラスの原理

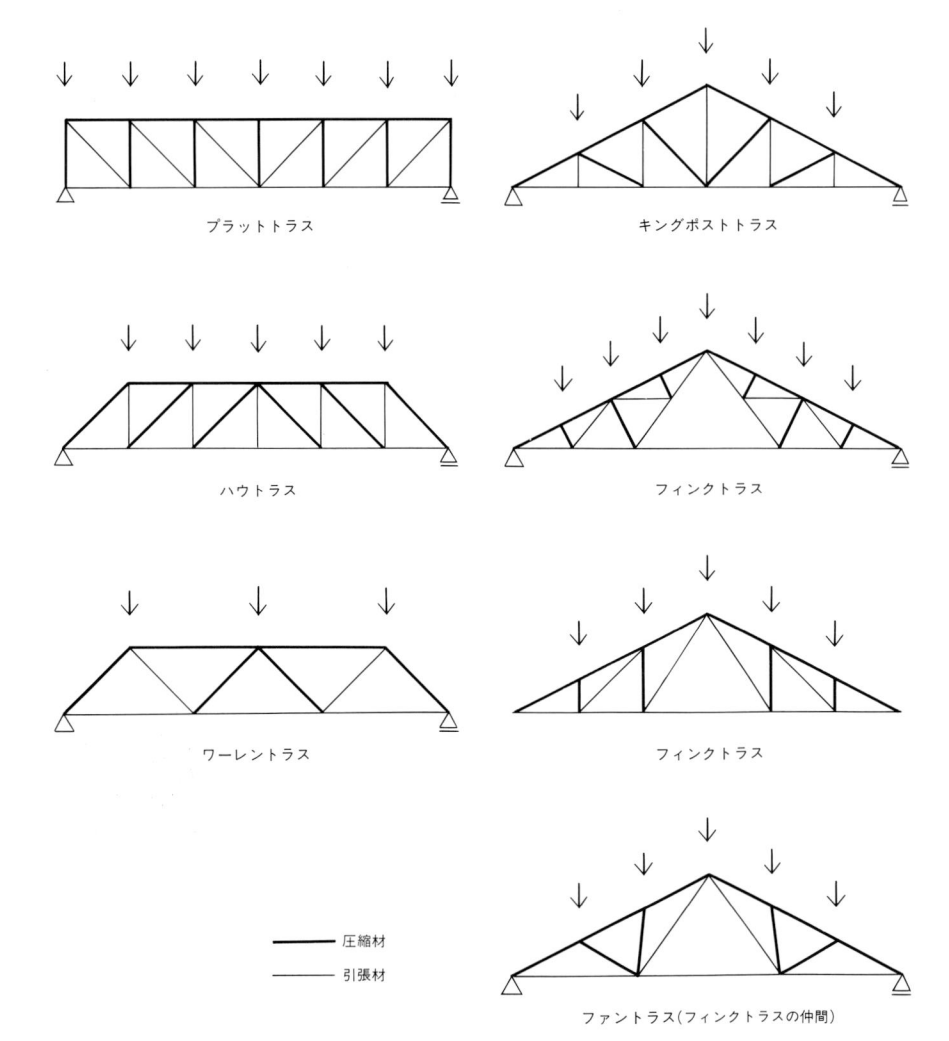

図18-3　代表的な平行弦トラス

図18-4　代表的な山形トラス

19 鉄骨立体トラス構造
（スペースフレーム構造）
STEEL SPACE TRUSS STRUCTURES

キーワード

立体トラス　四角錐　三角錐　節点　格子　三次元　**弦材**
斜材　丸パイプ材（鋼管）　L形鋼　H形鋼　ボールジョイント
ハイテンボルト（高張力ボルト）　スペースフレーム　ドーム
円筒シェル　HPシェル

■立体トラス（Space Truss）とは、直交して格子をなす2方向のトラス、あるいは正3角形グリッド（斜め格子）をなす3方向のトラスが、斜めの材（ウェブ材）を共有する形に組み立てられた構造システムである。

■立体トラスは平面トラスの単純な組み合わせではない、ということに注意しなければならない。それぞれの方向のトラスの上弦材は一つの平面内でグリッドを作っているが、この面を上の構造の面という意味で上構面と呼ぶ。同じように下弦材がつくる平面グリッドを下構面と呼ぶ。上構面と下構面とは当然平行している。この状態で上構面と下構面のグリッドの交点が上下にピッタリ重なっていれば「平面トラスの単純な組合せ」になる。立体トラスでは上構面と下構面のグリッドを、いわば半駒ずらし、そのずれた上構面の交点と下構面の交点を斜めの材で結ぶ。この操作によって材の構成が（したがって力の流れが）三次元的になり、「立体」トラスになるのである（図19-1）。

■節点に荷重が加わると、力は弦材や斜材の引張応力や圧縮応力として伝達される。力が弦材方向だけでなく、斜材を通じて斜め方向に、つまり一つの面内を出て三次元的にも伝わるのが立体トラスの特徴である。

したがって立体トラスは、梁として線的に働く平面トラスとは対照的に、全体としてスラブのような面として働く。

■立体トラスは、通常、広い面積をおおう屋根などに使われる。平面的な立体トラスで数十m角、曲面にすると直径200mくらいの面積をおおうことができる。

■立体トラスの最大の難点は、節点の接合が立体的になり、したがって複雑になることである。このような接合部分を鋼板を組み立ててつくるのはなかなかむずかしい。

最近では、機械式接合用のボールジョイントや、節点の形に合わせてパイプを自動的に切り出す技術が発達してきたので、丸パイプ材の立体トラスは比較的容易につくることができる。

写真19-1　日本万国博覧会お祭り広場の大屋根　設計：丹下健三　構造：坪井善勝　日本　1970年

Structural Systems for Steel

立体トラスの接合法

■平面トラスの基本単位が力学的に安定した三角形であるのと同様、立体トラスの基本単位は四角錐、あるいは力学的に安定した三角錐である。

平面トラスの外力に対する抵抗は面内に限られ、その平面の直角の方向に対しては節点が自由に動く。これに対して、立体トラスの節点は三次元の斜材によってどの方向にも拘束されている。つまり立体トラスは節点に加わるどの方向の力も他の部材に流すことができる。

■立体トラスは、節点に集まる材の軸がずれないように正確に接合しなければならない。接合方法には次の三つがある。

1)接合部材にハイテンボルトで止める
2)直接部材同士を突き合わせ溶接する
3)ボールジョイントにねじ込み接合する

1)は、アングル、H形鋼、パイプなど種々の断面形状の材に対応できるが、複雑な角度構成の接合部材をつくるのがむずかしいし、接合部材が大きくなりやすく、立体トラスの美しさを損ねやすい。

2)は、トラス材の端部を部材同士が相互に貫きあう複雑な相貫形に合わせて切断しなければならない。この相貫形を単純化するには、部材断面がその中心軸に対して均等なほうがいいので、丸パイプが使われることが多い。今日では丸パイプの端部を相貫形に合わせてカットする自動切断機が使われている。

3)は、鍛造あるいは鋳鋼製のボールにねじ孔を開け、トラス材の端部に仕込んだボルトをねじ込む方法である。接合材の角度の自由度が比較的に高いので、複雑な曲面構成をつくるのに適する。

■立体トラスは、大空間を覆う屋根構造によく用いられる。その形状は、平板や折板、ドーム、筒形シェル、HPシェルなど板構造理論で解析可能なものが多いが、力学的に可能なら、理論上はどんな複雑な形状をつくることもできる。ただし実用上は、トラス部材の構成の複雑さやジョイント部材の限界から、幾何学的に単純な平面や曲面か、その組合せとするのが普通である。

■個々のトラス部材は、それぞれの負担する力に応じた断面が採用される。

圧縮応力を受ける材は、座屈を起こさないような太さが必要になる。引張応力しか受けない材は、断面積さえ確保できれば、細くてもかまわない。

その結果、でき上がった立体トラスの部材のひとつひとつを見ていくと、力がどのように流れているかが分かり、そのような力学的緊張感が、立体トラスを美しく見せる要因の一つとなっている。

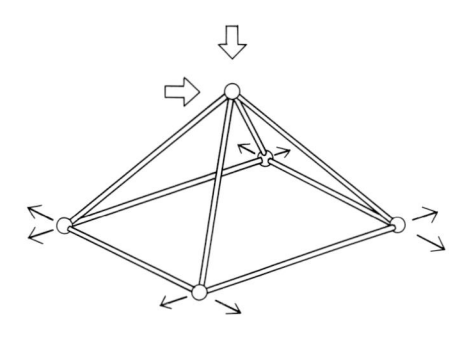

図 19-1 立体トラスの原理

ボルト接合

溶接接合

ボールジョイントのいろいろ

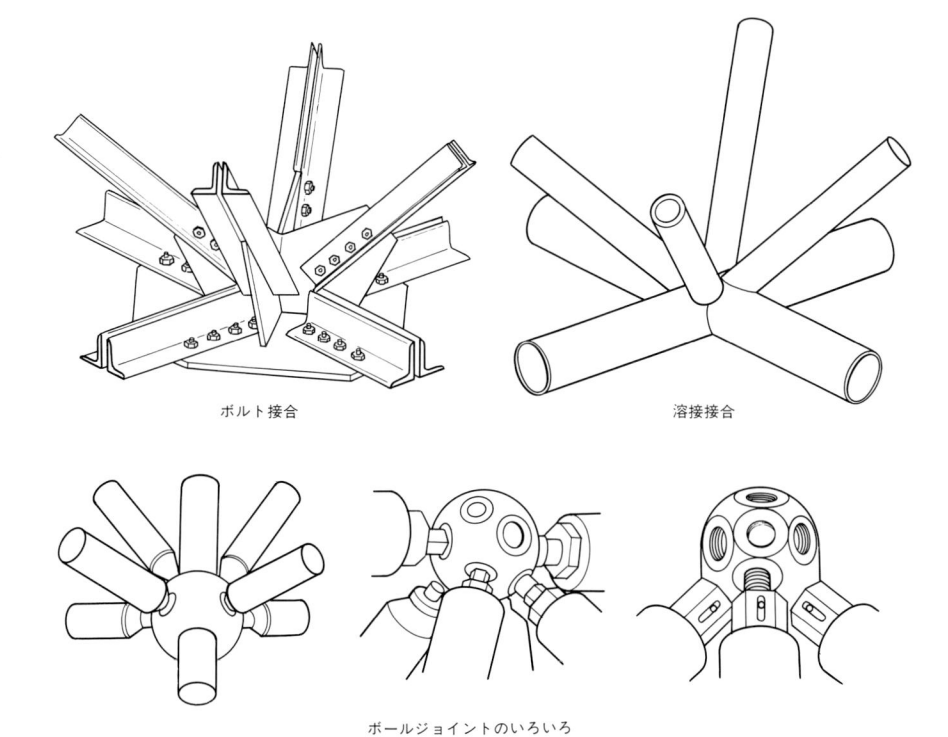

図 19-2 立体トラスの接合法

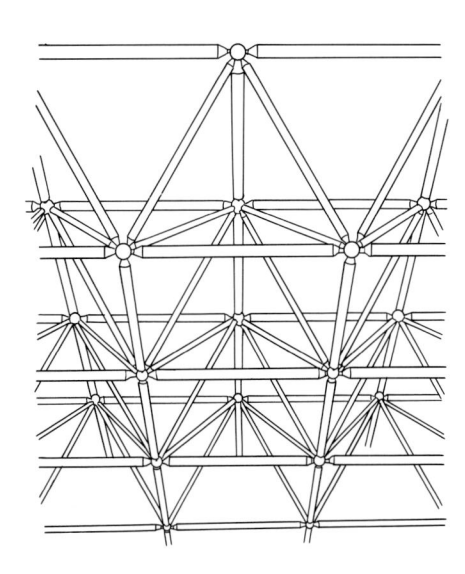

図 19-3 立体トラスの架構図

数階分を1層とする大型ラーメンをつくり、その中にサブ構造で居住床をつくる。
内部空間の多様性や模様替えの自由度を高める。

図 19-4 スーパーストラクチャー

鋼材系の構造システム

20 ケーブル構造（吊り構造）
CABLE STRUCTURES (SUSPENSION STRUCTURES)

キーワード
ケーブル構造　吊り屋根　吊り床　吊り橋　斜張橋　懸垂線
サグ（sag, たるみ）　**ガウス曲率　補剛　座屈　初期張力
フラッター（flutter, 自励振動）　スラスト（thrust, 推力）**
定着部　支持構造　ステイ　ハンガー

■鎖の両端をその長さより短い間隔で支えると、鎖は自然にたるんで美しい曲線を描く。この曲線をカテナリー（懸垂線）という。鎖の自重は懸垂線にそって両端の支点に導かれるが、この時、鎖の内部には軸方向の引張応力だけが働いている。そして鎖を支える点から鎖の最下端までの鉛直距離をサグ（たるみ）といい、この自然なたるみ（サグ）を利用して荷重を水平方向へ伝える構造システムをケーブル構造という（図20-1）。

ケーブル構造は、両端の支点以外は引張応力のみを考えればいいので構造的考察が単純化され、また支点の間隔がどんなに広くても、架構部分の荷重は容易にかつ自然に支点に伝わるので、大空間に適している。

■一方、ケーブル構造においては支点に大きな応力が集中するから、その力を地盤まで導く支持構造の計画を初め、ケーブル端部の定着金物などの納まりや施工工程の検討が重要である。

■架構部分の荷重が非常に大きかったり支点が移動したりするとケーブルが変形することがあり、また風荷重により屋根全体が振動（フラッターなど）しやすいので、こうした変形や振動を防ぐための安全性の確認が必要になる。

■屋根全体の剛性を高め、ケーブルの張力変化を防ぐためには前もってケーブルに張力を与える必要がある（前もって与える張力を初期張力という）。

■吊り材料としては通常、ストランド・ロープやスパイラル・ロープなどの曲げ剛性のないケーブル材が使われる。しかしながら吊り材にあえて曲げ剛性のある平鋼や形鋼、PC鋼棒を用いて、架構の形態を整える場合もあり、また吊り材の定着端や周辺部材との納まりを単純化する場合もある。

■ケーブル構造は、吊り材の構成や荷重の伝わり方により、次の六つのタイプに分類される。

1) 1方向吊り屋根：吊り材を平行にかけ渡し、1方向に湾曲した屋根面を構成するタイプ
2) 2方向吊り屋根：逆方向に湾曲した2方向のケーブル群を交差させ、HP曲面状に湾曲した屋根面を構成するタイプ
3) 放射式吊り屋根：中心の引張リングから周囲の圧縮リングに向かって吊り材を放射状に架けて屋根面を構成するタイプ
4) ビーム式吊り屋根：梁やアーチなどの圧縮材とケーブルを組み合わせるタイプ
5) 複合式吊り屋根：他の構造システムの屋根架構をケーブルで吊り上げるタイプ
6) 吊り床：単層あるいは重層の床を吊り材（ハンガー）で吊り上げるタイプ

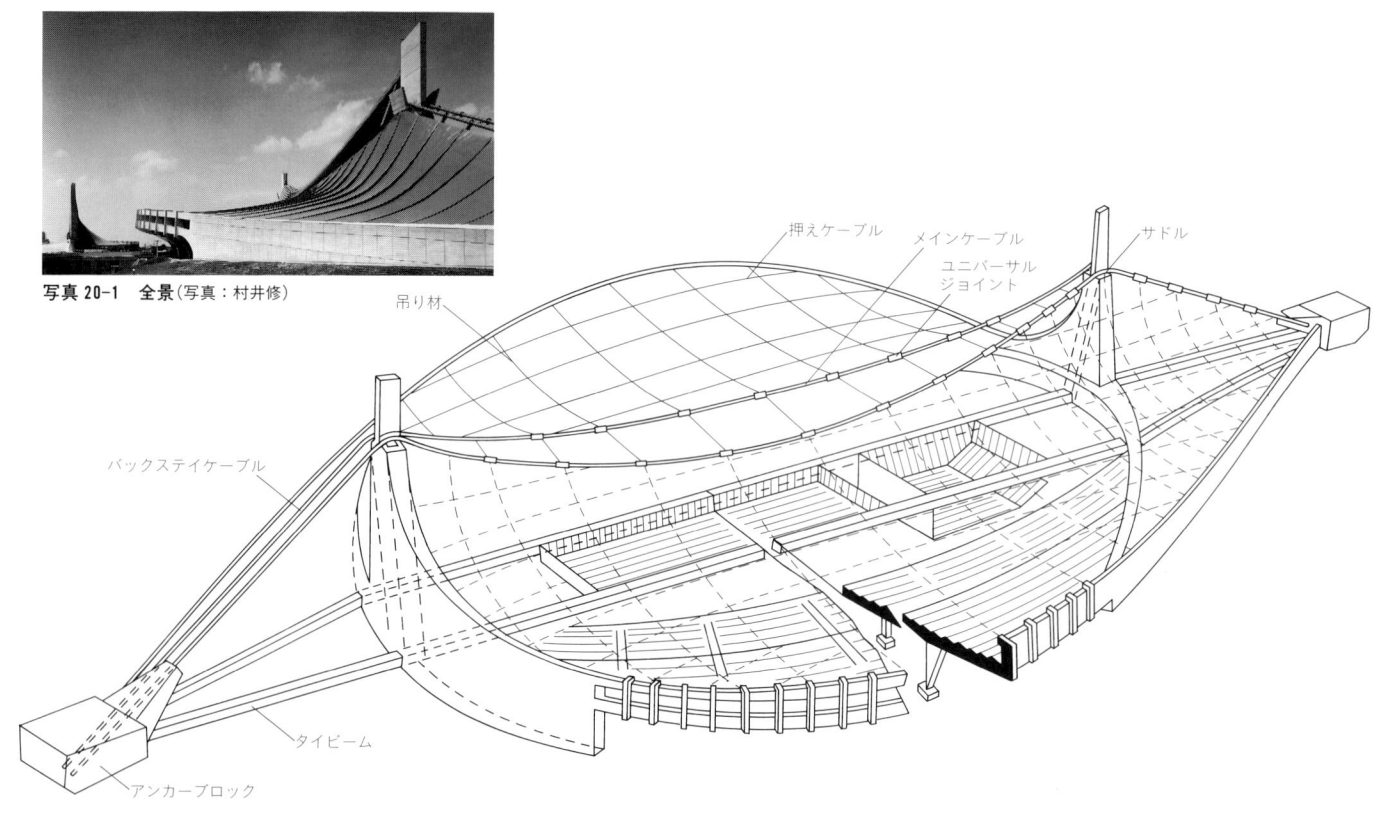

写真20-1　全景（写真：村井修）

図20-1　ケーブル構造の架構概念図（国立代々木競技場第一体育館　設計：丹下健三　構造：坪井善勝　1964年）

Structural Systems for Steel

図 20-2　1方向吊り屋根の架構概念図

(1)重量　　(2)曲げ材(補剛梁)　　(3)曲げ材

(4)シェル効果　　(5)初期張力　　(6)ステイ

図 20-3　1方向吊り屋根の補剛法

図 20-4　2方向吊り屋根の架構概念図

図 20-5　吊りケーブルと押えケーブル

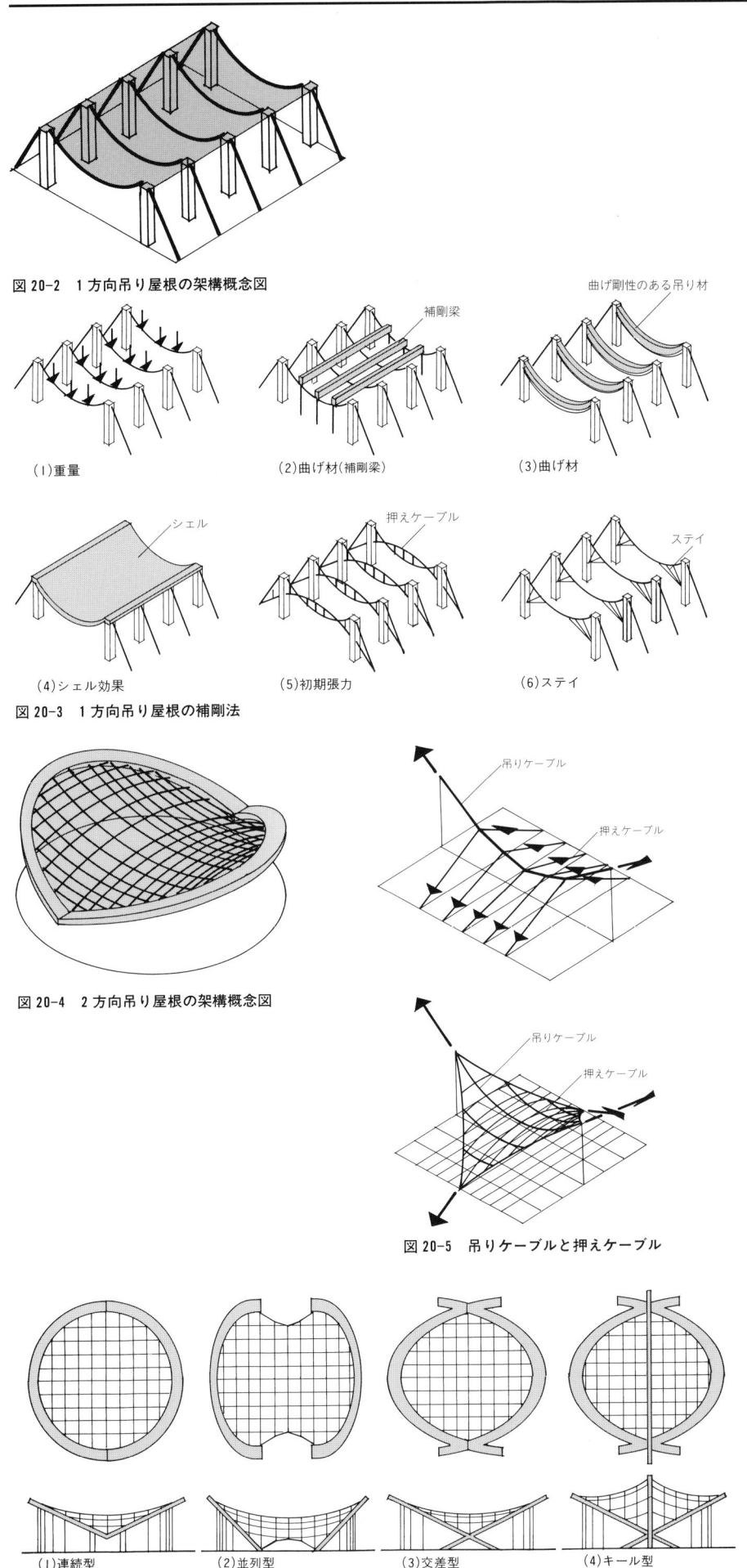

(1)連続型　　(2)並列型　　(3)交差型　　(4)キール型

図 20-6　2方向吊り屋根の境界アーチの構成

1方向吊り屋根の特性

■吊り橋の原理を用いた最も単純で経済的な吊り屋根システムである(図 20-2)。

■屋根面の剛性が低いので、集中荷重や非対称荷重による変形や風荷重による振動を受けやすい。それを防ぐためには剛性を補う必要がある。この補いを補剛という。補剛には、次の六つの方法がある(図 20-3)。

(1) 屋根面に余分の重量を与える方法
(2) 曲げ材(補剛梁)で吊り材を押える方法
(3) 吊り材に曲げ剛性を与える方法
(4) コンクリート(RCやPC板)で屋根面を一体化して筒形のシェル作用を利用する方法
(5) 押えケーブルを用いて吊り材に初期張力を与える方法
(6) ステイで吊り材の変形を防ぐ方法

(1)～(4)の方法は屋根荷重が増える傾向があり、(5)と(6)の方法は吊りケーブルと補助ケーブルで一体化するため、屋根荷重は軽くなる。

■吊り屋根構造には屋根自体の他に支点に集まる屋根の荷重を地盤に導くための支持構造が必要になる。屋根荷重の水平成分(スラスト)の処理はとくに重要で、屋根荷重をバックステイで地盤に導く方法や、曲げ剛性をもつ支柱に吸収する方法が一般的である。

2方向吊り屋根の特性

■下向きに凸の吊りケーブルに、上向きに凸の押えケーブルを緊張して初期張力を与えるため、変形や振動が起こりにくい構造システムである。その結果として全体の形態はガウス曲率が負の2重曲面になる(図 20-5)。

■2方向吊り屋根面はその形態的特徴により自ら剛性が高いので、他の吊り屋根タイプに比べて、屋根面を軽くすることができる。初期張力のみで変形や振動を防ぐことがむずかしい場合は、RCやPC板で屋根面を固めて双曲放物面状のシェル作用を利用する補剛や、ケーブルの代わりにI形鋼などを用いて曲げ剛性を高める補剛が行われる。

屋根面の周辺部では、曲率の不足により上記の形態的特徴による剛性が低くなる傾向があるので注意が必要である。

■支持構造はアーチを用いるのが一般的で、屋根荷重の水平成分は、アーチの軸力として下部構造や地盤に導かれる(図 20-6)。

境界アーチの構成には、次のタイプがある。

(1) アーチ内で水平推力の多くを処理して屋根荷重の鉛直成分は柱や壁で処理する連続型
(2) アーチを地盤まで伸ばして屋根荷重のすべてを直接地盤に導いて基礎構造で水平推力を処理する並列型
(3) アーチを交差させて水平推力の一部を相殺する交差型
(4) 3つのアーチを交差させて水平推力の一部を相殺するキール型

放射式吊り屋根の特性

■円形平面に適したタイプである。外周の圧縮リングと中心の引張リングの間に、吊りと押えの2層のケーブルを張った車輪方式と、ケーブルを放射状に吊り下げた中だるみ方式がある。いずれの方式でもケーブル張力の水平成分は圧縮リングに吸収され、支持構造には屋根荷重の鉛直成分のみが作用する。

■車輪方式（図20-8）は、上弦および下弦のケーブル群がそれぞれ下向きおよび上向き荷重に作用して、屋根面に剛性を与えるタイプである。外周圧縮リングには、大きな応力が作用するため、リングの座屈を防ぐ配慮が必要になる。上弦に圧縮材を用いて張弦梁式にすれば、上下の弦材の応力の水平成分が相殺され、圧縮リングを省くことができる。

■中だるみ方式（図20-9）は、懸垂線状の吊りケーブル群のみで構成されたタイプで、屋根中央に採光や雨仕舞を兼ねた引張リングを設けることもある。押えケーブルがないため、変形や振動を防ぐための補剛が重要になる。屋根補剛の方法には、

(1)屋根面に重量を与える方法
(2)曲げ抵抗のある吊り材を用いる方法
(3)コンクリートで屋根面を一体化する方法
(4)ステイで吊り材の変形を防ぐ方法

などがある。

ビーム式吊り屋根の特性

■曲げ剛性をもつビームや扁平アーチ、平行弦トラスなどの構造要素にケーブルを付加して応力や変形を制御する複合的な構造システムである。張弦梁（図20-11）、サスペンアーチ、PSトラス（図20-12）などがある。

■張弦梁（Beam String Structure）の原理は、曲げ材を吊り材で補強する合成桁として、古くから用いられていたが、現在では、曲げ材の応力を制御する目的で利用されている。他の吊り屋根タイプと異なり、曲げ剛性の高い構造要素を含むため、変形や振動の問題が少なく、自由な形態が可能になる。

■19世紀に橋梁の分野で実用化されたサスペンアーチは、扁平アーチと吊り材を束材を介して結合し、屋根荷重の水平成分を相殺させる複合構造である。

■PSトラスは、平行弦トラス梁の下弦近くにケーブルで初期張力を与え、トラスの部材応力の均一化と減少を図るタイプ。アウトケーブル式のプレストレス梁で、大スパンのトラス構造（⇒ SS-18,19）に使用される。

■ケーブルトラス（図20-8）と膜材料を組み合わせたテンセグリティードームは、張弦梁を立体的に組み合わせたタイプで、可能性を秘めた構造システムとして注目されている。

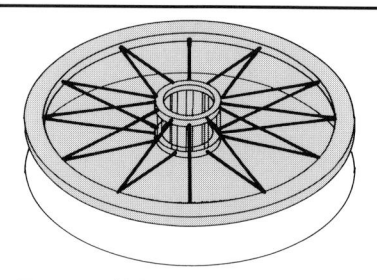

図20-7　放射式吊り屋根の架構概念図

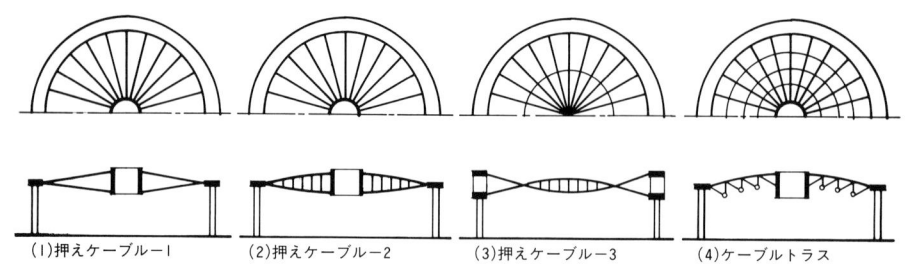

図20-8　車輪方式の補剛法
(1)押えケーブル-1　(2)押えケーブル-2　(3)押えケーブル-3　(4)ケーブルトラス

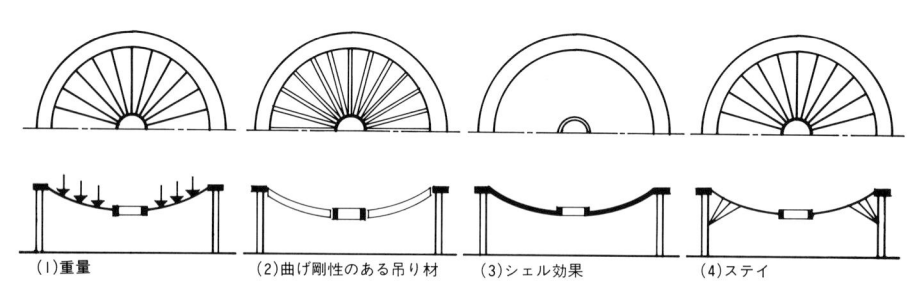

図20-9　中だるみ方式の補剛法
(1)重量　(2)曲げ剛性のある吊り材　(3)シェル効果　(4)ステイ

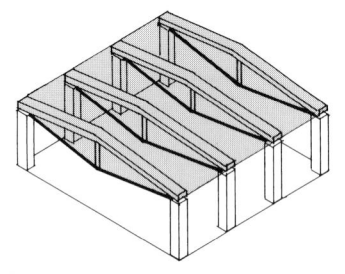

図20-10　ビーム式吊り屋根の架構概念図

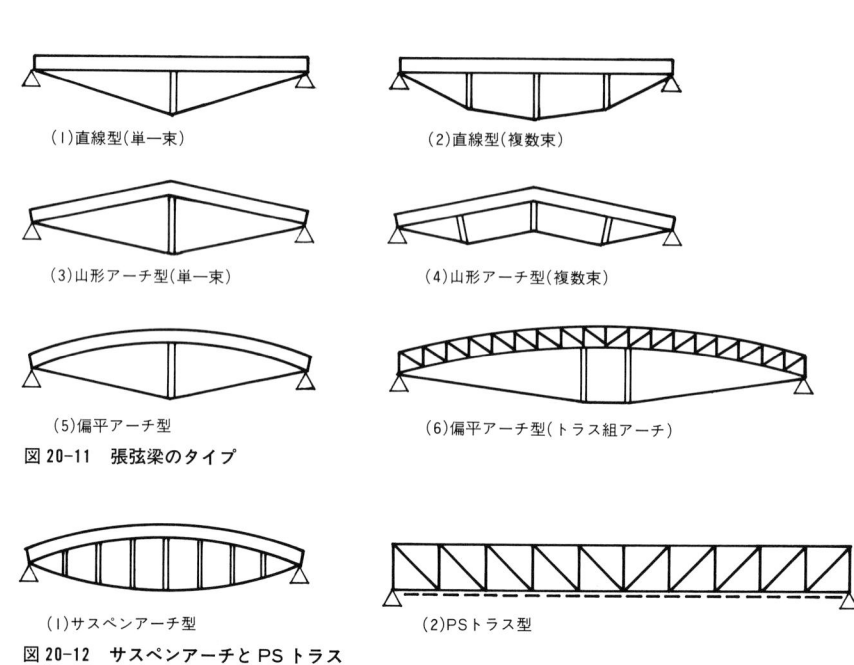

図20-11　張弦梁のタイプ
(1)直線型(単一束)　(2)直線型(複数束)　(3)山形アーチ型(単一束)　(4)山形アーチ型(複数束)　(5)偏平アーチ型　(6)偏平アーチ型(トラス組アーチ)

図20-12　サスペンアーチとPSトラス
(1)サスペンアーチ型　(2)PSトラス型

Structural Systems for Steel

複合式吊り屋根の特性

■1方向・2方向・放射式吊り屋根は、吊り材そのものが屋根面を構成しているが、複合式は梁、平板、シェル、折板、平面トラスや立体トラスなどの他の構造システムによる屋根架構を、全体としてケーブルで吊るタイプである（図20-13）。

斜張橋（cable-stayed bridge）や吊り橋（suspension bridge）に近い原理を用いたもので、橋桁を屋根面に置きかえた構造システムである。

■支持構造や吊り形式により、次の3タイプに分類（図20-14）することができる。

(1) 斜張吊り形式：支柱から斜めに張られたケーブルで屋根架構を支えるタイプ
(2) 懸垂吊り形式：懸垂ケーブルから鉛直に吊られたケーブルで屋根架構を支えるタイプ
(3) 単純吊り形式：アーチなどから鉛直に吊られたケーブルで屋根架構を支えるタイプ

■屋根荷重の水平成分の処理は片持梁状の屋根架構をバランスさせる方法が最も一般的で、建物周囲に大きな開口部が必要な航空機格納庫などに使われる。曲げ剛性のある支柱に吸収させるカンチレバー方式や、ステイで地盤に導くバックステイ方式もある。

吊り床の特性

■床スラブの一部あるいはすべてを、構造コアからハンガーで直接吊るか、柱やコアに支持された大梁から吊り下げるタイプ。住宅や超高層ビルまで、その利用範囲は広いが、地震の多いわが国では、高層ビルに使用された事例はない（図20-15）。

■建築計画上、次のような利点がある。

1) 柱が吊り材と耐火被覆のみで構成されるため、各階の柱断面が細く開放的な空間が得られる
2) 各階ともに均一の柱型が可能になる
3) 最下階や大梁のすぐ上にあたる中間階（大梁で仕切られたブロックの最下階）に自由度の高い無柱空間が得られる

■荷重の流れ方（図20-16）は複合式吊り屋根に近く、各階の床荷重を、鉛直方向に張られた吊り材（ハンガー）で、いったん最上階や中間階の大梁あるいはコアに伝え、すべての荷重を支柱やコアで地盤まで導く。

大梁形式の架構タイプ（図20-17）には(1)連結型、(2)分割型、(3)複合型、(4)サスペンアーチ型などがある。中間階に大梁を設け、その下の階を吊る分割型や、中間階大梁の上を支持柱、下を吊り柱にした混合型は、重層した大架構ラーメンで荷重や外力に抵抗する形式で、荷重の多くを最上階の大梁に導く連続型よりも高層建築に適している。

図20-13 複合式吊り屋根の架構概念図

(1)-1 バランス（1方向）　(1)-2 バランス（放射方向）　(1)-3 バックステイ
(1)-4 バックステイ　(1)-5 カンチレバー
(2)-1 バックステイ
(3) 単純吊り（アーチ）
(2)-2 バランス（自定着式）

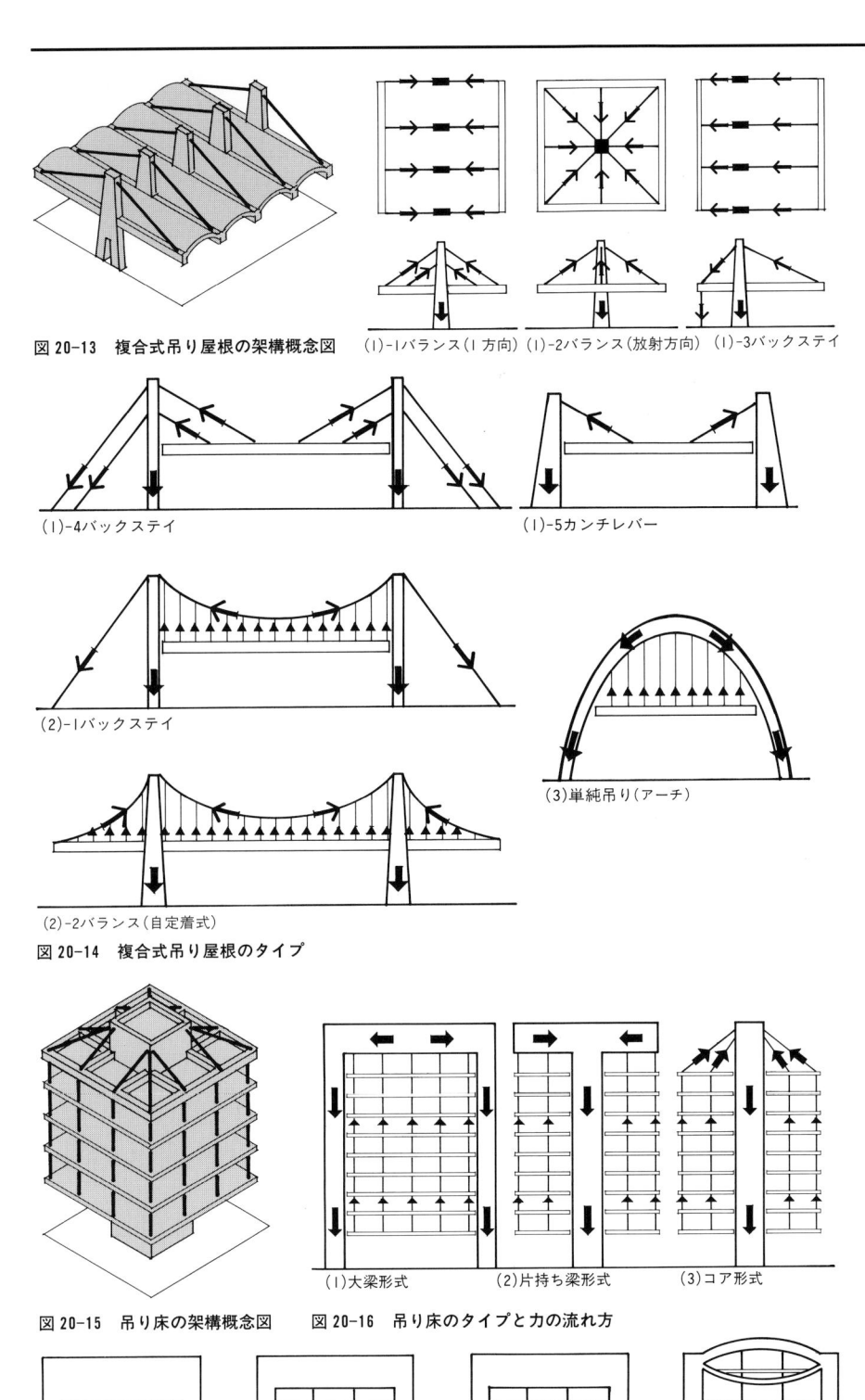

図20-14 複合式吊り屋根のタイプ

(1) 大梁形式　(2) 片持ち梁形式　(3) コア形式

図20-15 吊り床の架構概念図　図20-16 吊り床のタイプと力の流れ方

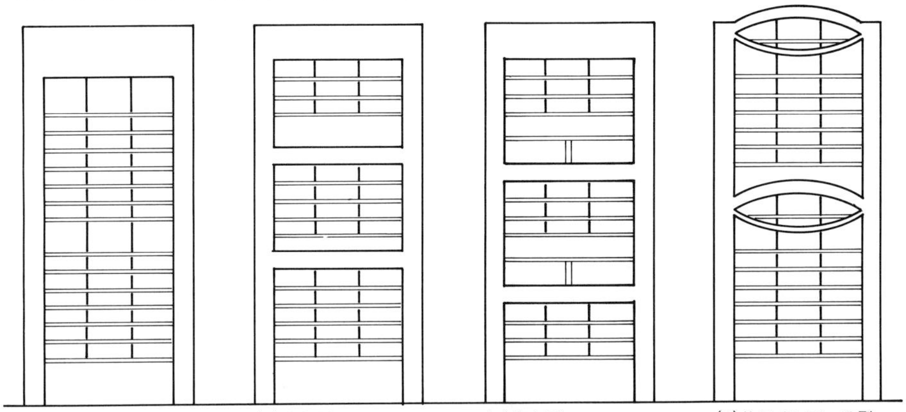

(1) 連結型　(2) 分割型　(3) 複合型　(4) サスペンアーチ型

図20-17 大梁形式吊り床のタイプ

参考文献
1) 坪井善昭・田中義吉・東武史共著「空間と構造フォルム」建築知識社　1980年
2) 日本建築学会編「ケーブル構造設計指針・同解説」丸善　1994年
3) 日本建築学会編「構造用教材」丸善　1995年

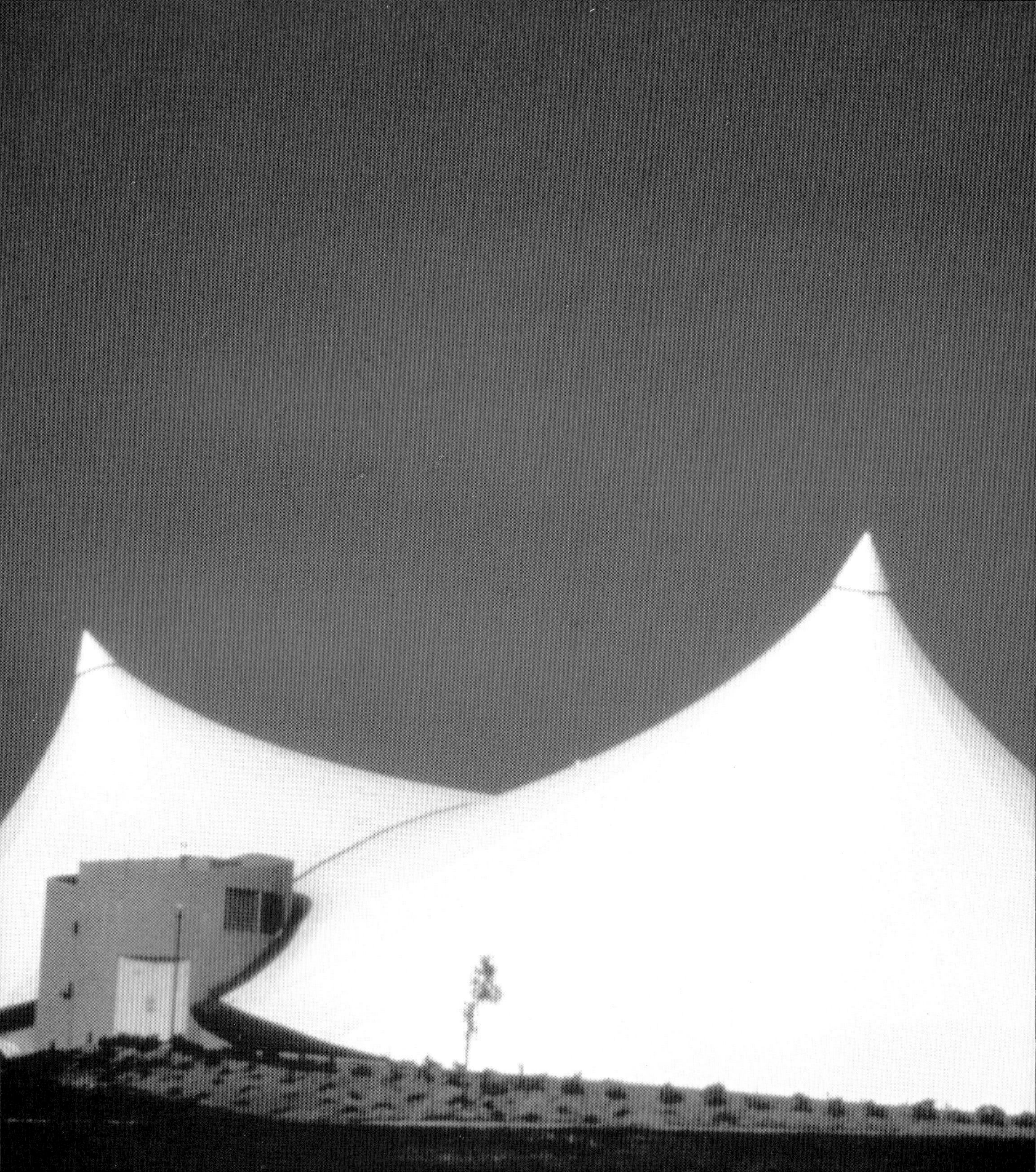

V 膜材系の構造システム
STRUCTURAL SYSTEMS FOR MEMBRANE

21 テント構造（膜構造）……………………96
    吊り膜方式の特性
    ケーブル膜方式の特性
    骨組膜方式の特性
    □ コーヒーブレーク

22 空気膜構造（ニューマチック構造）……………98
    空気支持膜構造の特性
    空気膨張膜構造の特性
    □ コーヒーブレーク

ラバーン大学（B. D. キャンベル＋シェーバー・アンド・パートナーズ　アメリカ 1973 年
写真：太陽工業）

膜材系の構造システム

21 テント構造（膜構造）
TENT STRUCTURES (MEMBRANE STRUCTURES)

キーワード

テント　張力膜(プレストレス膜)　**初期張力**　**剛性**　**面内応力**
膜応力　座屈　鞍型(HP)曲面　**複曲面**　境界構造
支持構造　支柱　ステイ(stay)

■柔らかく薄い膜は、通常の状態では、ごく小さな力によってたやすく変形し、風にあおられるとすぐバタつくが、膜の周辺を固定してピンと張ると、見かけの剛性が高くなり、ある程度の荷重や外力に対して安定を保つ。テント構造（図21-1）は、この＜ピンと張る原理＞を利用して、前もって張力を与えた薄い膜（プレストレス膜）を使う構造システムである。

　膜の面内には引張応力と剪断応力が作用している。この膜応力の力学的特性を利用すると、曲げ作用で抵抗するよりも、合理的な架構が可能になる。

■シェル構造（⇒SS-12）や折板構造（⇒SS-13）の一部、テント構造、空気膜構造（⇒SS-22）などは膜応力で荷重や外力に抵抗する構造システムで、大きなスパンの構造体にしばしば使われている。なかでも、テント膜と空気膜は座屈の要因になる圧縮応力が作用しないから、軽くて薄い膜で構造体を構成してさまざまな荷重に抵抗させることができる。

■テント構造は、膜の形状をうまく選択し、支持構造を適切に計画すれば、非常に合理的な構造システムになる。

　膜の形状は、変形やばたつきを防ぐために、逆方向に湾曲した複曲面（ガウス曲率が負の曲面）が最適である。この曲面の形状を保つための境界構造には、通常ケーブルが用いられるが、曲げ剛性のある部材を使うと、より自由で緊張感のある曲面形状が得られる。

■テント構造は、膜材料の使い方や支持方法の違いにより、次の三つのタイプに分類される。

(1) 吊り膜方式(サスペンション膜方式)：支柱やアーチなどの構造から膜材料を構造材として吊り下げるタイプ
(2) ケーブル膜方式：網状に張られたケーブルの架構に、屋根被覆材として膜材料を用いたタイプ
(3) 骨組膜方式：平面トラスや立体トラスなどの架構に、屋根材や壁材として膜材料を用いたタイプ

写真21-1　デンバー国際空港ターミナルビル（設計：C. W. フェントリス、J. H. ブラッドバーン・アソシエイツ　構造：H. バーガー、セバラド・アソシエイツ　アメリカ　1994年）

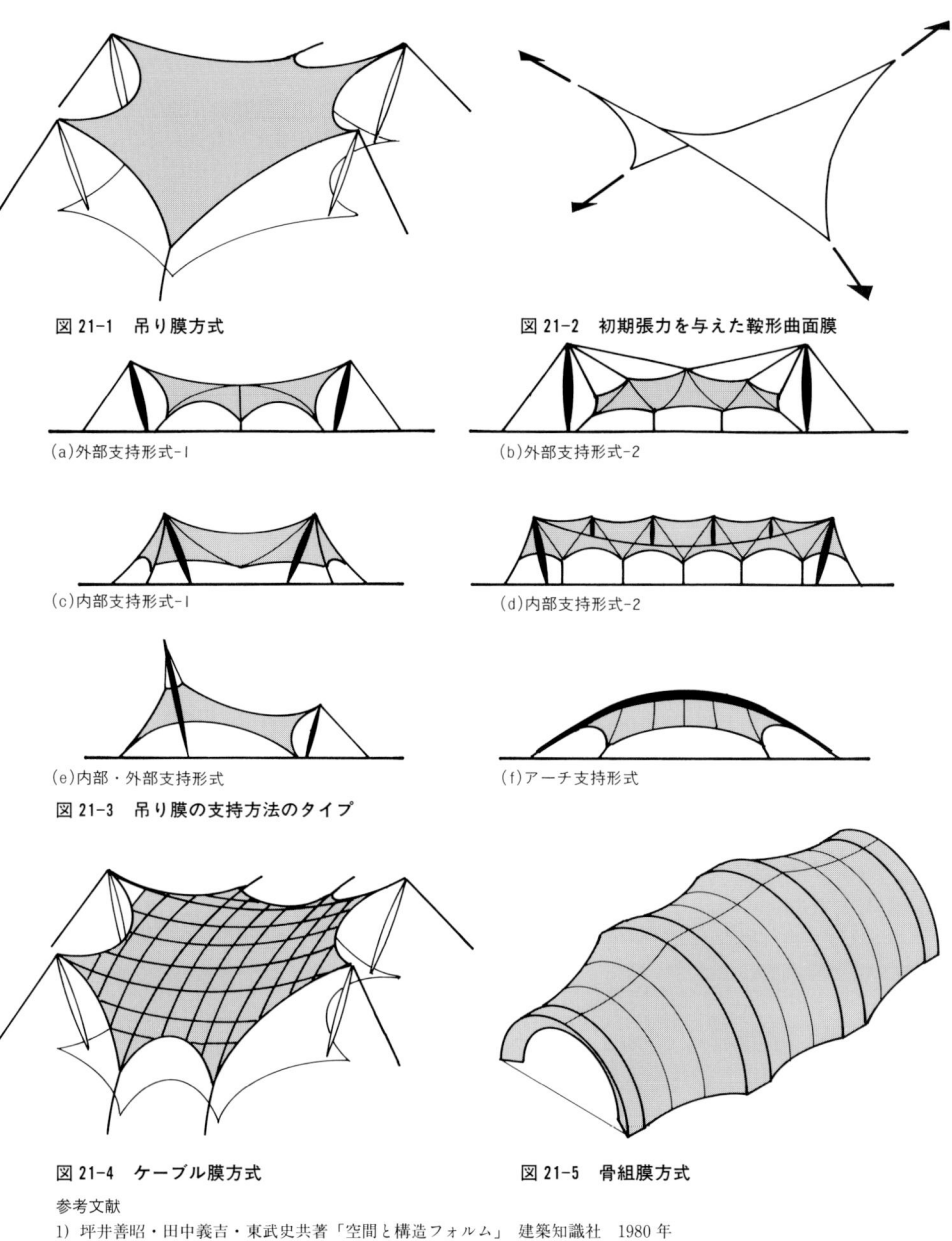

Structural Systems for Membrane

図 21-1　吊り膜方式
図 21-2　初期張力を与えた鞍形曲面膜
(a) 外部支持形式-1
(b) 外部支持形式-2
(c) 内部支持形式-1
(d) 内部支持形式-2
(e) 内部・外部支持形式
(f) アーチ支持形式
図 21-3　吊り膜の支持方法のタイプ
図 21-4　ケーブル膜方式
図 21-5　骨組膜方式

参考文献
1) 坪井善昭・田中義吉・東武史共著「空間と構造フォルム」建築知識社　1980年
2) Heinrich Engel「Tragsyteme」Deutsche Verlags-Anstalt GmbH　1967年

吊り膜方式の特性

■現代的天幕の特徴は、膜を逆方向に湾曲した曲面にして、剛性を高めた点にある。相反する方向に膜を引張ると、安定性の高い鞍形曲面（図21-1, 2）ができる。吊り膜は、この曲面の剛性を最大限に利用したタイプである。

■膜材料の支持方法（図21-3）には、膜の外側を支柱とステイで吊り上げるタイプ(a)(b)、膜の内側を支柱で突き上げるタイプ(c)(d)(e)、アーチで吊り上げるタイプ(f)、などがある。

■膜を吊り上げる峰ケーブルと膜を押えつける谷ケーブルで、膜材料に初期張力を与える場合は、比較的自由な形態が可能になる。膜を構造材として直接吊り下げるため、局部応力によるしわが生じないよう、膜面の応力を均一にする必要があり、あらゆる方向に強度をもった膜材料が適している。

ケーブル膜方式の特性

■互いに逆向きの曲率をもつ吊りケーブル群と押さえケーブル群で構成された曲面に膜材料を被覆するタイプで、ケーブルネット構造ともいわれる（図21-4）。

■強度の高いケーブルを構造材とするため、吊り膜方式より大規模なテントに適し、曲面形状の自由度も高くなる。

膜面の応力は均一である必要はなく、膜材料の選択の幅は広い。

骨組膜方式の特性

■剛性の高い構造システムと複合するタイプで、曲面形状の自由度は一番高い（図21-5）。

膜材料を支持する構造システムには、アーチや立体トラス、ケーブルとストラット（圧縮材）で構成されたケーブルトラスなどがある。

□コーヒーブレーク　現代的天幕のあけぼの

■人工的なシェルターとして最も古い歴史をもつ構造システムは、おそらくテントであろう。

有史時代の人類は、動物の皮をじかにかぶったり樹木から吊り下げて、風雨や寒暑をしのいでいた。それが、運搬可能なシェルターとして利用されたのは、遊牧民の天幕であり、後には軍隊の野営用テントやサーカス・テントであった。

この古典的天幕が、新機軸の構造システムとして脚光を浴びたのは、今世紀半ばである。

■鞍形曲面に初期張力を与えて膜の剛性を高める、というアイデアは、1930年代に生まれていたが、このノウハウに注目したのが旧西ドイツのフライ・オットーであった。

現代的天幕の試行錯誤を重ねていた彼は、1957年、ケルンのカッセル・ガーデン・ショー屋外ダンス場の日除けテントを世に問うたが、開放感と緊張感、そして優美さを備えたサスペンション膜は、旧来の天幕の概念を一変させた。

屋外ダンス場の日除けテント　ケルン　1957年（写真：小松　清）

膜材系の構造システム

22　空気膜構造
（ニューマチック構造）
PNEUMATIC STRUCTURES

キーワード
空気支持膜　空気膨張膜　**初期張力**　**面内剛性**　**膜応力**　気圧差　外気圧　内圧　膜材料　**等方性**　ガラス繊維　エアドーム　エアヴォールト　エアアーチ　エアマット　エアビーム

■私たちは風船やサッカーボール、携帯用の枕やハンガー、エアマットやタイヤチューブなどの空気圧を利用した道具の恩恵を受けている。これらが一定の形を保っているのは「圧力を加えられて面内に引張応力を生じた膜は硬さ（剛性）をもつ」からである。空気膜構造（写22-1）は、この原理を大規模構造物に応用した構造システムである。

■閉じた領域を作っている膜の内側に、外気圧よりやや高めの内圧を加えると、膜全体に均等な圧力が作用する。この内圧により、膜には初期張力が与えられ、膜は硬さを増して（つまり面内剛性をもって）自立する。

■空気膜構造における膜は、外力に抵抗して一定の形を保つかのように見える。しかし実際には、膜自身の役割は内外の分離帯となるだけで、膜に加わる荷重や外力に抵抗するのは、あくまでも膜内の空気である。つまり、空気膜構造は「圧縮材の空気」と「引張材の膜」からなる複合構造であり、その点で膜自身が荷重や外力に抵抗するテント構造（⇒ SS-21）と異なる。

さらに、ⓐ構造材（膜と空気）の自重が軽くて大きなスパンに適す、ⓑ型枠や足場の必要がない、ⓒ接合部の納まりが単純で組立や解体が容易である、ⓓ膜材料が軽くて柔らかく、運搬や収納が手軽に行える、などの特性がある。

■膜材料には、恒久的な施設には不燃性、耐久性のあるテフロン膜（四ふっ化エチレン樹脂コーティングガラス繊維布）が多用されており、ステンレス鋼などの金属膜も、耐久性や強度の面で優れている。

■空気膜構造は、膜材料の支持方法や使い方の違いにより、次の二つのタイプに分類される。

①空気支持（air-supported）膜構造：空気により膜材料が支持され、膜の内側を建築空間として利用するタイプ。
　(a)エアドーム　(b)エアヴォールトなどの方式がある。

②空気膨張（air-inflated）膜構造：加圧された構造部材（膨張要素）を組み上げ、建築空間として利用するタイプ。
　(a)エアマット　(b)エアアーチなどの方式がある。

写真22-1　日本万国博覧会アメリカ館（設計：デイビス、ブロディ、チェルマエフ、ガイスマー、デ・ハラク・アソシエイツ　構造：ガイガー＝バーガー・アソシエイツ　日本　1970年）

Structural Systems for Membrane

図22-1 空気膜構造の原理
1) 一重膜(正圧)
2) 一重膜(負圧)
3) 二重膜(正圧)
4) 二重膜(負圧)

図22-2 空気支持膜構造のタイプ
(a) エアドーム
(b) エアヴォールト

図22-3 空気膨張膜構造のタイプ
(a) エアマット
(b) エアアーチ
(c) エアビーム

参考文献
1) 坪井善昭・田中義吉・東武史共著「空間と構造フォルム」建築知識社 1980年
2) Roger N. Dent「Principles of Pneumatic Architecture」The Architectural Press 1971年

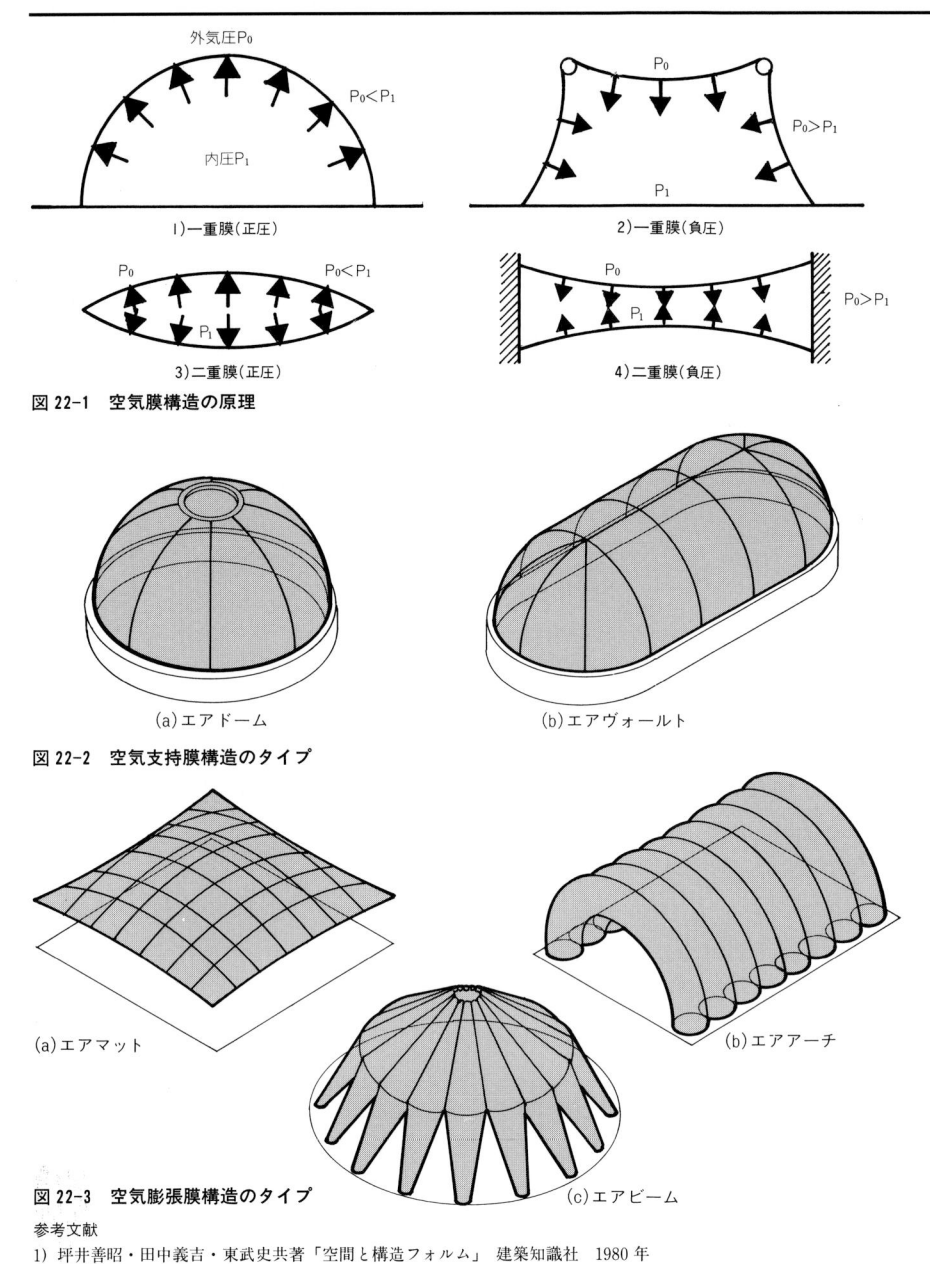

空気支持膜構造の特性

■膜の内外の気圧差を利用するタイプ。膜の安定を保つためには、規模の大小にかかわらず、気圧差が20〜100mmAq(水柱)程度あればよく、人体への影響はほとんどない。送風機などで、常時または断続的に空気を膜内に送りこみ、内圧を調整する。風や雪などの臨時荷重が作用する時は、内圧を高めることもある。膜に生ずる張力は、膜の曲率と気圧差で定まるため、膜内を減圧する負圧形式も可能である(図22-1)。

■球形のエアドーム方式と筒形のエアヴォールト方式(図22-2)が一般的で、とくに前者は競技場などの大空間に適しており、都市全体を広くおおう計画案もある。膜内の気積を減らすため、頂部を低くした(低いライズの)扁平ドームや扁平ヴォールトの事例が多い。

空気膨張膜構造の特性

■密閉された膜に内圧を与え、膜の曲げ剛性で荷重や外力に抵抗するタイプ(図22-3)。ゴムボートやタイヤチューブの原理に近く、空気支持膜よりも小規模架構に適している。

■マット状の2重膜方式とチューブ状の管圧方式があるが、前者の事例は少ない。管圧方式はビーム方式ともいわれ、柱、梁、アーチなどの線状の構造要素として用いられる。膜の曲げ剛性が外力に直接抵抗する曲げ作用系のエアビームより、外力を圧縮力に転換して受ける圧縮作用系のエアアーチのほうが構造的に無理の少ない方式である。

■膨張膜構造の内圧は架構の規模により異なるものの、空気支持膜構造よりも1〜2桁以上高いため、高い圧力に応じた高い曲げ剛性が得られる。テント構造の支持構造として利用してもよい。

□コーヒーブレーク **冷戦構造の落とし子**

■空気を利用した構造物のはしりは、18世紀後半に飛んだ熱気球であろう。その後、軍事用の飛行船が開発されると今世紀の初めには、仮設の野戦病院棟として初めて地上の構造物へ応用されたが、注目を浴びるまでには至らなかった。

■地上用の空気膜が実用化された契機は大戦後の米ソ冷戦という世界情勢であった。アメリカは仮想敵国の航空機の侵入を防ぐ目的から、北極圏の国境沿いにレーダーサイトを設けることになり、巨大なアンテナをブリザードから守り、装備の凍結を防ぐためのシェルターが必要になった。その開発の際に求められた条件は、パラボラアンテナの回転を妨げないことと、マイクロ波を反射しないことであった。むろん、既存の構造システムには、この条件を満たすものはなかった。

■1946年、コーネル航空研究所のウォルター・バードは政府に空気膜の利用を提言、空気支持方式の100棟余りのレーダードーム(レードーム)が敷設され、軍の防空体制に計りしれない貢献をした。その後、支持膜方式の武器庫、航空機の整備工場や格納庫、膨張膜方式の橋や折りたたみ式レーダー、野戦病院用シェルターなどがあいついで開発され、空気膜実用化への機運が生まれたのである。

北極圏に敷設された空気膜構造のレーダードーム アメリカ 1948年 (写真:太陽工業)

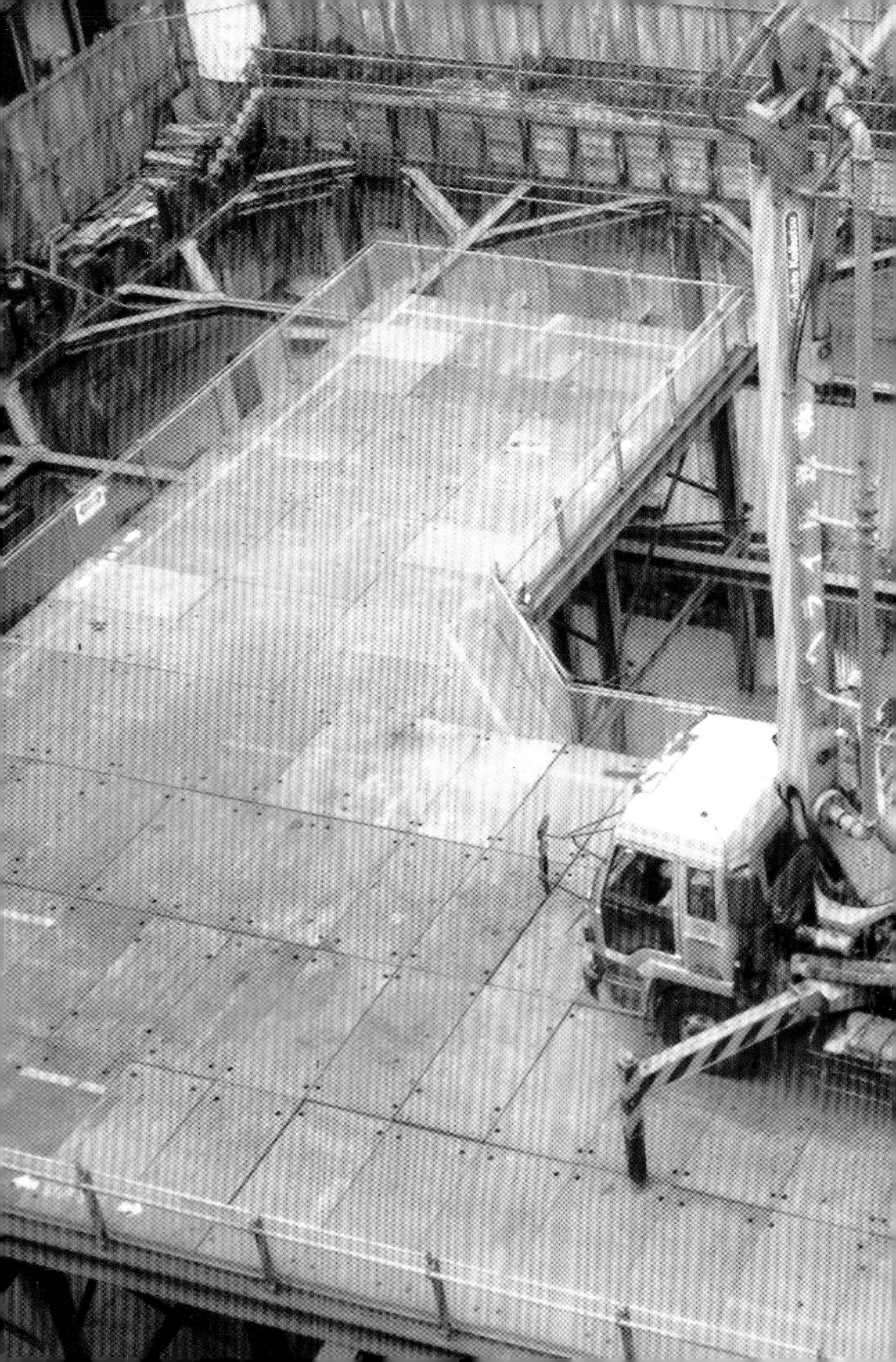

VI 建物を支える構造システム
STRUCTURAL SYSTEMS FOR METHOD

23 基礎と地盤……………………102
　地盤を調べる
　建物を支える二つの方法
　地盤を掘削する工法
　地盤を不安定にする地下水の作用

24 制振(制震)構造と免震構造……………106
　制振(制震)構造の原理と特徴
　免震構造の原理と特徴
　□ コーヒーブレーク

市街地の建設工事現場（写真：東武史）
1 山留め：親杭横矢板工法で切梁・腹起こし・方杖が見える
2 基礎スラブと基礎梁：配筋が完了し、コンクリート打設中
3 杭：場所打ちコンクリート杭で、基礎スラブにアンカーされる鉄筋が見える

23 基礎と地盤
FOUNDATION AND GROUND

キーワード
基礎　基礎スラブ　地業　直接基礎　杭基礎　独立基礎
複合基礎　連続基礎　べた基礎　フーチング基礎　ボーリング
標準貫入試験　N値　地耐力　許容支持力　許容沈下量
既製杭　場所打ちコンクリート杭　根切り　山留め
液状化現象

■基礎は、建物（上部構造）と地盤の中間にあって、建物の重さを地盤に伝える役目をもち、支持方法、すなわち重さの伝え方によって、直接基礎と杭基礎に分けられる（図23-1）。

建物に働く荷重や外力には、次のようなものがある。

1) 主として鉛直荷重となるもの：固定荷重・積載荷重・積雪荷重・建物底面からの水圧など。
2) 主として水平荷重となるもの：地震力・風圧力・土圧・水圧など。

基礎はこれらの荷重を支持層の地盤に伝える（図23-2）。なお風圧に関しては、屋根面を持ち上げようとする力が作用することを考慮しなければならない。

■基礎は、基礎スラブ（foundation slab）と地業（foundation work）とを総称したものである。地業とは基礎本体が地盤に接する部分を固める方法を指し、捨てコンクリート地業、敷砂利地業、杭打ち地業などの種別がある。

基礎スラブは、建物（上部構造）との関係より、フーチング（footing）基礎（(1)～(3)）とべた基礎（(4)）があり、一般に鉄筋コンクリートでつくられる（図23-3）。

(1) 独立基礎（single footing）：一本の柱に一つの基礎が対応したタイプで、独立フーチング基礎ともいう。
(2) 複合基礎（combined footing）：二つ以上の独立基礎が複合して一つになったタイプで、複合フーチング基礎ともいう。
(3) 連続基礎（continuous footing）：壁状の柱を支持するなど、基礎が一方向に長く連続して一体となっているタイプで、布基礎あるいは連続フーチング基礎ともいう。
(4) べた基礎（mat foundation）：建物の底面全体が基礎となる板状のタイプである。

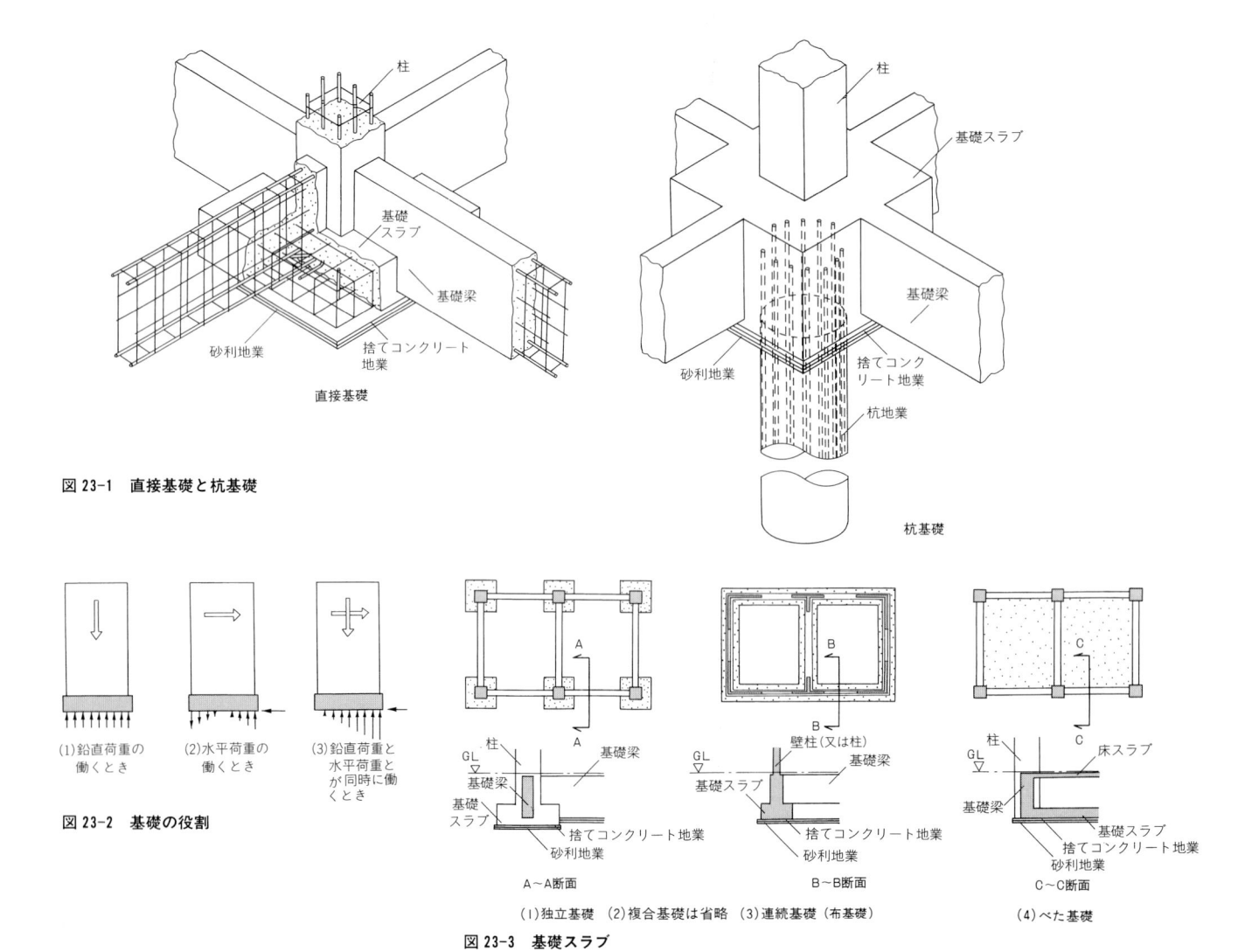

図23-1　直接基礎と杭基礎

図23-2　基礎の役割
(1) 鉛直荷重の働くとき
(2) 水平荷重の働くとき
(3) 鉛直荷重と水平荷重とが同時に働くとき

図23-3　基礎スラブ
(1) 独立基礎　(2) 複合基礎は省略　(3) 連続基礎（布基礎）　(4) べた基礎

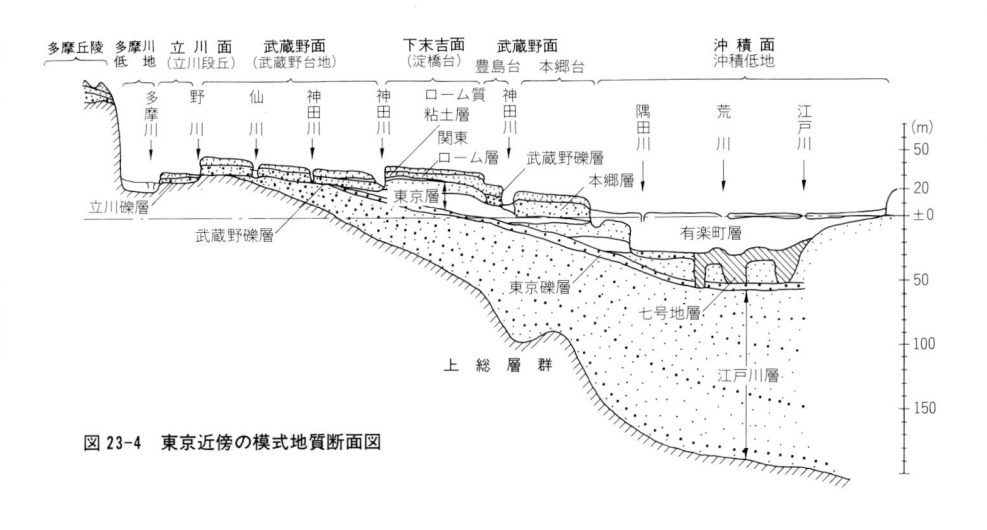

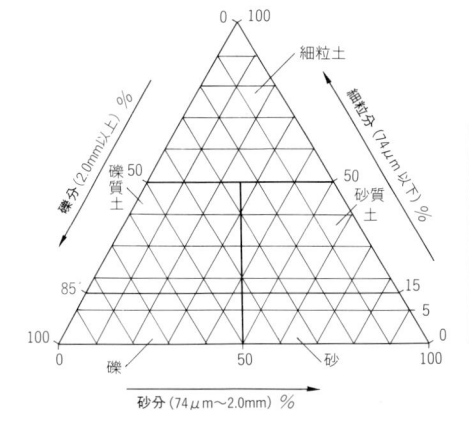

Structural Systems for Bearing Method

地盤を調べる

■地盤と地層

私たちが建物を建てる地盤は地球の誕生以来、長い年月を経て形成されたもので、その形成のされ方や年代によって性質が異なる。したがって、適切な基礎を設計するためには、対応する地盤の歴史的性質を知らなければならない。

最も新しく堆積した層を沖積層（有楽町層等）と呼ぶ。これは主に平地の表層をおおっている層で、軟弱な地盤が多い。洪積層（江戸川層等）は沖積層の下や丘陵地に分布し、一般に沖積層より良好な地盤である。さらに、洪積層より古い良好な地盤が第三紀層（上総層群）と呼ばれている（表23-1，図23-4）。

■地盤調査

基礎を設計するには、歴史的形成過程による地盤の性質をおおまかに確認した上で、地盤の耐力を数値的に確認することが必要である。そのために建設地で地盤調査を行う。地盤調査の方法としては次のものがある。

(1) ボーリング：中空の管を必要な深さまで打ち込み、ボーリング孔（径75mm程度）を通して、地中の土壌のサンプルを採り出し、その土質を深さごとに確認する。土質名には砂礫・砂・シルト・粘土などがあり、その混合したものも多い（図23-5）。粒径の区分は次のようになっている。

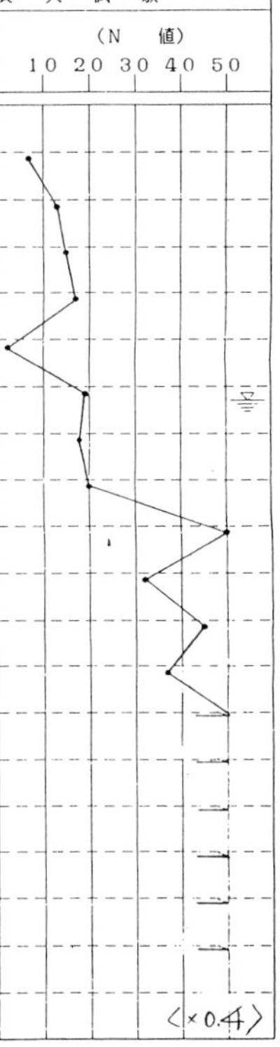

(a) 礫　　（粒径2mm以上）
(b) 砂　　（粒径74μm～2.0mm）
(c) シルト（粒径0.005mm～74μm）
(d) 粘　土（粒径0.005mm以下）

(2) 標準貫入試験：ハンマー（質量63.5±0.5kg）を所定高さ（76±1cm）より自由落下させたときに30cm沈下するのに要する回数を調べる方法である。この回数を「N値」と呼ぶ。N値が50以上なら堅固な地盤といえる（図23-6）。

(3) 平板載荷試験：地盤に一定の重さの重しを載せ、それによって土が圧縮されて重しが沈下する深さを測定し、地耐力を知る方法である。地盤面や浅い穴の底で行う。

(4) ボーリング孔内水平載荷試験：ボーリング孔内で側方の土を押して土の剛性を測定する方法。結果は杭の地震時の設計に使われる。

(5) 地下水調査：水位測定や現場透水試験により地下水の位置や水量水圧を調査すること。

(6) 室内土質試験：ボーリングで採取したサンプリングを実験室内でより詳細に調べる方法である。力学試験などで正しいデータを得るためには、サンプルの土が地中にあるがままの乱されない状態でなければならないので、とくに注意が必要である。

室内土質試験には次の二つがある。

建物を支える構造システム

(a) 物理試験：土の含水比、粒度・分類等
(b) 力学試験：土の1軸・3軸圧縮試験等

標準貫入試験のN値からは、基礎形式の選定や地耐力の目安が推定できるが、さらに他の試験と合わせて総合的に判断するとよい。

建物を支える二つの方法

■直接基礎

基礎の直下の地盤が直接建物を支えられる場合の基礎を直接基礎といい、それを支える地盤を支持層という。地盤が特定の建物を支えられるかどうかは許容地耐力により、これは地盤ごとに異なる。

許容地耐力は許容支持力と許容沈下量とを考慮して決定される。

(1) 許容支持力：建物重量は地盤の許容支持力以内でなければならない。許容支持力は地盤に関する諸データ、土の摩擦角・粘着力・基礎形状・根切り深さなどにより決定される。
(2) 許容沈下量：建設後の土壌の圧縮による沈下が、建物に有害な影響を与えないかどうかを判定する。許容沈下量は平面形状・高さ形状・基礎形式・建物用途によって異なるが、表23-2を一応の基準とする。

表23-3は許容地耐力の目安として使えるが、この表の数値以上の地耐力を見込む場合は、ボーリング調査などにより詳しく検討しなければならない。

■杭基礎・その種類

基礎直下の地盤に建物を支えるだけの地耐力がないとき（すなわち地盤の浅い部分に支持層がないとき）は、杭を地中深く打ち込み、先端を支持層に届かせ、その上に基礎本体を載せる。これを「杭基礎」という。

杭基礎には、杭の材料や施工方法により三つのタイプがある。

(1) 鋼製既製杭：H形鋼杭と丸パイプ状の鋼管杭があるが、後者の例が多い。
(2) コンクリート製既製杭：プレストレストコンクリート製のPC杭・PHC杭と杭頭を鋼管で補強したSC杭がある。
(3) 場所打ちコンクリート杭：掘削した孔に鉄筋を挿入し、現場でコンクリートを打設して杭をつくる方法である。

杭頭を鋼管で補強した場所打ち鋼管コンクリート杭もある。

■杭基礎・その工法

既製杭の打込み法には、打撃により打ち込むタイプと地盤に穴をあけて埋め込むタイプがある（図23-7）。

(1) 打撃工法：杭頭を打撃して地盤に叩き込むタイプ。騒音や振動が大きいが、支持力は確保されやすい。
(2) プレボーリング工法：地盤をオーガーなどで掘削し、杭を挿入するタイプ。支持力を確保するため、最後に打撃を加える工法や杭先端を根固めする工法が施される。
(3) 中掘り工法：杭の中空部を利用してオーガーにより杭先端の地盤を掘削しながら杭を押し込むタイプ。

場所打ちコンクリート杭の工法には三つのタイプがある（図23-8）。

(1) アースドリル工法：刃のついたバケットを回転させて土を排出しながら孔を掘り、孔中にはベントナイトなどの安定液を注入して孔壁の崩壊を防ぎながら、鉄筋を建て込みコンクリートを打設する工法。なお、表層部はケーシングを用いて孔壁の崩壊を防ぐ。
(2) オールケーシング工法：杭全長にケーシングを圧入して孔壁を保護しながらハンマーグラブで掘削する工法。鉄筋の建込み後、コンクリートを打設しながらケーシングを徐々に引き抜いていく。
(3) リーバースサーキュレーション工法：ドリルビットを先端に取り付けたロッドを回転させながら、ドリルビットから泥水と土を吸い上げて掘削する工法。孔壁は泥水によってできる泥壁で保護される。

なお、場所打ちコンクリート工法には、杭底部を広げた拡底杭も開発されている。

表23-2 許容最大沈下量

建物の構造種別		コンクリートブロック造	鉄筋コンクリート造		
基礎形式		連続基礎(布基礎)	独立基礎	連続基礎(布基礎)	べた基礎
既時沈下	標準値(cm)	1.5	2.0	2.5	3.0〜(4.0)
	最大値(cm)	2.0	3.0	4.0	6.0〜(8.0)
圧密沈下	標準値(cm)	2	5	10	10〜(15)
	最大値(cm)	4	10	20	20〜(30)

( )内の数字は十分剛性が大きい場合

表23-3 地盤の許容応力度（建築基準法施行令第93条より）

地盤	長期応力に対する許容応力度(kN/m²)	短期応力に対する許容応力度
岩盤	1,000	長期応力に対する許容応力度のそれぞれの数値の2倍とする
固結した砂	500	
土丹盤	300	
密実な礫層	300	
密実な砂質地盤	200	
砂質地盤	50	
堅い粘土質地盤	100	
粘土質地盤	20	
堅いローム層	100	
ローム層	50	

図23-7 コンクリート既製杭

図23-8 場所打ちコンクリート杭

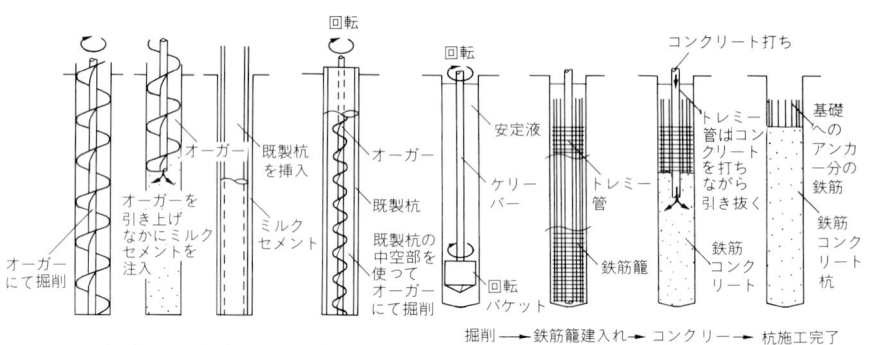

図23-9 根切り山留工法

地盤を掘削する工法

■建物の地下階や基礎をつくるには、あらかじめ地盤を掘らなければならない。この作業を掘削あるいは根切りという。安易に掘ると周囲の土が崩れる恐れがあり、これを防ぐのが山留めである。

根切り、山留めは竣工後の建物の質に直接にはかかわらない仮設工事の一部であるため、安全性を確保しつつ工期や工事費の面でより経済的な工法が求められる。

■山留め壁としては、次の工法がよく使われる（図23-9）。

(1)親杭横矢板工法：H形鋼とその間を埋める横矢板で構成される
(2)シートパイル（鋼矢板）工法：鋼矢板を連結させる
(3)柱列壁工法：H形鋼とソイルセメントでつくられた柱を連続させる
(4)連続壁工法：鉄筋コンクリートの壁を連続させる。この壁を本設として利用する場合もある

市街地では、止水の必要のないときに(1)の工法、止水の必要のあるときに(3)の工法がよく使われる。

■掘削が進むと、山留め壁の崩壊を防ぐための切梁が必要となり、深さに応じてその段数が変わる。切梁の代わりに山留め壁を背面の地盤にアンカーする工法もある。

地盤を不安定にする地下水の作用

■液状化現象

大地震時に液状化を起こすのは、(1)水で飽和した地盤で、細粒度（粘土・シルト）の含有率が低い、(2)N値が小さい、(3)地下水位が地表面に近い、などの条件が重なっている地盤である。液状化現象は、砂の粒子の配列と水との関係が図23-10のように変化して起こる。

1)液状化前の状態：砂粒子が荷重を支え安定している
2)液状化した状態：砂粒子が浮遊して地盤は不安定になる
3)液状化後の状態：砂粒土は密に詰まっている

液状化を防ぐ工法には、次のタイプがよく使われている。

(1)サンド・コンパクション・パイル工法（図23-11）：締め固めて密度を上げる工法で、施工実績も多いが、市街地では騒音や振動が問題となる
(2)グラベル・ドレーン工法：間隙水圧を消散させる工法
(3)ディープ・ウェル工法：地下水位を低下させる工法
(4)深層混合処理工法：液状化しない地盤と入れ替える工法

(5)山留め連続壁工法：山留め壁で内部の地盤を拘束する工法

■杭に作用する負の摩擦力（ネガティブ・フリクション）

埋立地や地下水を汲み上げている場所では、土の重量そのものや積載荷重により、粘土に含まれる水が押し出され地盤沈下が生じやすい。地盤沈下の生じている場所では、沈下する地盤の重量が、杭にしがみつくように下方に作用するので(図23-12)、杭には下方に向かう負の摩擦力が生じる。

負の摩擦力に対処するには、一般に二つの方法がある。

(1)杭の耐力を補強したり、本数を増やす方法
(2)杭周辺にアスファルト塗装などを施し地盤との縁を切る方法（フリクションカット）

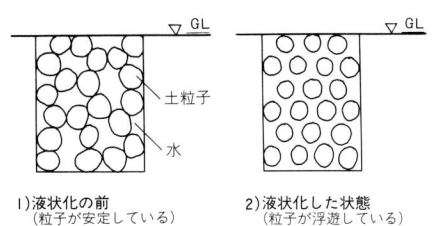

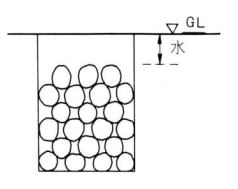

1)液状化の前 （粒子が安定している）
2)液状化した状態 （粒子が浮遊している）
3)液状化が終了した状態 （粒子が密となる）

図23-10　大地震時の砂の液状化

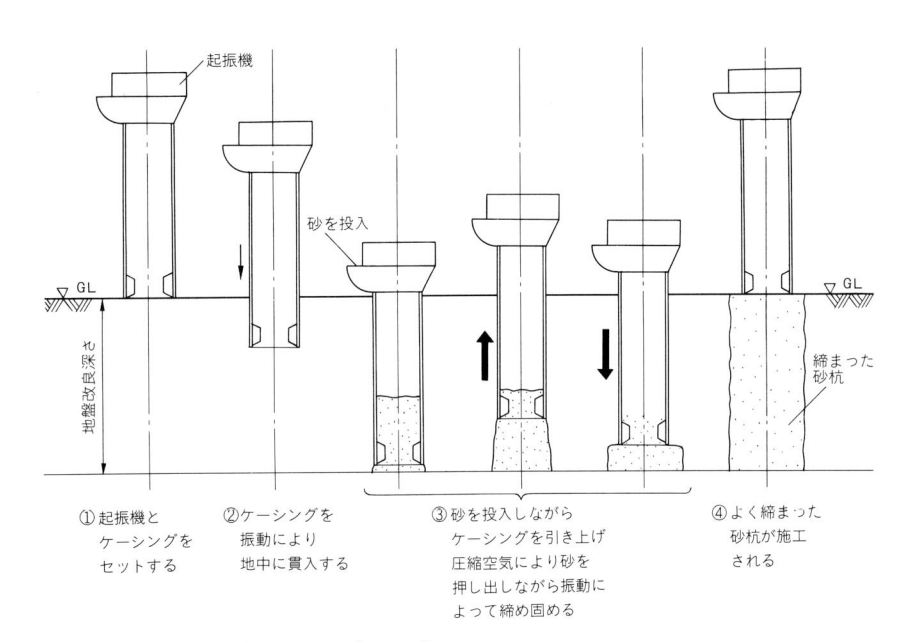

①起振機とケーシングをセットする
②ケーシングを振動により地中に貫入する
③砂を投入しながらケーシングを引き上げ圧縮空気により砂を押し出しながら振動によって締め固める
④よく締まった砂杭が施工される

図23-11　サンド・コンパクション・パイル工法

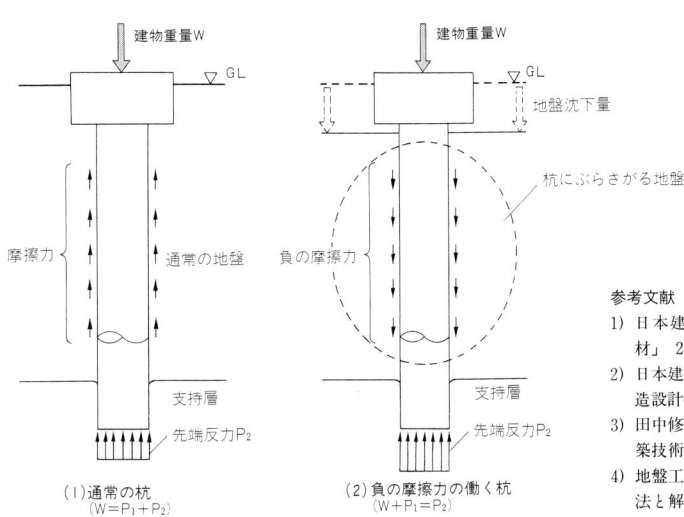

(1)通常の杭 ($W=P_1+P_2$)
(2)負の摩擦力の働く杭 ($W+P_1=P_2$)

図23-12　杭の負擦力

参考文献
1) 日本建築学会編　「構造用教材」　2006年
2) 日本建築学会編　「建築基礎構造設計指針」　2010年
3) 田中修身監修　「建築基礎」建築技術　1992年
4) 地盤工学会編　「土質試験の方法と解説」　1994年
5) 東京都土木技術研究所　「東京都総合地盤図Ⅰ」　技報堂出版　1977年

建物を支える構造システム

24 制振(制震)構造と免震構造
DAMPING SYSTEMS AND SEISMIC ISOLATION SYSTEMS

キーワード

耐震　制振　免震　制振装置　アクティブ型　パッシブ型　ダンパー　免震装置　免震層　アイソレータ　積層ゴム支承　テフロン支承　エネルギー吸収　**復元力**　**減衰力**　加速度　上下動　水平動　鉛直剛性　水平剛性　**固有周期**　長周期　短周期　免震レトロフィット

■地震に対して安全な構造をつくるためには＜耐震＞＜制振（制震）＞＜免震＞の三つの方法がある（図24-1）。これをスキーの話に置き換えると理解しやすい。

　スキーをする人は「身体を硬直したまま滑ると雪面の凹凸の影響を受けやすく転倒に至る」ということを知っている。初心者はまず「膝を屈伸させて雪面からの衝撃を避け転倒を防ぐ」ことを学ぶようになり、腕前が上がると「身体全体をリラックスさせてバランスをとる」ことを覚える。上級レベルのスキーヤーは、下半身の激しいバネ運動ですべてを制御して、上半身は別物のようにゆるやかな動きを見せる。

■＜耐震＞のメカニズムは、身体を硬くして力でバランスをとる初心者のスキー術に近い。耐震構造の建物は構造体に強さや粘り強さ（強度や変形能力）をもたせ、地震の力に対して踏んばって耐えるようにつくられている。つまり、耐震構造は＜地震力に抵抗する構造システム＞である。

■これに対して＜制振（制震）＞のメカニズムは、衝撃を受け流しながら身体全体でバランスをとる中級レベルのスキー術に近く、制振構造の建物は、構造体全体を柔らかくして構造体の中に入った地震力を受け流すようにつくられている。制振構造は＜地震力を制御する構造システム＞と言い換えることができる。

■＜免震＞のメカニズムは、下半身で衝撃を吸収する上級レベルのスキー術と考えてよい。免震構造の建物は、構造体の特定の階に免震層を設けて地震力の多くをその部分で吸収し、免震層の上の構造体に衝撃を与えないようにつくられている。つまり免震構造は＜地震力を抑制する構造システム＞である。

■北米のノースリッジ地震（1994年）と兵庫県南部地震（1995年）の二つの大地震で、制振や免震のメカニズムを利用した建物の安全性が確認され、にわかに注目を浴びるようになった。

　まだ万全とは言いがたい現行の耐震構造の骨組に、地震力を遮断したり制御するメカニズムを採り入れれば、建物の安全性はますます高くなることは間違いない。

　そして、次世代の構造システムとして発展することは明らかで、現行の構造設計はおろか建築設計の枠組みを変えてしまうこともありそうだ。

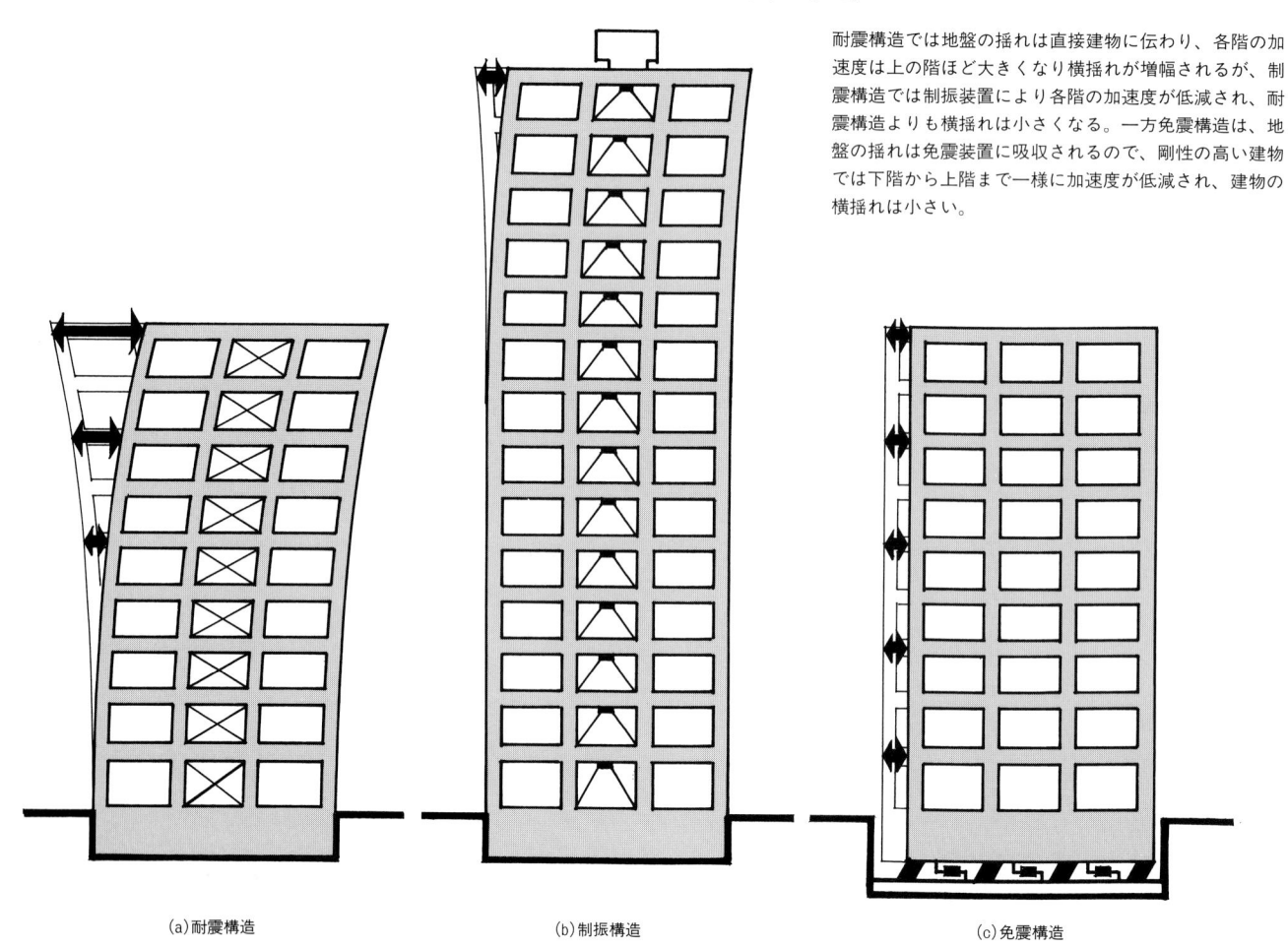

耐震構造では地盤の揺れは直接建物に伝わり、各階の加速度は上の階ほど大きくなり横揺れが増幅されるが、制震構造では制振装置により各階の加速度が低減され、耐震構造よりも横揺れは小さくなる。一方免震構造は、地盤の揺れは免震装置に吸収されるので、剛性の高い建物では下階から上階まで一様に加速度が低減され、建物の横揺れは小さい。

(a)耐震構造　　(b)制振構造　　(c)免震構造

図24-1　耐震・制振（制震）・免震構造の揺れ方

Structural Systems in Bearing Method

制振（制震）構造の原理と特徴

■制振（制震）構造は、風や地震のエネルギーをいったん骨組の中に入れてから、エネルギーを制御して骨組の揺れを少なくする構造システムである。

超高層建築やタワーのような揺れの周期の長い塔状の骨組に使われ、もともとは台風シーズンの暴風や中小規模の地震による不快な揺れを抑える目的で開発された。最近は大地震時のエネルギーを制御する＜制震＞システムとしても注目されている。

■建物の揺れを抑える方法には、(1)建物頂部の重りを水平方向に動かして揺れを抑えるタイプ、(2)各層に設けたダンパーで揺れを抑えるタイプ、(3)骨組を硬くしたり柔らかくして地震動との共振を避けるタイプがある。

さらにこの三つのタイプは、風力や地震力（これを外乱という）を制御するメカニズムの違いにより、パッシブ型とアクティブ型に分けられる（図24-2）。

■パッシブ型とは、あらかじめ制御装置を骨組に組み込み、外乱に対して動力なしで揺れを抑えるシステムで、重りの質量効果を利用した＜質量付加方式＞とダンパーの減衰効果を利用した＜減衰付加方式＞がある。

前者は、建物の最上階近くに重り（建物の固有周期に振動周期を合わせた重り）を載せるもので、(a)固体状の重りで風による揺れを抑える動吸振器（TMD, Tuned Mass Damper）と、(b)液体状の重りを用いたスロッシングダンパーによる方法である。後者には(c)主要な骨組に設けたオイルダンパーなどで層間変位（上下階の変形の差）を防ぐ方法と、(d)耐震壁のスリット間に設けた鋼製弾塑性ダンパーなどで地震力を吸収する方法がある。

なお、(e)地震力を免震装置で遮断する方法もパッシブ制震の一種である。

■アクティブ型には、重りを利用した＜制御力付加方式＞と外乱の程度により構造特性を変化させる＜構造特性可変方式＞の二つのタイプがある。

前者は外乱をセンサーで感知してコンピュータ制御されたアクチュエータ（加振装置）により揺れを抑えるシステムで、(f)アクティブ動吸振器（AMD, Active Mass Damper）と、(g)AMDとTMDを組み合わせたハイブリッド動吸振器（HMD, Hybrid Mass Damper）によるものがある。また、後者は骨組の剛性や減衰性能を揺れに応じて変化させて地震動と骨組との共振を避ける方法で、構造制御のシステムとして実用化されている。

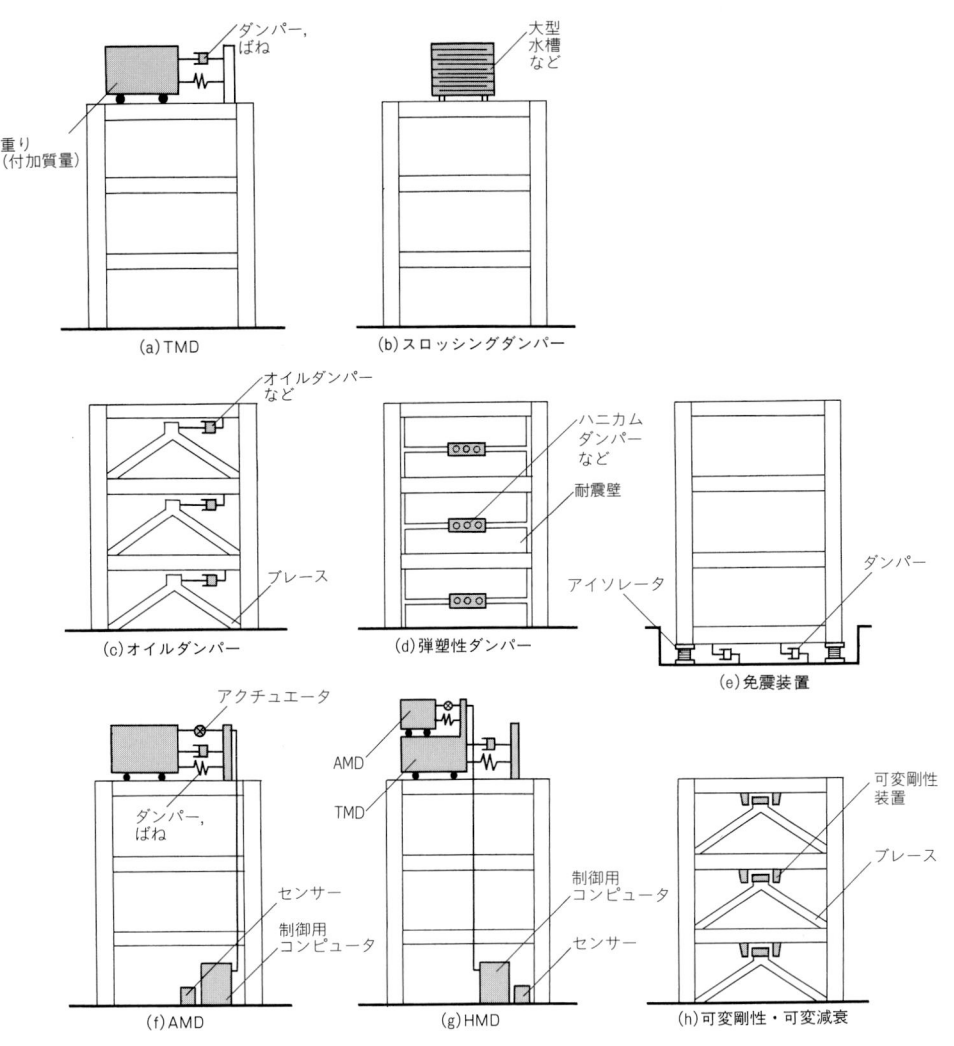

図24-2 制震構造のメカニズムのタイプ

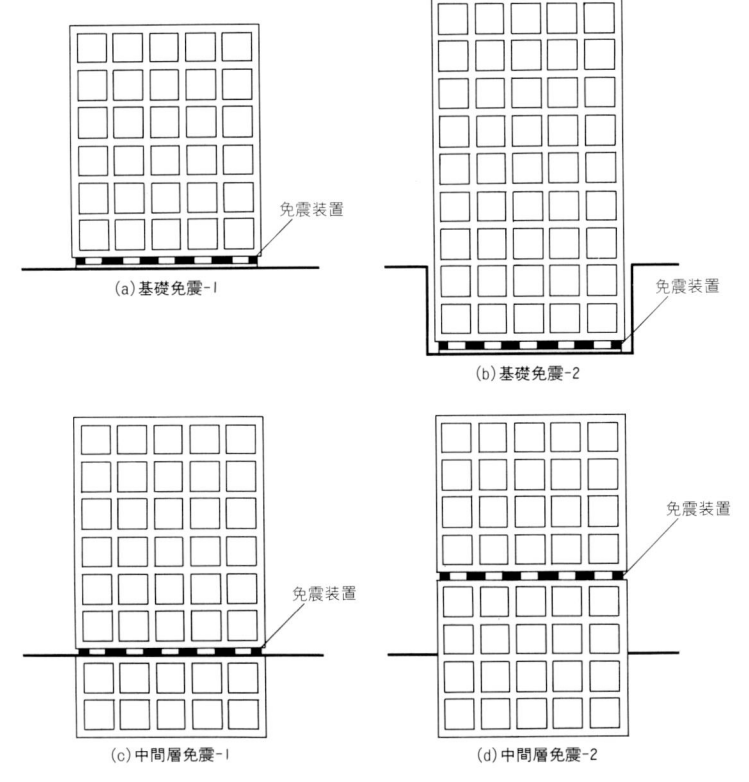

図24-3 免震層の位置

免震構造の原理と特徴

■免震構造とは、建物の基礎から上の階全体、あるいは建物の中間層以上の階全体を免震装置の上に載せて、地震力による水平方向の激しい動きを抑え、建物をゆっくり揺れるようにした構造システムである。前者を基礎免震、後者を中間層免震という（図24-3）。

■地震エネルギーにより地盤が振動する周期（地震エネルギーが最も強い範囲の地盤の固有周期を卓越周期という）は、硬い地盤では0.2秒以下、軟らかい地盤では0.8秒以上といわれている。この地盤の卓越周期の範囲は、ずんぐりとした中低層の建物やコンクリート系の剛性の高い建物の固有周期に近いことから、地震動と共振して建物の揺れが激しくなる。そこで免震装置により骨組の振動周期を長くして（つまり卓越周期の範囲から外れるようにして）、地震動と共振しないようにしたものが免震構造である。

■免震装置は、建物の重量を支えながら水平方向に変形して地震動を吸収するアイソレータ（isolator）と大きな変形を抑え振動を減らすダンパー（damper）からなる。アイソレータには積層ゴム系と滑り系の二つの方式があるが、免震性能の優れた前者の事例が多い。

■積層ゴムはゴムシートと薄鋼板を交互に積み重ね一体成型したもので、ゴムの特性を巧みに利用した免震部材である（図24-4）。

ゴムの塊を上から押すと横にはらみ出すように膨らみ、横から押すと柔軟に変形する。ところがゴムシートを薄鋼板ではさむと、薄鋼板によって押さえ込まれたゴムシートは周辺を除けば横に膨らまずに硬い物質として振る舞い、横から押すと薄鋼板はゴムの横方向の変形（剪断変形）を拘束しないため、塊と同じように変形する(図24-5)。このように積層ゴムは、鉛直方向には非常に硬く、水平方向には柔らかいので、地震動の水平成分から建物を切り離す役割をするのである。

■免震構造は、①地震時の骨組の安全性が高い、②揺れが少なく居住者に不安感を与えない、③カーテンウォールや間仕切り壁などの非構造部材の破損を防ぐ、④収容物の移動や転倒を防ぐ、⑤設備機器の機能を保持しやすい、などの特徴をもつことから、あらゆる用途の建物に適応することが可能である。

参考文献
1) 日本建築学会編『免震構造設計指針』丸善 1993年
2) 日本免震構造協会編『免震構造入門』オーム社 1995年
3) 建築技術編『制震・免震構造マルチガイド（5月号別冊）』㈱建築技術 1997年
4) 鹿島 都市防災研究会編著『制震・免震技術』鹿島出版会 1996年

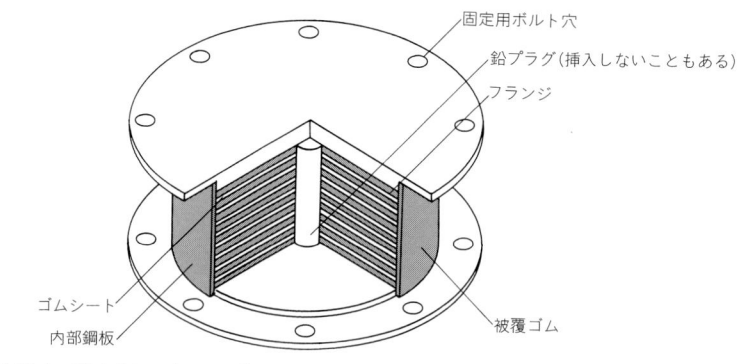

図24-4 積層ゴムアイソレータ

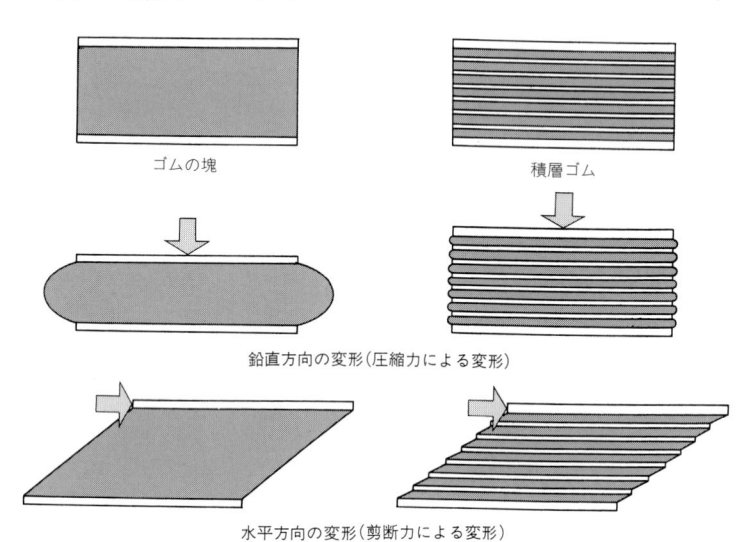

図24-5 ゴムの塊と積層ゴムの変形

□コーヒーブレーク 大地震から既存の建造物を救う免震構造

■地盤と建物の縁を切り、地震力を遮断するアイデアは古くからあった。英国人医師が提案した「建物の上部構造と基礎の間に滑石の層を設け地震時に建物を滑らせる案」(1924)が免震構造に関する最初の特許といわれ、わが国でも関東大地震(1923)以降、「建物の基部にボールベアリングを挿入する案」(1924)、「地階柱をピン接合としダンパーで制御する案」(1927)などの特許が取られている。

■免震構造が本格的に実用化したのは、積層ゴムアイソレータのアイデアが生まれてからである。皮肉なことに大地震とは無縁のフランスの技術者の提案（1977）で、天然ゴムの素材特性を生かした単純なメカニズムは、経済性や作業性の面からも他の免震システムをしのぐものであった。積層ゴム免震の最初の事例が、小学校や原子力発電所であったことは、その信頼性の高さを物語るものであろう。

■歴史的建造物や公共性の高い既存の建築物の耐震性を高めるための免震構造を特に

サンフランシスコ市庁舎（山田周平翻訳監修『大地震から既存ビルをいかに救うか』財郵政建築研究センター 1996年

免震レトロフィット（seismic retrofit）という。地震の多発するアメリカのカリフォルニア州ではこの事例（サンフランシスコ市庁舎(1912)など）が多く、ノースリッジ地震(1994)で免震構造の効果が確認されている。

■わが国でも、1960年に「鎌倉大仏」(1252年、国宝「阿弥陀如来」)に耐震補強として滑り支承による免震構法が採用された。重要な公共建築保存のために、1997年に「国立西洋美術館」(1959年)、2002年に「大阪市中央公会堂」(旧・中之島公会堂、1918年)などに本格的な免震レトロが行われている。

用語解説

この用語解説は本文の理解を助けるためのもので、用語辞典の要約ではない。したがって、本文で十分に説明されている用語は除いたし、高校の物理で学ぶ程度の力学の用語で建築構造に特化していないものは省いてあるので、一般的な辞典の概念からすれば、項目の選定や説明の仕方に精粗や偏りがあることを了解してお読みいただきたい。

あ行

アーチ arch
① 石、煉瓦などを積む「組積造」において開口部（窓や出入り口）を作る伝統的な工法。小さな部材の横のつなぎ目（縦目地）の剪断抵抗はゼロに等しいから、組積造の壁の開口部においてはその上部の壁の重さを左右の壁に振り分けなければならない。アーチの基本は開口部上端に梯形の部材を上に凸の曲線を描く形に配置することである。上部の荷重がその曲線を押しつぶそうとすると、隣接する梯形の部材が押し合ってアーチに沿って軸圧縮力が生じ、荷重はこの軸圧縮力を介して左右に流れる。逆にアーチの下端から見ると、左右両端の部材が徐々に迫り出して上部を支える形になるので「迫持（せりもち）」「拱（きょう）」などと訳されている。なおアーチの語源は ARC＝円弧であるが、実際には、梯形の部材を水平に並べたフラット・アーチ、ゴシック期の先の尖った先頭アーチなど、円弧以外のさまざまな形態がある。② 曲線状の架構で、荷重が主として軸圧縮力により支点に伝えられるもの。

アーチさよう［―作用］ arch action
実在する、または仮想のアーチ状の曲線に沿って、軸圧縮力により構造物や構造部材に作用する力を伝える性質。球形シェルの経線方向（図12-5）や鞍形シェルの上向きに凸に湾曲した方向（図12-6）はアーチ作用により力が伝えられる。また、梁のような曲げ材も材軸方向の仮想アーチに沿って圧縮力が流れる（図10-2）。（↔カテナリー作用）

あぜくら［校倉］
木材などの線状材を水平に積み重ね、交差部でかみ合わせながら壁体を構成する構法。

あっしゅくたい［圧縮帯］
球面状のシェル構造において、曲面の経線方向と緯線方向に作用する力が圧縮応力のみの部分。鉄筋コンクリート造のドーム状シェルでは、原則として引張応力の作用しないこの部分を利用する（図12-5を参照）。

ウェブ web
Ｉ型鋼断面の「Ｉ」の垂直部を典型とする部分の総称。曲げ材においては主として剪断力を受け持つ。なお「Ｉ」の上下の水平部はフランジと呼ばれる。

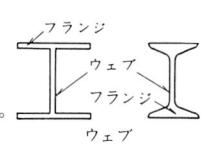

おおびき［大引き］ sleeper
最下床の根太を支える横材。

か行

ガウスのきょくりつ［―の曲率］ Gaussian curvature
球や卵のような立体曲面の形を数値化した指標。曲面上の一点における最大と最小の曲率の積をいい、$1/r_x \times 1/r_y = K$ として表される。主としてシェル曲面の分類に使われ、球形シェルは $K>0$、筒形シェルで $K=0$、鞍形シェルは $K<0$ の曲面である。

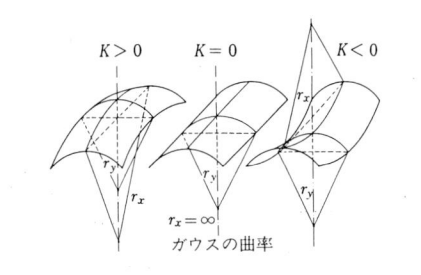

カテナリー catenary, catenary line
縄や鎖のような曲げ剛性を持たない部材の両端を支え、自然にたるませたときに生じる曲線。「懸垂（曲）線」ともいう。部材の自重は軸方向力のみによって支えられるが、軸方向力と鉛直荷重の関係は、軸の部分ごとの傾きによって異なるため、カテナリーは複雑な曲線を描くが、たるみの少ない場合は円弧や二次曲線と近似値に置き換えることができる。カテナリーの原理は主としてケーブル構造に用いられる。

カテナリーさよう［―さよう］ catenary action
実在する、または仮想の懸垂線状の曲線に沿って、引張り力で構造物や構造部材に作用する力を伝える性質。ケーブル構造の吊り材や鞍形シェルの上向きに凹に湾曲した方向（図12-6）はアーチ作用により力が伝えられる。また、梁のような曲げ材も材軸方向の仮想の懸垂線に沿って引張り力が流れる（図10-2）。（↔アーチ作用）

かべりつ［壁率］ wall area index
構造物の耐震性能を検討するときの指標。鉄筋コンクリート造においては、検討する方向の耐力壁の水平断面積の総和をその階床面積で割った値。分母とその階およびそれより上の床面積の和とする場合もある。木構造においては、耐力壁の（水平断面積ではなく）有効長さの総和を、同様にその階の床面積で割った値。

かめばら［亀腹］
社寺建築などにおいて基礎周辺を白しっくいで固めたまんじゅう形の部分。

かもい［鴨居］
和風建築の開口部の上部を構成する横材で、多くは引戸や引違い戸を建て込むための溝が彫られる。溝のない横木は無目または無目鴨居と呼ばれる。壁面に鴨居と同じ高さに取り付けられた横木を付け鴨居という。

がりょう［臥梁］
補強コンクリートブロック構造、煉瓦、石、コンクリートブロックなどによる組積造などにおいて、通常、組み上げられた壁体の頂部をつないだ現場打ち鉄筋コンクリート梁をいい、布基礎と共に壁体の上下端を拘束し、水平力に対する壁体の剪断抵抗を確保し、鉛直応力を伝達するなど構造物を補強する役目を果たしている。

きょくりつ［曲率］ curvature
曲線や曲面の一点での曲がり方の度合いを表す値で、その点に接する円の半径を逆数で表す。曲率が小さいほど曲がり方は穏やかになる。

きょくりつはんけい［曲率半径］ radius of curvature
曲線や曲面の一点での曲がり方の度合いを表す値で、その点に接する円の半径をいう。曲率の逆数で表す。円や球面ではその半径に等しい。

きょようしじりょく［許容支持力］ allowable bearing capacity
地盤の耐力の最大値を安全率で割った値で、かつ地盤に接する構造部材が許容応力度以内にある鉛直力。例えば「杭の許容支持力」など。

きょようちんかりょう［許容沈下量］ allowable settlement
構造物が沈下したり不同沈下してもよい量の最大値。

けた［桁］ girder, cross, beam
側柱の上に載る水平材で、垂木を受ける部材。

げんざい［弦材］ chord member
トラスの上下にある水平の部材。上側を上弦材、下側を下弦材という。弦材は曲げモーメントに対して曲げの外側では引張り力、内側では圧縮力によって抵抗する。（↔ラチス）

げんすいりょく［減衰力］ damping force
物体の動きに抵抗し、動きを減らすように働く力の総称。単に「減衰」ともいう。この概念は構造物の振動の解析に不可欠だが、一般に減衰のありかたは非常に複雑なので、構造全体を均質な粘りをもつ素材の量塊に近似的に置き換えて考える場合が多い。

ごうせい［剛性］ rigidity
構造物またはその部材が外力による弾性変形に抵抗する度合いを表す指標。「剛さ」ともいう。

ごうせつごう［剛接合］ rigid joint
部材の接合法のなかで、接合点の剛性の大きなもの。組み合わせた部材の総体が外力により変形した後でも、接合点において部材の軸がなす角度が変わらない場合をいう。部材を剛接合した骨組をラーメンという。（↔ピン接合）

こうふく［降伏］ yield
部材にしだいに大きな引張り応力を加えていくと、ある点で力と伸びの比例関係が崩れて急にたやすく伸びるようになり、ついには応力をそれ以上増やさなくても伸び続ける。つまり塑性変形が起こる。この点を降伏点といい、そのときの応力を降伏応力という。降伏は材を構成する粒子の間に滑り現象が生じるために起こる。鉄骨構造に用いられる軟鋼は、はっきりとした降伏点を示さないため、0.2％の永久歪みを生じる点を降伏点、そのときの応力を降伏応力とみなす。

ガウスの曲率

こうりょう［虹梁］
社寺建築に主として用いられる化粧梁。

こゆうしゅうき［固有周期］natural period
構造物に外力を加えて強制的な変位を与えた後、その外力を取り除くと、構造物が大なり小なり起こす振動の周期。

さ行

ざくつ［座屈］buckling
圧縮力を受ける部材が、縮むのではなく圧縮力に直行する方向に突然変形する現象。鉛直荷重を受ける柱が急に湾曲する曲げ座屈、曲げを受ける梁がねじりを伴って横方向にたわむ横座屈などさまざまな形がある。

さんこうしきほねぐみ［三鉸*式骨組］three hinged frame
二つのピン支点で支えられ、中間に一つのピン接点を持つ骨組。静定構造物なので不同沈下や温度変化による伸縮に対して順応性がある。「3ピン式骨組」「3ヒンジ式骨組」ともいい、ラーメン構造に使われた場合は「三鉸*式ラーメン」、アーチに使われた場合は「三鉸*式アーチ」という。

さんぴんアーチ［3—］three hinged arch
→さんこうしきほねぐみ 三鉸*式骨組

じくりょく［軸力］axial force
部材の材軸方向に働く力で、軸方向力ともいう。

しゃざい［斜材］diagonal member
筋違、方杖、火打梁、合掌、トラス材のラチスなど、主材に対して斜めに取り付けられた部材の総称。「斜め材」ともいう。

しゃち［車知］
車知栓の略。木材の接合部に挿入される長い栓の総称。材種はカシ、ケヤキなどの硬木が使われ、断面は長方形または円形。継手の種類によっては材に斜めに挿入される場合もある。

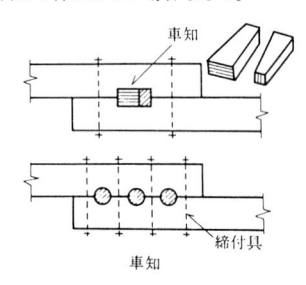

しょきちょうりょく［初期張力］initial force, prestress force
膜構造の膜や吊り構造のケーブルに剛性を与えたり形を安定させたりするために、加えられる張力で、「初張力」ともいう。

じれいしんどう［自励振動］self-excited oscillation
なんらかの要因で振動をはじめた構造物が、外部からそれ以上の力が加わらないのに、振動それ自体からエネルギーを受けて揺れ続ける現象。「リミットサイクル」ともいう。一例として、風で振動しはじめた橋は、自らの揺れが起こす空気の動きによってさらに揺れることがあり、そのときの空気の動きの力を「自励力」という。(→フラッター)

じんせい［靭性］toughness
外力を受けた材料が、変形はしても、なかなか破壊しないこと。「粘り強さ」ともいう。鋼材は靭性に優れた材料の代表である。(→脆性)

すいりょく［推力］thrust
→スラスト力

スラストりょく［—力］thrust
アーチやドームの脚部の支点がその下の構造や地盤を外側へ押し出そうとする力。「推力」ともいう。

すじかい［筋かい、筋違］brace, bracing, diagonal bracing →ブレース
四辺形の骨組に対角線状に入れた補強材。四辺形は部材の長さが不変でも接点の角度が変われば、正方形が菱形になるように別の形になるが、三角形は各部材のそれぞれの長さが定まれば一つの形しかとれず、各部材が伸び縮みしない限り安定している。ブレースは四角形の中に三角形を作ることによって骨組全体を風や地震による水平力に抵抗させる役割を担う部材で、主材との位置関係によって圧縮力を受け持つものと引張力を受け持つものがある。前者の典型は木構造における柱同寸または半割り、三つ割り程度の筋違、後者の典型は鉄骨構造の鉄筋や細いアングル材のブレースである。

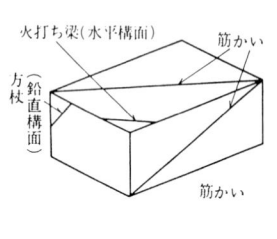

そせい［塑性］plasticity
外力によって変形した物体が、その外力が取り除かれた後にも元の形に戻らず、歪みを残す性質。(↔弾性)

た行

たいしんへき［耐震壁］earthquake resisting wall
耐力壁のなかで、とくに地震などによる水平力に抵抗する役割を担った壁。一般には鉄筋コンクリート造の壁であるが、高層建築では鋼性パネルや鉄筋の筋違入りの壁にこの役割を担わせることもある。(←耐力壁)

たいりょくへき［耐力壁］bearing wall
鉄筋コンクリート造、コンクリートブロック造などにおいて、鉛直荷重、水平力に耐えて構造体の主要部分をなす壁。そういう役割を期待しない間仕切り壁と区別される。

たるき［垂木、椽］rafter
木造建築で屋根下地を支えるために棟から母屋、軒桁に架け渡す材。

だんせい［弾性］elasticity
外力によって変形した物体が、その外力が取り除かれれば、完全に元の形に戻り、歪みを残さない性質。外力によって生ずる応用度と歪み度は比例すると考えてよい。このときの比例定数をヤング係数という。(↔塑性)

ちゅうりつめん［中立面］neutral surface
曲げモーメントを受けて変形する部材の内部で、引っ張られて伸び、圧縮されて縮む層の中間にあって、伸び縮みしない部分（応力の生じない部分）。なお、中立面の位置を示す境界線を中立軸（neutral axis）という。

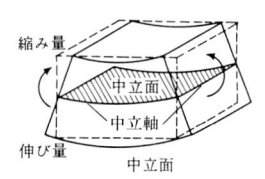

どうざし［胴差し］girth
木構造の軸組において、上階と下階との境界に用いる横架材。

とうほうせい［等方性］isotropy
材の物理的性質が方向によって異ならないこと。例えば、軟鋼は等方性であり、木材のように軸方向と横断方向と強さの違う場合を「異方性」という。

な行

なげし［長押］
和風建築において柱を両面から挟み付けて大釘で打ち止め固定した横材の総称。

ぬき［貫］batten, rail
①薄くて幅の狭い板材の市場品。「小幅板」ともいう。② 木造真壁造りの建物などで柱を貫いて相互につなぐ横材。壁下地の取付け固定と壁の補強の二つの意味をもつ。

ねだ［根太］floor joist, common joist
床板を受けるため、床板に直角に配した横材。

は行

はりさよう［梁作用］beam action
直線状の構造部材において、曲げモーメントや剪断力で部材に作用する力を水平方向に伝える性質。

ひうち［火打ち］horizontal angle brace
直行する水平部材の隅が変形しないように斜めに掛け渡した補強材。軸組における方杖に相当する。土台面、床面、小屋組水平面に用いられる。

ピンせつごう［—接合］pin joint
丁（蝶）番の回転部分にある軸棒をピン（ヒンジ）と呼ぶが、それにならって、接合された部材が相互に自由に動く接合形式をピン接合（ピン・ジョ

イント）という。実際には鉄骨トラスなどの接点は固定的（＝剛）に接合されているが、そのために生じる応力が軸方向力に比べて圧倒的に小さいためピン接合とみなされる。なお、回転が自由な接合部をピン節点（pin node）またはヒンジ（hinge）という。（↔剛接合）

ふくきょくめん［複曲面］doubly curved surface
球面とか鞍形面のように二つの方向に曲率をもつ曲面。幾何学的に表現すれば、曲面上の二つの主曲率の積（ガウス曲率 K）が 0 でない正と負の曲面のこと。なお、筒型面や円錐面のように一方向のみに曲率をもつ曲面（ガウス曲率 K が 0 の曲面）を単曲面（singly curved surface）という。

ふくげんりょく［復元力］restoring force
変形を受けた弾性のある部材、あるいは変形したり移動した構造物が元の状態に戻ろうとする力。

ふくざい［腹材］web member
薄く細長い部材を水平に置いた場合、上下材の中間にあって、主に剪断力を受け持つ部分。その代表的な例は、I形鋼の「I」の垂直な部分、トラスの上弦材と下弦材の間の斜材（ラチス材）や垂直材（束材）である。（→ラチス、→ウェブ）

フラッター flutter
橋などの細長い構造物が風などにより、部材ごとに異なった力を受けたときに起こるねじれを伴う振動。構造物がいったん変形すると、そのために受ける力の差も増し、さらなる振動エネルギーが生まれる場合がある。これを「自励振動」と呼びフラッターはその一例である。（→自励振動）

フランジ flange
曲げ材において、主に曲げ応力を受け持つ部分。I形鋼の「I」の水平部分がその典型である。また、パイプの外周に張り出したつばの部分をいう。

ほごう［補剛］stiffening
部材の断面や構造物の剛性を保つために、補助部材を添加すること。

へきばんさよう［壁板作用］
平面状の構造部材において、面の接線方向に作用する直応力（圧縮応力、引張応力）や面内剪断応力で外力に抵抗する性質。このような性質をもつ平面構造には、面内の荷重に対して用いられる耐力壁や耐震壁のような壁板などがあり、ドイツ語構造用語のシャイベ（Scheibe）として区別される。（↔床板作用）

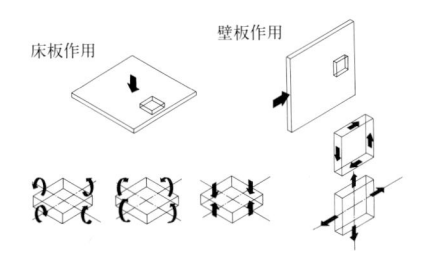

ま行

まくおうりょく［膜応力］membrane stress
薄いシェルの面に沿って作用する応力（面内応力）で、圧縮応力や引張応力をいう。（→面内）

まぐさ［楣］lintel
窓、出入口など壁面開口部の上部に渡してある水平材。上部壁の荷重をささえる。

まげごうせい［曲げ剛性］flexural rigidity
曲げモーメントを受ける部材の曲がりにくさを表す量。

めんないおうりょく［面内応力］in-plane stress
平面板や曲面板の面に沿って生じている応力。板の断面に生じている垂直応力（圧縮応力・引張応力）と面内剪断応力の総称。（→膜）

めんないごうせい［面内剛性］in-place stiffness
平面または曲面において面に沿って作用する力（面内力）による変形に抵抗する度合。面内直応力による面の伸び縮みに関しては伸び剛性、面内剪断力による角度変化に関しては剪断剛性があり、両者を総称して面内剛性という。

や行

ゆかばんさよう［床板作用］
平面状の構造部材において、面と垂直に交わる法線方向に作用する面外剪断力、曲げモーメント、捩りモーメントで外力に抵抗する性質。このような性質をもつ平面構造には、面外の荷重に対して用いられる床板などがあり、ドイツ語構造用語のプラッテ（platte）として区別されることがある。（↔壁板作用）

ら行

ラチス lattice
腹材の一種で、斜めまたはジグザグ状に取り付けられた部材をいう。ラチスと主材が構成する三角形が筋違と同じ原理で、剪断変形を減らすと共に、全体として量の少ない、したがって軽い自重で大きな曲げ耐力を生む（→ウェブ、→腹材）

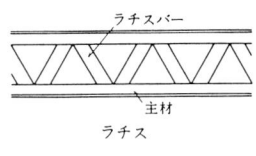

参考文献
彰国社編「建築大辞典」〈第 2 版〉

あとがき

　私たち4人が編集委員としてこの企画に参加したのはおよそ10年も前である。おおまかな構成までは順調に進んだが、執筆者諸氏も私たちも忙しく、本来の業務に追われるままに積極的に事を進めなかった時期があった。この間に彰国社の編集担当者の交代もあり、大部分の原稿がようやくそろい、私たちも気分を新たにして再スタートを切ったのは1996年秋のことだった。

　それからはかなりの密度で編集会議を開き、辛い思いもしたものだが、本の形が具体的に見えはじめてからは、「私たちの学生時代に欲しい本だった」という感じの自負も生じて、本の誕生を心楽しく待つ気持ちになっている。

　とはいえ、本書の生みの母は各項目の執筆者であり、編纂・監修にあたった私たちの役割は助産婦のようなものに過ぎない。「読みやすく、分かりやすく」という狙いから、ご労作の原稿に注文をつけ、再々の書直しをお願いした私たちに、辛抱強くご協力をいただいた執筆者諸氏と、編集担当の亀谷信男氏に心からの感謝とねぎらいの言葉を捧げたい。

　本書は、広範な内容を含むものであることから当然、編集委員の目が未だ行き届かない部分も残っていると思う。それらについては読者の皆さん、とくに本書を教科書として採用される教育現場の方々からのご意見に基づく将来の改訂に期し、それを繰り返すことによって、本書が「構造専門家にならない人のための構造入門書」として定着することが私たちの切なる願いである。

1997年11月

建築構造システム研究会
坪井善昭
斎藤孝彦
林田　研
渡辺武信

執筆者略歴 (50音順)

東 武史（あずま たけし）
1943年　東京都生まれ
1966年　早稲田大学理工学部建築学科卒業
1968年　同大学院修士課程修了
　　　　松田平田設計入社
　　　　常務取締役、監査役を経て
2009年　同社退職
　　　　現在に至る

小見康夫（おみ やすお）
1961年　大阪府生まれ
1985年　東京大学工学部建築学科卒業
1985～1991年　積水ハウス勤務
1995年　東京大学大学院工学系研究科建築学専攻博士課程修了　工学博士
1999年　小見建築計画室設立、代表
2005年　武蔵工業大学工学部建築学科講師
2008年　同大学准教授
2010年　東京都市大学工学部建築学科准教授
2013年　同大学教授
　　　　現在に至る

大浦修二（おおうら しゅうじ）
1955年　東京都生まれ
1980年　日本大学理工学部建築学科卒業
　　　　一色建築設計事務所入社
2004年　同社退社
2005年　日栄商会一級建築士事務所設立
　　　　現在に至る

梶山英幸（かじやま ひでゆき）
1955年　東京都生まれ
1979年　横浜国立大学工学部建築学科卒業
　　　　一色建築設計事務所入社
2005年　同社退社
　　　　Noga & Company 入社、取締役
2008年　N＆C一級建築士事務所設立、代表
　　　　現在に至る

斎藤孝彦（さいとう たかひこ）
1932年　東京都生まれ
1955年　東京工業大学工学部建築学科卒業
1956年　現代建築研究所入所
1960年　斎藤孝彦建築設計事務所設立、所長
　　　　現在に至る

坪井善昭（つぼい よしあき）
1940年　福岡県生まれ
1964年　早稲田大学第一理工学部建築学科卒業
1966年　同大学院修士課程修了
2007年　東京藝術大学名誉教授
　　　　現在に至る
2007年～2011年　共立女子大学家政学部建築・デザイン学科教授

納賀雄嗣（のうが ゆうじ）
1940年　満州生まれ
1964年　イェール大学卒業
1965年　英国建設省住宅局勤務
1968年　イェール大学大学院建築学科卒業
　　　　ポール・ルドルフ事務所入所
1973年　一色建築設計事務所大阪パートナー
1975年　同東京事務所設立、所長
2000年　同社退社
2001年　Noga & Company 設立、代表
　　　　現在に至る

波多野純（はたの じゅん）
1946年　神奈川県生まれ
1970年　東京工業大学工学部建築学科卒業
現　在　日本工業大学名誉教授、波多野純建築設計室代表

林田 研（はやしだ けん）
1946年　茨城県生まれ
1970年　東京工業大学工学部建築学科卒業
　　　　連建築設計事務所、構造計画研究所勤務の後、
1977年　研建築設計事務所設立、代表
　　　　現在に至る

藤居秀男（ふじい ひでお）
1934年　静岡県生まれ
1964年　日本大学理工学部建築学科卒業
　　　　福永満八建築設計事務所、安田臣建築事務所を経て、
1969年　藤居設計事務所設立、所長
　　　　現在に至る
1999年～2005年　日本大学理工学部建築学科非常勤講師（木造建築論）

松永 務（まつなが つとむ）
1958年　広島県生まれ
1981年　日本大学理工学部建築学科卒業
　　　　一色建築設計事務所入社
2000年　アトリエMアーキテクツ設立、代表
　　　　現在に至る

三井所清典（みいしょ きよのり）
1939年　佐賀県生まれ
1963年　東京大学工学部建築学科卒業
1968年　同大学院工学系研究科建築学専攻博士課程修了
　　　　芝浦工業大学工学部建築学科講師
1970年　アルセッド建築研究所設立、所長
　　　　現在に至る
1973年　芝浦工業大学工学部建築学科助教授
1982年　同大学教授
2006年　同大学名誉教授
　　　　現在に至る

山田周平（やまだ しゅうへい）
1938年　京都市生まれ
1963年　東京大学工学部建築学科卒業
1965年　同大学院修士課程修了（鋼構造専攻）
　　　　三菱地所入社
1998年　同社定年退職
　　　　同社建築技術部長付
2001年　（社）日本建築構造技術者協会専務理事
2005年　同協会退職
　　　　現在に至る

渡辺武信（わたなべ たけのぶ）
1938年　神奈川県生まれ
1962年　東京大学工学部建築学科卒業
1964年　同大学院修士課程修了
現　在　渡辺武信設計室所長

図説テキスト　建築構造　構造システムを理解する　第二版
1997年12月10日　第1版　発　行
2011年 9 月10日　第2版　発　行
2022年 7 月10日　第2版　第5刷

	編　者	建築構造システム研究会
著作権者と の協定によ り検印省略	発行者	下　出　雅　徳
	発行所	株式会社　彰　国　社
		162-0067　東京都新宿区富久町8-21
自然科学書協会会員 工学書協会会員		電話　03-3359-3231（大代表）
Printed in Japan		振替口座　00160-2-173401

©建築構造システム研究会　2011年　　　　製版・印刷：真興社　　製本：中尾製本

ISBN 978-4-395-00897-1　C 3052　https://www.shokokusha.co.jp

本書の内容の一部あるいは全部を、無断で複写（コピー）、複製、および磁気または光記録媒体等への入力を禁止します。許諾については小社あてご照会ください。